Diemut Majer • Der lange Weg zu Freiheit und Gleichheit

Diemut Majer

Der lange Weg zu Freiheit und Gleichheit

14 Vorlesungen zur Rechtsstellung der Frau
in der Geschichte

Bearbeitet von
Michael W. Hebeisen

WUV-Universitätsverlag

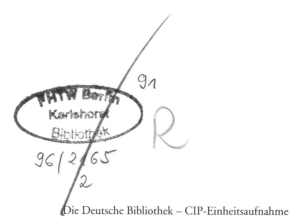

Die Deutsche Bibliothek – CIP-Einheitsaufnahme

Der **lange Weg zu Freiheit und Gleichheit** : 14 Vorlesungen zur Rechtsstellung der Frau in der Geschichte / Diemut Majer. - Wien : WUV-Univ.-Verl., 1995
ISBN 3-85114-166-0
NE: Majer, Diemut

Umschlagbild: Johann Gottfried Schadow, *Die Hoffnung* (Ausschnitt),
mit freundlicher Genehmigung des Hohenzollernmuseums Schloß Monbijou, Berlin
Satz und Druck: WUV-Universitätsverlag
Printed in Austria
ISBN 3-85114-166-0

Gedruckt mit Unterstützung durch das Bundesministerium für Wissenschaft, Forschung
und Kunst und die Publikationsstelle der Universität Innsbruck

Vorwort

„Liberté – Égalité – Fraternité": Freiheit, Gleichheit, Brüderlichkeit – diese Losungsworte der Französischen Revolution und die Erklärung der Allgemeinen Menschen- und Bürgerrechte vom August 1789 ließen darauf schließen, daß das Zeitalter der Freiheit und Gleichheit für alle Menschen begonnen hat und daß das 20. Jahrhundert auf diesem 1789 begonnenen Pfad lediglich fortzuschreiten habe. Die geschichtliche Betrachtung zeigt indessen, daß die Grund- und Menschenrechte, wie sie die heutigen, rechtsstaatlichen Verfassungen kennen, erst im 20. Jahrhundert erkämpft worden sind. Die Losungsworte der Französischen Revolution galten, in ihrer konkreten Umsetzung, z. B. hinsichtlich des Wahlrechts, nur für das Bürgertum, das 1789 über die absolute Monarchie triumphiert hatte.

Der größte Teil der Bevölkerung blieb von den Segnungen der Grund- und Menschenrechte ausgeschlossen. Grundlage dieses Ausschlusses war der Begriff der Rechtsfähigkeit, d. h. der Fähigkeit, selbständig Rechte und Pflichten wahrzunehmen, die wiederum eng mit dem wirtschaftlichen und familiären Status der Betroffenen zusammenhing. Nur rechtsfähigen Personen kamen die politischen Rechte zu, das waren ausschließlich Männer ab einem bestimmten Mindestalter, die wirtschaftlich selbständig waren und oft auch ein bestimmtes Mindesteinkommen nachweisen mußten. Alle Nicht-Selbständigen, d. h. alle abhängig Beschäftigten (die Angehörigen des sog. „vierten Standes", wie Arbeiter, Handwerker, waren ebenso wie das Heer der Dienstboten, der unter Gutsherrschaft stehenden Kleinbauern, die zahlreichen Arbeitslosen und die Obdachlosen nicht rechtsfähig. Insbesondere aber gehörten dazu die Frauen – mit Ausnahme der unverheirateten, volljährigen Frauen –, die stets unselbständig, d. h. unter Vormundschaft blieben, sei es als Nichtvolljährige unter Vormundschaft des Vaters, sei es als verheiratete Frau unter der Vormundschaft des Mannes, nach dessen Tod unter der Vormundschaft der männlichen Verwandten. Der allergrößte Teil der Bevölkerung, weit über 80 %, hatte somit keine politischen, wirtschaftlichen oder sozialen Rechte.

Der vorliegende Band ist dieser angedeuteten allgemeinen Entwicklung von Freiheit und Gleichheit unter besonderer Berücksichtigung der Rechtsstellung der Frau gewidmet. Er soll zweierlei zeigen: Daß die Verknüpfung der beiden Bereiche Freiheit und Gleichheit geistesgeschichtlich bisher nicht genügend bearbeitet worden ist; entweder werden die Freiheitsrechte *oder* die Gleichheitsrechte erörtert. Die Grundfrage von heute lautet jedoch: Kann es Freiheit und Gleichheit für alle geben (John W. Gardner: Can we be excellent and equal too?)? Ferner soll gezeigt werden, daß die Diskriminierung der Frauen in den früheren Jahrhunderten zur Geschichte (der Diskriminierung) der Stellung der Nicht-Rechtsfähigen gehört und in die Geschichte der allgemeinen Diskriminierung bzw. Emanzipationsbewegungen eingebunden werden muß.

Entgegen mancher Forschungsansätze in der Frauenforschung handelte es sich damals nicht um eine bewußte Diskriminierung gerade der Frauen – diese würde ja Problembewußtsein voraussetzen –, sondern um eine Diskriminierung aller abhängigen Personen, die so allgemein und umfassend war, daß sie als Problem gar nicht wahrgenommen wurde. Die Rechte der Frauen waren bis zur zweiten Hälfte des 19. Jahrhunderts daher – außer wenigen Ausnahmen, wie John Stuart Mill (On liberty of women) – kein „Thema", weder in der Geschichte noch in der Forschung.

Teil I betrachtet den „langen Weg zur Gleichheit" , von der Antike bis heute, zieht Resümees hinsichtlich der Rechtsstellung der Frauen und fügt sie in die allgemeine Entwicklung des Gleichheitssatzes ein.

Teil II behandelt die Stellung der Frau im Familienrecht seit dem späten Mittelalter anhand einer Normenanalyse des römischen Rechts, des Code Civil, des Preußischen Allgemeinen Landrechts, des österreichischen Allgemeinen Bürgerlichen Gesetzbuches und des Deutschen Bürgerlichen Gesetzbuches. Aus den Normen allein wird schon mit überwältigender Klarheit deutlich, daß Frauen noch im Römischen Recht der Antike eine bessere Stellung als im Mittelalter und in der Neuzeit hatten. Die Rezeption des Römischen Rechts im Mittelalter brachte nämlich vielfache Verschlechterungen mit sich, insbesondere nach dem Ende der Französischen Revolution im Code Civil und in den an ihn angelehnten Gesetzen anderer Staaten. Die Aufklärung hatte keinen Fortschritt gebracht: Frauen und Kinder wurden wie „Sachen" des Mannes in der Familie betrachtet, deren Körper oder Früchte (Kinder) kraft „Eigentums" vom Manne genutzt werden konnten: Sachenrecht im Familienrecht. Diese Rechtsstellung, mit Gründen der Fürsorge begründet, dauerte mit nur geringfügigen Verbesserungen bis ins 20. Jahrhundert; erst Ende der siebziger Jahre wurde mit der Familienrechtsreform die volle Gleichstellung erreicht.

In Teil III wird das Verhältnis von Freiheit und Gleichheit in geistesgeschichtlicher Betrachtung untersucht. Sie zeigt, daß die Freiheits- und Gleichheitsideen in ihrer *Verknüpfung* bis heute wissenschaftlich wenig erforscht sind. Noch seltener sind Lösungsansätze: Nur Alexis de Tocqueville, der aristokratische Demokrat im 19. Jahrhundert, versuchte beide zu vereinen. Am Ende des 20. Jahrhunderts machen sich neue Ansätze aus den USA bemerkbar: Kommunitaristische Theorien – Abschied von der universellen Geltung von Freiheit und Gleichheit, Beschränkung auf überschaubare Räume und auf die sog. Sachgesetzlichkeit (Michael Walzer). Jedes Gebiet hat seine eigene Gleichheit. Nur so können beide gerettet werden. Auch in bezug auf die Frauen: Wirtschaftliche Not trifft vor allem sie – die neuen Ansätze könnten auch hier fruchtbar sein. Zugleich gilt es, die „alte" Freiheit als „neue" Freiheit wiederzuentdecken: Freiheit als Pflichtenethos (Christian Wolff).

Andrea Suhr, Bernd M. Malunat und Michael W. Hebeisen sei für ihre wissenschaftlichen und organisatorischen Vorarbeiten herzlich gedankt, ohne die das Buch nicht entstehen hätte können. Besonderen Dank schulde ich auch Herrn Univ.-Prof. Dr. Heinz Barta, Universität Innsbruck, der das Projekt mit Unterstützung der Publikationsstelle der Universität Innsbruck tatkräftig gefördert hat.

Möge die Abhandlung bei den geneigten Lesern Anlaß für weitere Anregungen und Diskussionen sein, wie Freiheit und Gleichheit in Zukunft aufrechterhalten werden können.

April 1995   *Diemut Majer*

Inhalt

Teil I: Der lange Weg zur Gleichheit

Inhaltsübersicht

I. Der lange Weg zur Gleichheit[1]

Erste Vorlesung: Begriff und Formen von Gleichheit

1. Vorbemerkung

Jede Betrachtung über Gleichheit hat bei der Ungleichheit anzusetzen. In der Natur gibt es keine Gleichheit und folglich auch nicht unter den Menschen. Am prägnantesten drückt sich Ungleichheit im Begriff „Individuum" (das Unteilbare) aus; „Individuum" meint – im engeren Sinne – den Einzelmenschen, der einzigartig, unverwechselbar ist – daher ist er allen übrigen Mit-Menschen gegenüber ungleich. Im weiteren Sinn versteht man unter Individuum aber nicht nur Menschen, sondern auch Tiere und Pflanzen. Die Individualität der Menschen ist im Grunde akzeptiert – jedenfalls unter den Angehörigen der „zivilisierten Nationen". Weniger oder gar nicht akzeptiert ist dagegen die Individualität von Tieren und Pflanzen. Durch die Subsumtion unter dem Begriff ‚Natur' werden sie – mehr oder weniger – gleich behandelt und lediglich vom Menschen differenziert. Zwischen den Menschen auf der einen und den Tieren und Pflanzen auf der anderen Seite besteht nach dem heute noch vorherrschenden Verständnis eine grundlegende Ungleichheit. Die Folgen dieser Beurteilung sind gegenwärtig ziemlich deutlich erkennbar. Gegen Ende der dritten Vorlesung müssen wir auf diesen Sachverhalt noch genauer eingehen,[2] denn die Ungleichheit zwischen Tieren bzw. Pflanzen und Menschen hat Auswirkungen auch auf das mögliche Maß (sozialer) Gleichheit unter den Menschen. Zunächst wollen wir jedoch nur die Gleichheit bzw. Ungleichheit unter den Menschen berücksichtigen.

Gleichheit bedarf der Vergleichbarkeit. Vergleichbar sind die Menschen in ihrer Ungleichheit; in ihrer Ungleichheit sind sie gleich, und damit sind sie gleich in ihrem Menschsein.[3] Diese Auffassung läßt sich zusätzlich positiv ausfüllen durch Eigenschaften, die den Menschen als Gattung auszeichnen: theologisch etwa mit der Gottgleichheit oder der Erschaffung durch Gott, naturrechtlich durch die freie und gleiche Geburt oder die Kennzeichnung durch Verstand und Vernunft, Tugend und Moral etc. Theologie und Naturrecht sind Konventionen, die anerkannt sein müssen. Dann sind sich insoweit alle Menschen gleich, ganz unabhängig von ihren individuellen, kulturellen, historischen, räumlichen etc. Unterschieden (Ungleichheiten).

---

1 Diemut Majer in Zusammenarbeit mit Bernd M. Malunat. Bearbeitung und Bibliographie von Michael W. Hebeisen.
2 Siehe Ziff. 3c, Ökologische Gleichheit.
3 So thematisiert Jean-Jacques Rousseau in seinem Discours sur l'origine et les fondements de l'inégalité parmi les hommes (1755) ebendiese Ungleichheit und nicht etwa die zu fordernde Gleichheit unter den Menschen.

Sie sind sich darin auch gleich in ihrer Differenz zu Tieren und Pflanzen, und diese Differenz begründet die Stellung des Menschen gegenüber seiner Umwelt bzw. Mitwelt. Die Anerkennung des Menschen als solchen ist also Voraussetzung aller Betrachtungen über Gleichheit. Diese ursprüngliche Differenz, die individuelle Einzigartigkeit nämlich, ist – durch Konvention – also aufgehoben. Man kann diese Konvention als anthropozentrische Gleichheit – und damit als erste Form von Gleichheit – auffassen. Diese Konvention muß als Axiom anerkannt sein. Daran ist gerade vor dem – stets irgendwie und irgendwo akuten – Hintergrund von Ausländerfeindlichkeit, Rassenhaß Apartheid u. ä. zu erinnern. Derartige Erscheinungen indizieren nämlich im Grunde bereits die Aufkündigung der als Axiom geglaubten Konvention des gemeinsamen Menschseins.

2. Begriffe der Gleichheit

a) Grundsätzliches

Gleichheit bezeichnet weder einen Gegenstand noch eine Institution der gesellschaftlichen Wirklichkeit. Gleichheit ist vielmehr eine *Aussage* über Verhältnisse und Gegebenheiten,[4] entweder so wie sie sind (positiv) oder so wie sie sein sollen (normativ). Gleichheit ist also nur eine Beziehung, ein Verhältnis, das zwischen zwei oder mehr Einheiten besteht; Gleichheit ist stets relativ (das gilt sowohl sprachlogisch als auch faktisch).

Gleichheit bringt (als sprachlicher Begriff) eine bestimmte Form von Übereinstimmung zum Ausdruck, die von anderen Begriffen abzugrenzen ist. Die weitestgehende Form von Übereinstimmung besteht in der Identität, das ist die Übereinstimmung eines Objektes mit sich selbst. Die schwächste Form von Übereinstimmung wird durch Ähnlichkeit ausgedrückt, d. h. zwischen mehreren Objekten besteht annähernd Übereinstimmung. Der Begriff „Gleichheit" steht in seinem Bedeutungsgehalt zwischen „Identität" und „Ähnlichkeit". „Gleichheit" bedeutet Übereinstimmung mehrerer Gegenstände, Sachverhalte oder Personen in mindestens einem Merkmal, während die übrigen Merkmale verschieden sind.

---

4 Vgl. Otto Dann: Gleichheit und Gleichberechtigung – Das Gleichheitspostulat in der alteuropäischen Tradition und in Deutschland bis zum ausgehenden 19. Jahrhundert, Berlin 1980, S. 16. – Siehe auch die entsprechenden Abschnitte in den Vorarbeiten zu dieser Habilitationsschrift bei dems.: Artikel „Gleichheit", in: Geschichtliche Grundbegriffe – Historisches Lexikon zur politisch-sozialen Sprache in Deutschland, hrsg. von Otto Brunner u. a., Stuttgart 1979, Bd. 2, S. 997 ff.

b) Der „soziologische" Begriff der Gleichheit

Gleichheit ist also immer nur Gleichheit in einer bestimmten Hinsicht, nämlich hinsichtlich des Merkmals oder des Maßstabes, der beim Vergleich angelegt wird. So Gustav Radbruch: „Gleichheit ist immer nur Abstraktion von gegebener Ungleichheit unter einem bestimmten Gesichtspunkt".[5] Die mögliche Gleichheit unter Menschen hat also stets partiellen Charakter und bleibt auf eine konkrete Situation bezogen; d. h. natürlich auch, daß sie beständig historischem Wandel unterworfen bleibt. Gleichheit ist damit vom Maßstab des Betrachters abhängig. Sie muß daher gesucht, bewußt herausgestellt und deklariert werden. Gleichheit bedeutet angesichts durchgängiger Verschiedenheit innerhalb der menschlichen Gesellschaft ein besonderes Maß an Abstraktion von gegebener Ungleichheit individueller Vielfalt.

Gleichheitsaussagen bzw. -forderungen äußern sich staatlich als Rechtspositionen, die Ausdruck der gegebenen gesellschaftlichen Verfassung sind. Gesellschaftliche und politische Gleichheit zeigen sich daher in der Gleichheit an Rechten bzw. auch Pflichten. Gleichheit an Rechten bzw. Pflichten bedeutet jedoch nicht notwendigerweise Egalität. Gleiche Rechte bzw. Pflichten gelten vielmehr nur für diejenigen, die gesellschaftlich und politisch als Gleiche beurteilt werden. Als Rechtsprinzip hat der Gleichheitsbegriff daher zunächst die Funktion, Ordnung (etwa als Hierarchie) herzustellen und Orientierung sowie Identifizierung zu ermöglichen. Aus diesen Funktionen kann Gleichheit bzw. die Forderung nach Gleichheit dann aber auch zum Leitbegriff sozialer Veränderungen werden: Gleichheit wird dann postulativ in emanzipatorischer Absicht verwendet. Von dieser Funktion sind die größten historischen Wirkungen ausgegangen.

c) Der juristische Begriff der Gleichheit

Seit geraumer Zeit ist Gleichheit verfassungsrechtlich konkretisiert. Von den Entwicklungen der verfassungsrechtlichen Positivierungen des jeweiligen Gleichheitsverständnisses wird die vierte Vorlesung handeln. An dieser Stelle kommt es darauf an, das juristische Verständnis des Begriffs der Gleichheit in seiner *allgemeinen* Form darzustellen, das immer dann wirksam wird, wenn es an verfassungsrechtlichen Konkretisierungen des Gleichheitsprinzips fehlt.

Der Gleichheitssatz ist ein Grundelement des sozialen Rechtsstaates.[6] Er verbietet, wesentlich Gleiches ungleich (und wesentlich Ungleiches gleich) zu behandeln, beinhaltet also ein Willkürverbot, an das alle staatlichen Gewalten

---

5 Rechtsphilosophie, Stuttgart 1973, S. 166.
6 BVerfGE 21, 362 (372).

gebunden sind.[7] Jeder Gleichsetzung oder Differenzierung sind also *gerechte* Kriterien zugrunde zu legen. Welche Kriterien dies sind, läßt sich nicht abstrakt, sondern nur konkret im Blick auf den zu regelnden Sachverhalt bestimmen. Eine Differenzierung oder Gleichsetzung soll *Gerechtigkeit* im klassischen Sinne, nämlich jedem das Seine zukommen zu lassen, zum Ziel haben. Über das jeweils Gerechte aber wird ein Konsens kaum herstellbar sein. Das Ziel würde nach Auffassung des Bundesverfassungsgerichts aber bestimmt dann verfehlt, wenn

„ein vernünftiger, aus der Natur der Sache sich ergebender oder sonstwie sachlich einleuchtender Grund (für eine Differenzierung oder Gleichsetzung) sich nicht finden läßt, wenn also für eine am Gerechtigkeitsdenken orientierte Betrachtungsweise die Regelung als willkürlich bezeichnet werden muß".[8]

Der Gleichheitssatz ist also immer dann verletzt, wenn eine staatliche Regelung willkürlich erfolgt. Willkür ist jedoch keine Frage der subjektiven Motivation, sondern der objektiven Unangemessenheit einer Maßnahme im Verhältnis zur tatsächlichen Situation.

Ein Maßstab für die objektive Unangemessenheit einer bestimmten Maßnahme läßt sich allerdings kaum ausmachen, weil der Gleichheitssatz selbst eines der konstituierenden Prinzipien der verfassungsmäßigen Gesamtordnung ist. Diese Ordnung ist aber durch Offenheit gekennzeichnet, d. h. gerade dadurch, daß der Gleichheitssatz (auch) die nicht positivierten Maßstäbe umfaßt, differenziert. Eine Beurteilung, die zwei Sachverhalte als gleich bezeichnet, muß von den notwendig vorhandenen Differenzen abstrahieren. Dabei erscheinen die Abweichungen als unwesentlich, die Übereinstimmungen dagegen als wesentlich. Die Frage, ob Sachverhalte gleich zu beurteilen sind oder ungleich behandelt werden dürfen, knüpft also an die Wesentlichkeit oder Unwesentlichkeit der den verglichenen Sachverhalten eigentümlichen Merkmale an; die Entscheidung hängt also von dem Gesichtspunkt ab, unter dem der Vergleich angestellt wurde.[9] Die entscheidende Frage inhaltlicher Rechtsgleichheit ist stets die nach den als wesentlich anzusehenden Merkmalen. So knüpft etwa die (demokratische) Wahlrechtsgleichheit an das Merkmal „Deutscher" als wesentlich an, während die anderen Merkmale (Geschlecht, Besitz etc.) als unwesentlich angesehen werden.

---

7 Vgl. Gerhard Leibholz: Die Gleichheit vor dem Gesetz – Eine Studie auf rechtsvergleichender und rechtsphilosophischer Grundlage, Berlin 1925, S. 72 ff; für die Anfänge der schweizerischen Praxis vgl. Jacob Fürer: Willkür, ein Verstoss gegen die Rechtsgleichheit als Grund für den staatsrechtlichen Rekurs an das Bundesgericht, Diss. Universität Freiburg 1916, insbes. S. 55 ff.
8 Ständige Rechtsprechung seit BVerfGE 1, 14 (52).
9 Vgl. Konrad Hesse: Der Gleichheitsgrundsatz im Staatsrecht, in: Archiv des öffentlichen Rechts (AöR), Bd. 77/N.F. Bd. 38 (1951/52), S. 167 ff.

Neben der generellen Rechtsgleichheit kennen die modernen Verfassungen häufig noch spezielle Differenzierungsverbote. Dazu zählt die Bestimmung, daß Männer und Frauen gleichberechtigt sind (Art. 3 Abs. 2 GG), sowie die Vorschrift, daß niemand wegen seines Geschlechtes, seiner Abstammung, seiner Rasse, seiner Sprache, seiner Heimat und Herkunft, seines Glaubens, seiner religiösen oder politischen Anschauungen benachteiligt oder bevorzugt werden darf (Art. 3 Abs. 3 GG). Dadurch wird jedoch nur ein Verbot der Ungleichbehandlung ausgesprochen, die allein an diese für unwesentlich erklärten Kriterien anknüpft, ohne daß daraus ein Gebot rechtlicher Gleichsetzung in allen Beziehungen hergeleitet werden könnte, weil inhaltliche Rechtsgleichheit nicht nur unwesentliche Verschiedenheit, sondern auch wesentliche Gleichheit der zu vergleichenden Sachverhalte voraussetzt.

Soweit zu den doch recht schwierigen Fragen der Verfassungsauslegung, die erst dann relevant werden, wenn bereits gesellschaftliche (Vor-)Entscheidungen getroffen worden sind. Wir wollen uns daher der Frage zuwenden, welche Formen von Gleichheit bisher angestrebt wurden. (Die Entwicklung der Gleichheitsidee wird in den Vorlesungen zwei und drei noch konkreter dargestellt werden.)

3. Formen von Gleichheit

Gleichheit bzw. Ungleichheit tritt in den unterschiedlichsten Formen in nahezu allen Lebensbereichen auf. Da es aber keinen Sinn macht, Gleichheit in jeder Hinsicht zu fordern, bedarf es stets der Erläuterung, gegebenenfalls der Begründung, welche Formen von Gleichheit verlangt werden bzw. welche Formen von Ungleichheit als gerechtfertigt hinnehmbar sind, weil sie mit der Idee der Gerechtigkeit vereinbar oder dazu sogar unabdingbar sind. In der Geschichte der Emanzipationsbestrebungen lassen sich nun drei Ebenen der sozialen Beziehungen ausmachen, die auf grundlegende Formen und Inhalte von Gleichheit orientiert waren.

a) Rechtsgleichheit, Gleichheit vor dem Gesetz

Der Gleichheitssatz ist – wie oben ausführlicher dargelegt – ein Rechtssatz. Er handelt nicht von der tatsächlichen Gleichheit der Menschen, sondern von der Gleichheit vor dem Gesetz bei tatsächlicher Ungleichheit. Das positive Gesetz ist daher der Bezugspunkt des Gleichheitssatzes wie es zugleich dessen Grenzen zeigt. Dabei ist von Bedeutung, daß Gleichheit vor dem (positiven) Gesetz und nicht etwa dem überpositiven Recht besteht.

Das Bürgertum hat die Gleichheit vor dem Gesetz gegen die Privilegierung von Adel und Klerus erkämpft; diese Gleichheitsform schuf formelle Parität. Die Bestimmung des Gesetzes als alleinige Rechtsquelle verfolgte die Absicht, dessen Inhalt selbst bestimmen zu können. Dagegen galt „Recht" als das Göttliche, Unverfügbare (ius divinum, ius naturae), aus dem die alte, bekämpfte Ordnung ihre Legitimation und Privilegien abgeleitet hatte. Die Gleichheit vor dem Gesetz beseitigte die rechtlichen Standesunterschiede, zunächst nur formell, in wachsendem Maße aber auch materiell, insoweit es dem Bürgertum nämlich gelang, den Inhalt der Gesetze selbst zu bestimmen.

Grundlage für die Forderung nach Gleichheit vor dem Gesetz war dessen Allgemeinheit, d. h. die potentielle Anwendbarkeit auf jeden gesetzunterworfenen Menschen, wie dies etwa Jean-Jacques Rousseau im „Contrat Social" gefordert hatte.[10] Diese Allgemeinheit des Gesetzes wurde aber im Zuge der Rechtsentwicklung bis zur Weimarer Republik zunehmend prekär, das Maßnahmegesetz entbehrte jeglicher Wertrationalität, d. i. jeden Bezugs auf eine immanente Vernünftigkeit, und wurde zum zweckrationalen Instrument eines social engineering. Am prägnantesten hat dies wohl Franz Neumann diagnostiziert und von einer Dekadenz des Gesetzes gesprochen, womit auch ein Niedergang der Gleichheit vor dem Gesetz gemeint war.[11]

b) Politische oder staatsbürgerliche Gleichheit

Die Rechtsgleichheit war ein wichtiger, erster Schritt. Um ihr zum Durchbruch zu verhelfen, war die Teilnahme an der politischen Willensbildung des Staates, insbesondere bei der Gesetzgebung und Kontrolle der Regierung erforderlich, bei der sich die Macht konzentrierte. Zur Erlangung der staatsbürgerlichen Gleichheit waren zwei Voraussetzungen zusammenhängend zu erfüllen: die Einrichtung einer Volksvertretung in der Form eines Parlaments, das über Gesetzgebungskompetenz verfügt, und die Einführung des Wahlrechts als allgemeines, gleiches, freies, direktes und geheimes Recht aller Bürger zur Bestimmung der Repräsentanten des Volkes.

c) Soziale Gleichheit

Die beiden ersten Schritte waren sicherlich auch für sich allein genommen wichtige Ergebnisse der sozialen Emanzipationsbestrebungen, doch waren sie zudem Voraussetzung für das große Ziel sozialer Gleichheit, die Gerechtigkeit als das allen Menschen gleiche Recht auf Entwicklung und Entfaltung ihrer

---

10 Jean-Jacques Rousseau: Du Contrat Social ou Principes du droit politique (1762), Buch 2, Kapitel 6.

11 Franz Neumann: Die Herrschaft des Gesetzes – Eine Untersuchung zum Verhältnis von politischer Theorie und Rechtssystem in der Konkurrenzgesellschaft (1936), Frankfurt am Main 1980; dazu Friedhelm Hase und Matthias Ruete: Dekadenz der Rechtsentwicklung? Rationalität und Allgemeinheit des Gesetzes in der Rechtstheorie Franz Neumanns, in: Leviathan, Zeitschrift für Sozialwissenschaft, Bd. 11 (1983), H. 2, S. 20 ff.

Persönlichkeit wenigstens in Aussicht zu nehmen vermag. Soziale Gleichheit wurde keineswegs als völlige Gleichheit gefordert, wie dies polemisch häufig unterstellt wird (Gleichmacherei!), sondern als Freiheit von materieller Not, die sich im Wirtschafts- und Arbeitsprozeß verwirklicht. Erst die Freiheit von materieller Not in der Form sozialer Sicherheit ermöglicht auch die Entfaltung individueller Freiheit als Ausdruck von Gerechtigkeit. Gleichheit, Freiheit und Gerechtigkeit sind deshalb nicht Gegensätze, sondern notwendige Ergänzungen.

Soziale Gleichheit ist aber noch längst nicht erreicht, auch wenn sich der Sozialstaat als umverteilender Staat um einen gewissen Ausgleich bemüht. Um dies zu ermöglichen, bedarf der Staat jedoch der Wirtschafts-Wachstums-Gesellschaft, die neue Ungleichheiten schafft, welche ihrerseits die Forderung nach Gleichheit erheben werden; zu denken ist dabei insbesondere an die sogenannte Dritte Welt sowie an die – eingangs angesprochene – Ungleichheit zwischen den Menschen einerseits und Tieren/Pflanzen andererseits. Es scheint daher absehbar, daß das Gleichheitspostulat, das von den Menschen im Lauf der sozialen Emanzipation wenigstens als Prinzip anerkannt wurde, schon bald der Erweiterung um eine vierte Ebene bedarf, durch die die Natur in die Gerechtigkeitsvorstellungen einbezogen wird. Da Gleichheit nie ein Vorfindbares, sondern immer ein Herzustellendes ist, dürfte der Gleichheitssatz in Gegenwart und Zukunft das dynamische Prinzip bleiben, das er in den vergangenen beiden Jahrhunderten schon war.

4. Der Gleichheitssatz im Hinblick auf die Gleichberechtigung der Frau

Die Forderung nach Gleichheit zwischen den Geschlechtern ist derart aktuell, daß eine besondere Erwähnung notwendig ist. Die Diskussion über Gleichheit von Frau und Mann wird im alltäglichen und politischen Leben weniger unter dem Titel der Gleichheit geführt, sondern man bedient sich der Begriffe der „Gleichberechtigung", „Gleichstellung" und „Chancengleichheit". Es ist dies Ausdruck der Sorge, daß der Begriff der Gleichheit den differenzierten Bedürfnissen und Anliegen der Geschlechter zuwenig Rechnung trägt und zu Mißverständnissen führt. Frauen fordern weder eine Gleichheit im Sinne der Verleugnung jeglicher Differenz zwischen den Geschlechtern (Idendität) noch die bloße Angleichung der Stellung der Frau an diejenige des Mannes, sondern die Orientierung an „einem übergeordneten Maßstab"[12], an „einem für alle Menschen möglichen Maß verbesserter Lebenschancen und Selbstverwirklichung"[13].

---

12 Ute Gerhard: Gleichheit ohne Angleichung – Frauen im Recht, München 1990, S. 16.
13 Ebenda, S. 108.

Ausgangspunkt der Frauendebatte bildet der biologische Unterschied zwischen den Geschlechtern. Einerseits kann die Wahrung der Geschlechtergleichheit geradezu erfordern, daß geschlechtsspezifischen Bedürfnissen durch eine Ungleichbehandlung von Frau und Mann Rechnung getragen wird (Bsp. Schwangerschaftsurlaub). Anderseits kann das Gleichheitspostulat die exakt gleichen Rechte für beide Geschlechter verlangen (Gleichberechtigung), insbesondere dort, wo die biologische Verschiedenheit von Mann und Frau sich nicht in unterschiedlichen Interessenlagen niederschlägt (z. B. im Bereich der politischen Rechte). Aufgrund tradierter Geschlechterrollen auf beruflicher, politischer und familiärer, kurz, auf allen Ebenen des alltäglichen Lebens und Zusammenlebens haben Frauen trotz formell gleicher Rechte faktisch oft schlechtere Chancen zur individuellen Selbstverwirklichung, im besonderen in höheren Positionen. Das Postulat der Geschlechtergleichheit erschöpft sich deshalb grundsätzlich nicht in der bloßen Forderung nach formeller Gleichberechtigung, sondern zielt auf faktische Gleichstellung; jene setzt voraus, daß Frauen und Männer die gleichen Startchancen haben (Chancengleichheit[14]). Gleichheit der Geschlechter in den tatsächlichen Chancen bei Bewerbung und Aufstieg kann unter Umständen jedoch nur erreicht werden durch „Bevorzugung" der Frauen und damit eine (vorübergehende) Schlechterbehandlung der Männer (Ausgleichsmaßnahmen).[15] Der Begriff „Schlechterbehandlung" ist allerdings umstritten, da „Behandlung" eine gezielte Maßnahme darstellt, während die „Schlechterbehandlung" der Männer in diesem Zusammenhang nicht beabsichtigt, sondern nur eine (faktische) Folge der gezielten Besserstellung der Frauen ist.

Die Forderungen nach Gleichberechtigung, Gleichstellung und Chancengleichheit der Geschlechter müssen unter den oben erwähnten Gleichheitsbegriffen gesehen werden. Wie dargestellt wurde, fordert das wissenschaftliche Gleichheitskonzept nie Gleichheit in jeder Hinsicht, sondern bedarf stets der Differenzierung und Erläuterung. Die allgemeine Gleichheitsfrage ist letztlich die Frage nach der Differenz und der Vergleichbarkeit. Gleichheitstheoretisch betrachtet liegt den Forderungen nach Gleichberechtigung, Gleichstellung und Chancengleichheit von Frau und Mann deshalb keine eigenständige Gleichheitskonzeption zugrunde, sondern sie stellen einen konkreten Anwendungsfall der abstrakten allgemeinen Gleichheitsfragen dar.[16]

---

14 Zum Begriff der Chancengleichheit in der Rechtsprechung des BVerfG vgl. auch hinten Kap. 5.6.

15 In diesem Sinne sind etwa die Forderungen nach Quotenregelungen bei der Besetzung politischer Ämter zu verstehen.

16 Allerdings wird von feministischer Seite zunehmend vorgebracht, die gesamte Wissenschaft der Moderne sei patriarchalisch geprägt. Die Verwendung des herkömmlichen Gleichheitsbegriffs und der damit verbundenen wissenschaftlichen Dogmatik sei deshalb für die Anliegen der Frauenbewegung oft ungenügend. Zur Diskussion über die Notwendigkeit eines eigentlichen „Frauenrechts" grundlegend Tove Stang Dahl: Frauenrecht, Eine Einführung in feministisches Recht, Bielefeld 1992, insbesondere S. 14 ff.

Zweite Vorlesung: Von der Antike bis zur frühen Neuzeit

1. Allgemeine Vorbemerkung

In der ersten Vorlesung wurde bereits darauf verwiesen, daß jede Betrachtung über Gleichheit bei Ungleichheit anzusetzen hat. Ungleichheit war das die geschichtliche Vergangenheit bestimmende Prinzip, und bis zu einem gewissen Grade gilt dies auch noch für die Gegenwart. Die grundlegende Differenz ist darin auszumachen, daß in der Gegenwart Gleichheit wenigstens als formelles Prinzip akzeptiert wird, das es „bloß" noch materiell zu verwirklichen gilt, während in der Vergangenheit *Ungleichheit* auch formell überwiegend als Grundsatz angenommen wurde.

Die Grundlagen des zeitgenössischen Gleichheitsverständnisses finden sich in dem durch Renaissance und Aufklärung wiederbelebten Naturrechtsverständnis, das von dem Axiom geprägt ist, daß alle *Menschen von Natur aus gleich* sind. In der ersten Vorlesung wurde dies als „anthropologische Gleichheit" beschrieben, als Konvention, die axiomatisch geglaubt, anerkannt und – immer wieder aufs Neue – bestätigt werden muß. Um dem Naturrechtsdenken zur politischen Wirksamkeit zu verhelfen, bedurfte es der Gewalt der Revolution(en). Die Zeit wurde dafür erst reif, als die Menschen ein gewisses Maß an Bewußtsein und Selbstbewußtsein erlangt hatten; daran gilt es zu erinnern, weil die Gleichheit allzeit gefährdet bleibt.

Die Idee der Gleichheit findet ihren prägnantesten literarischen Ausdruck bei einem ihrer wirkungsvollsten modernen Vordenker, bei Jean-Jacques Rousseau. Seine epochale Schrift über den „Gesellschaftsvertrag" leitet er mit einem spektakulären Satz ein: „Der Mensch ist frei geboren, und überall liegt er in Ketten".[17] Den Grund für die Ungleichheit, die sich mit der Freiheit bzw. Unfreiheit verbindet, nennt Rousseau in dem nicht minder spektakulären Satz zu Beginn des 2. Teils des „Diskurs über die Ungleichheit":

„Der erste, welcher ein Stück Landes umzäunte, es sich in den Sinn kommen ließ zu sagen: *dies ist mein*, und einfältige Leute fand, die es ihm glaubten, der war der wahre Stifter der bürgerlichen Gesellschaft. Wie viele Verbrechen, Kriege, Morde, wieviel Elend und Greuel hätte der dem Menschengeschlecht erspart, der die Pfähle herausgerissen, den Graben zugeschüttet und seinen Mitmenschen zugerufen hätte: ‚Glaubt diesem Betrüger nicht; ihr seid verloren, wenn ihr vergeßt, daß die Früchte allen gehören, der Boden aber niemandem'".[18]

---

17 Jean-Jacques Rousseau: Vom Gesellschaftsvertrag oder Grundsätze des Staatsrechts (1762), in: Sozialphilosophische und politische Schriften, München 1981, S. 27.
18 Jean-Jacques Rousseau: Abhandlung über den Ursprung und die Grundlagen der Ungleichheit unter den Menschen (1755), in: Sozialphilosophische und politische Schriften, München 1981, S. 93.

In diesem „unerhörten" Gedanken Rousseaus finden sich Substrat und Programm von Gleichheit als Gleichberechtigung und Freiheit schlechthin: die prinzipielle *Gleichheit aller* Menschen durch ihre Geburt als *freie Menschen*, und die Möglichkeit zur Entfaltung von Freiheit durch die Sicherung ihrer materiellen Notwendigkeiten. Freiheit und Gleichheit verbinden sich darin zu Gerechtigkeit; beide sind bedingt durch die jeweilige soziale Organisation. Wenn Freiheit und Gleichheit nicht zusammengedacht, sondern antagonistisch ausgespielt werden, wenn es also der sozialen Vermittlung und Verantwortung ermangelt, dann muß es auch der gesellschaftlich bzw. staatlichen Gerechtigkeit ermangeln, und damit geraten beide Prinzipien zugleich in Gefahr.[19]

2. Historische Entwicklungen

In den folgenden Abschnitten kann allenfalls versucht werden, einen strukturellen Abriß der Gleichheitsidee zu liefern, also die ganz groben Züge der Entwicklung nachzuziehen.

a) Vorgeschichte

Rousseau ging in seinen Schriften *nicht* von einem Natur*recht* als „logischem Mythos" oder „hypothetisches Vernunftskonstrukt" aus, wie dies etwa heute überwiegend der Fall ist, er glaubte wohl vielmehr an einen realen Naturzustand, in dem alle Menschen glücklich lebten – an ein Zeitalter der „goldenen Jugend der Menschheit". Die moderne Anthropologie ist der Auffassung, daß diese Vorstellung so falsch wohl nicht war. Im vorstaatlichen, also im Natur*zustand* lebten die Menschen (hordenweise) in Gütergemeinschaft mit weitgehend gleichen Rechten und Pflichten, die durch die nomadisierende Lebensweise nahegelegt waren. Dieses Zeitalter, das wir als Alt-Steinzeit bezeichnen, wurde durch diejenigen beendet, die „ein Stück Land einzäunten" und Eigentumsrechte geltend machten, wie Rousseau schreibt, durch die Seßhaftwerdung der Menschen durch Viehzucht und Ackerbau.

Im Neolithikum, also vor etwa 10 000 bis 12 000 Jahren, ging das Zeitalter der *natürlichen* Gleichheit zu Ende; es wurde durch das Zeitalter abgelöst, das durch Ungleichheit zunächst im Eigentum gekennzeichnet ist. Der Eigentumsungleichheit folgte politische Ungleichheit in den sich allmählich herausbildenden Staaten, die zur Führung der organisatorischen Differenzierung bedurften, fast zwangsläufig. Am Beispiel des sumerischen Staatswesens, das häufig als „Wiege der Menschheit" bezeichnet wird und den Eintritt in den

---

19 Siehe dazu die Elfte Vorlesung zu Gleichheit als Rechtsprinzip seit 1789, S. 177 ff.

„geschichtlichen" Abschnitt markiert, läßt sich diese These zumindest belegen – auch wenn „handfeste" Beweise nur schwer zu erbringen sein dürften.

b) Die klassische Antike: Griechenland

Der Begriff der Gleichheit als politische Zielsetzung – die im Gegensatz zur Vorgeschichte „will"-kürlich ist – wird erstmals im klassischen Altertum der griechischen Polis-Kultur greifbar und belegbar. Die Tradition unseres modernen Gleichheitsbegriffs hat dort seine Wurzeln.[20]

Die epochale Leistung der griechischen Naturphilosophie ist darin auszumachen, daß sie von individuellen Erscheinungen zu abstrahieren lernt und Gleichheit als allgemeines Prinzip erkennt, das begrifflich zum Ausdruck gebracht wird und in allen Bereichen, auch im politisch-sozialen Bereich zur Anwendung gelangt. Maßgebend war dabei die Anschauung, die bis heute für unser Rechtsdenken konstitutiv geblieben ist: Gleichheit ist der Inbegriff eines gerechten Verhältnisses zwischen rechtsfähigen Menschen; Gleichheit gilt somit also als *das* Kriterium von Recht und Gerechtigkeit.[21]

Seit den Reformen des *Kleisthenes* (um 500 v. Chr., in Athen) wird der Begriff Isonomia (Gleichberechtigung) faßbar. Er enthält als konkrete Forderung zunächst die Gleichheit aller Polis-Bürger vor dem Gesetz, entwickelt sich dann aber zum Synonym für „demokratia", die neben der Rechtsgleichheit die gleichberechtigte Teilnahme der Bürger am politischen Entscheidungsprozeß umfaßt. Um diese Teilnahme auch zu ermöglichen, bedarf sie der ökonomischen Absicherung; öffentliche Tätigkeiten werden daher vergütet. *Phaleas von Chalkedon* spinnt diese Gedanken bis zu einer sozialistisch anmutenden Utopie: gleiche Erziehung der Bürger, kollektiv betriebenes Handwerk, sogar die gleichmäßige Verteilung des bebaubaren Bodens gehören zu seinen Vorstellungen.

Die Wirklichkeit bleibt hinter diesen Vorstellungen – natürlich, weit – zurück. Die Gleichberechtigung gilt nur für die Vollbürger (Politen), die (um 420 v. Chr.) nur etwa 20 % der Bewohner Athens ausmachen, und selbst unter den Vollbürgern haben die reichen Adeligen weit größere politischen Rechte (z. B. auf die Ämterbesetzung) als die armen Bürger; die anderen Schichten, zugewanderte Freie (Metöken) und Sklaven, bleiben von der politischen Mitbestimmung ausgeschlossen – das Verständnis von Demokratie und Gleichheit wird daran deutlich.

Die ersten über das Polis-Verständnis hinausreichenden Gleichheits-Konzeptionen stammen von den *Sophisten,* die in Athen zumeist selbst Fremde waren, und die einen naturrechtlichen Gleichheitsbegriff entwarfen. Dem-

---

20 Otto Dann: Gleichheit und Gleichberechtigung, S. 31 (100 ff).
21 Ebenda, S. 32.

nach ist das menschengesetzte Recht (Nomos) zweitrangig gegenüber den Gesetzen der Natur (Physis). Antiphon hat daraus gefolgert: „Von Natur her sind wir alle in allem gleich geschaffen, sowohl Barbaren als Hellenen." Die Lehre der Sophisten, die erst gegen Ende der Polis-Kultur auftreten, rückt den Menschen, auch den Menschen als Individuum in den Mittelpunkt des Denkens. Die natürlich gewachsene Sozialidee, die die Gemeinschaft als ursprüngliche, metaphysische Kultbeziehung zu ihrem Mittelpunkt hatte, wird dadurch allmählich durch die Gesellschaft verdrängt, die nur noch zweckrationalen Imperativen zur gemeinschaftlichen Lebensgestaltung folgt. Das Individuum, das mangels echter Gemeinschaft gezwungen ist, seine Interessen gegen diejenigen durchzusetzen, mit denen es bisher fest verbunden war, sucht seine Sicherheit nun durch die Okkupation von Macht, die sich in letzter Konsequenz in der Diktatur der Tyrannis äußert. Diesen folgenschweren Paradigmenwechsel hat Thomas Hobbes konsequent zur Grundlage seiner Staatsphilosophie fortgebildet.

Die Bedeutung des antiken Gleichheitsverständnisses für die europäische Tradition beruht aber weitgehend auf den Lehren *Platons und Aristoteles*. Beiden gilt die Gleichheit der Polis-Bürger gegenüber Gesetz und Rechtsprechung, bei der Teilnahme an politischen Entscheidungen und beim Ämterzugang als konstitutives Merkmal der demokratischen Staatsform. Diese Gleichheit wird durch die Unabhängigkeit von fremder Herrschaft und Willkür zugleich zur Grundlage von Freiheit. (Dieses Merkmal, das etwa den Sklaven fehlt, macht sie daher *zu Recht* zu Sklaven, urteilt Aristoteles.) Platon hat *gegen* den sophistischen Individualismus in seiner Frühschrift über den „Staat" (Politeia) noch ein güterkommunistisches Staatsideal gestellt – den ersten großen Entwurf einer sozialen Utopie (die im Mythos vom „goldenen Zeitalter" aber wohl noch älter ist). In seiner Altersschrift über die „Gesetze" (Nomoi) hat er einen gewandelten Gleichheits-Begriff entworfen, dessen Verständnis von Aristoteles aufgenommen wurde. Aristoteles' Staatsidee ist durch die natürliche Sozialität des „zoon politicon" geprägt, die den Menschen geradezu in den – vorauszusetzenden – Staat zwinge. Ausgangspunkt seines Denkens ist jedoch die Ordnung der Familie und der (Haus-)Wirtschaft, aus der sich Gerechtigkeit bestimmt. Und wie in der Familie nicht Gleichheit herrscht zwischen Mann und Frau, Eltern und Kindern, Herrn und Sklaven, so soll Gleichheit auch nicht in der Polis herrschen.

Platon und Aristoteles entwerfen eine Gleichheit, die zwei Formen kennt, eine arithmetische Gleichheit quantitativer Natur und eine geometrische Gleichheit, die (unterschiedliche) Qualitäten ausdrückt, und diese geometrische Gleichheit sollte politisch gelten. Durch dieses Verständnis von geometrischer Gleichheit wurde es möglich, ungleiche Verhältnisse als gleich und gerecht zu bezeichnen, wenn sie auf qualitativen Differenzen beruhen. In den Verfassungslehren beider Denker werden die anti-demokratischen Tendenzen dieser differenzierten Gleichheits-Theorie wirksam. Die sozialen Unterschiede

sollen sich auch in einer ungleichen Teilnahme am politischen Leben ausdrük-
ken. Dies findet seinen Niederschlag in der „gemischten Verfassung", die
demokratische, aristokratische und monarchische Elemente durch „Mitte und
Maß" vereinigt. Zu den jeweiligen Ebenen sollen aber nur diejenigen Zugang
haben, die durch qualitative Unterschiede ungleich sind. Aristoteles entwickelt
dieses Konzept aus empirischen Studien über griechische Verfassungen, Platon
aber leitet es aus dem Mythos her, wonach Gott den Bauern und Händlern
Erz, den Wächtern und Staatsdienern Silber, den Herrschern (Philosophen-
Königen) aber Gold in die Seele gelegt habe. Mit dieser sozial-konservativen
Interpretation naturgegebener Ungleichheit unter den Menschen begründen
Platon und Aristoteles eine Tradition, auf die immer wieder Bezug genommen
werden wird. Bereits im ganz frühen neuzeitlichen Denken wird Gleichheit
also so interpretiert, daß die Schweine schon gleicher waren als die anderen
Tiere, wie George Orwell es in seiner Fabel „Animal Farm" ausdrückt.

Eine Wiederbelebung finden die sophistischen Gleichheitsvorstellungen im
Epikuräismus und vor allem in der *Stoa,* die das Naturrechtsdenken weiter-
führen, das in der Aufklärung im 18. Jahrhundert seine revolutionäre Kraft
entfalten wird. Neu an der stoischen Lehre ist der Wille, das willentlich durch
Vernunft und Absicht geleitete Leben im Einklang mit den Gesetzen der
Natur, aus dem der Begriff der Pflicht und des Amts entspringt, die weit über
das Römische Reich hinaus, das inzwischen die Nachfolge von Polis-Kultur
und Hellenismus angetreten hat, Wiederhall finden werden.

Zur Gleichheit im antiken Griechenland läßt sich dieses Resümee ziehen:
- Gleichheit wird erstmals abstrakt und systematisch gedacht;
- zunächst wird sie als politische, soziale und – teilweise auch ökonomische –
  Gleichberechtigung der Vollbürger angesehen;
- unter dem Einfluß der Lehren Platons und Aristoteles findet eine gestufte
  und differenzierte Gleichheit Einzug in das – auch zukünftige Tendenzen
  bestimmende – Denken, die sich nach qualitativen Merkmalen bemißt und
  dadurch Ungleichheit rechtfertigt;
- unter dem Einfluß der Sophisten, des Epikuräismus und vor allem der
  natur-rechtlichen Orientierung der Stoa wird Gleichheit universalistisch
  (kosmo-politisch) interpretiert, jedoch mit einer stark individualistischen
  Komponente; maßgebend ist der Wille, aus dem Verantwortung für das
  Amt (des Staatsmannes) fließt, der höheren ethischen Grundsätzen verpflichtet und daher wiederum ungleich ist;
- Gleichheit bezieht sich immer nur auf die Menschen; außermenschliche
  Gleichheitsüberlegungen bleiben für (fast) alle kommenden Zeiten außer
  Betracht.

c) Das römische Imperium

Durch die naturrechtliche Begründung erlangt der Gleichheitsbegriff also seine kosmopolitische Dimension. Als vernunftbegabte Wesen sind sich alle Menschen in entscheidender Hinsicht gleich; Gleichheit kommt daher allen Menschen als Angehörigen der Gattung zu. Dieses Verständnis, fortentwickelt von den wichtigsten Vertretern der römischen Stoa, namentlich Marcus Tullius Cicero und Lucius Annaeus Seneca, hätte als Potential alle sozialen und nationalen Grenzen zu sprengen vermocht.[22] Da es jedoch auf dem Bereich der privaten Ethik eingeschränkt wurde, erlangte es für die staatliche Praxis des römischen Imperiums nur geringe Bedeutung.

Den Plebejern wurden zwar bereits relativ früh (etwa durch die Lex hortensia, 287 v. Chr.) formelle Gleichheitsrechte eingeräumt, die alle Bürger Roms als Rechtspersonen gleichstellten.[23] Auf der Grundlage dieser Rechtsgleichheit war aber allein der durch Herkunft und Besitz bedingte soziale Status maßgebend für die Stellung des einzelnen im öffentlichen Leben. Die führende Schicht der Plebejer konnte daher einen Amtsadel (Nobilität) herausbilden, der mit dem alten Blutsadel zum Träger der römischen Politik aufstieg. Im römischen Recht hat sich der Begriff der *aequitas* herausgebildet, der auf die neuzeitliche Rechtsauffassung einwirkt. Aequitas wurde im Sinne von Billigkeit und Angemessenheit verwendet und beinhaltete das Prinzip einer distributiven Gerechtigkeit. Diese verteilende Gerechtigkeit hat jedoch einen geometrischen Maßstab, war also nicht gleich, sondern dem sozialen Status gemäß anzuwenden. Aus dieser Aequitas hat sich ein weiteres Prinzip des römischen Rechts entwickelt: der Grundsatz von der Gleichwertigkeit der Vertragsparteien im Privatrecht.

Aus dem Bedürfnis Roms, auch im Imperium nach einem Recht zu entscheiden, das für alle – Römer und Nicht-Römer – verbindlich sein sollte, entstand neben dem *ius civile* das naturrechtlich bestimmte *ius naturale*, das als das Recht im Verkehr mit den Nicht-Römern zum *ius gentium* wurde – und darin die Wurzeln des Völkerrechts enthält.

Die Beiträge Roms zur Entwicklung des Gleichheitsbegriffs liegen also im Bereich der Rechtstheorie und der philosophischen Ethik; sie sind durch das Naturrecht bestimmt, aber auf den privaten Bereich beschränkt. Die Entwicklung der Gleichheitsidee für den politischen und staatlichen Bereich ist dagegen ohne besondere Wirksamkeit. Festzuhalten bleibt jedoch, daß es – ähnlich wie schon im antiken Griechenland – immer wieder zu einem gewissen sozioökonomischen Ausgleich kam (etwa in den Licinischen Ackergesetzen, 367 v. Chr., oder in den Gracchischen Reformen, seit 133 v. Chr.). Deren

---

22 Vgl. Marcus Tullius Cicero: Über den Staat (51); Über die Gesetze (43, nachgelassen); und verschiedene Staatsreden; Lucius Annaeus Seneca: insbesondere die philosophischen Traktate (Dialoge).

23 Vgl. Otto Dann: Gleichheit und Gleichberechtigung, S. 44.

Zweck ist jedoch nicht, soziale Gleichheit zu erlangen, sondern vielmehr, den Staat vor sozialen Unruhen zu bewahren bzw. die bereits eingetretenen Auswirkungen der krassen Ungleichheit wenigstens teilweise wieder zu bereinigen.

d) Das frühe Christentum

Unter Konstantin I. wird der christliche Glaube zur Staatsreligion im römischen Reich (Mailänder Toleranzedikt, 313); das Christentum beginnt sich nun machtvoll zu entfalten. Religion, insb. die christliche Religion, ist wesenhaft immer Gemeinschaft (Gemeinde), die sich dem gleichen, gemeinsamen Ziel verbunden fühlt; Gleichheit wird dadurch zum selbstverständlichen Prinzip. Individualität wird zurückgedrängt, eingebunden in die Verfolgung des gemeinsamen Ziels.

Diese – ursprüngliche – christliche Gleichheit wird durch die Bibel – im Alten wie im Neuen Testament – ausdrücklich hervorgehoben. Alle Menschen sind von Gott erschaffen, ihm selbst nachgebildet, und stammen gemeinsam ab von Adam und Eva. Alle Menschen wurden aber auch durch die Leiden Jesu erlöst und sind aufgerufen, ihm nachzufolgen. Schließlich werden sich alle Menschen am Jüngsten Tag vor dem einen Gott zu verantworten haben. Diese heilsgeschichtliche Perspektive galt im frühen (Ur-)Christentum auch; die Seinsgleichheit von Gott und Menschen war Grundlage der frühchristlichen Gleichheitsvorstellungen im zwischenmenschlichen Bereich. Diese religiöse Gleichheit aller Menschen hätte sich daher auch auf das politische und soziale Zusammenleben auswirken müssen. Das frühe Christentum steht aber ganz im Zeichen der Patristik. Die Lehre der Kirchenväter ist beeinflußt vom stoischen Ideal, nach dem der beste Reichtum in der Armut an Begierden besteht. In der Gemeinde von Jerusalem wie auch in den frühen christlichen Gemeinden Roms wurde dieses ur-kommunistische Ideal der Besitzlosigkeit oder jedenfalls des gemeinsamen Besitzes der materialen Güter auch gelebt. Diese Gleichheit bezieht sich jedoch ausschließlich auf die religiöse Gemeinde. Obwohl sie aus dem Kommunismus der Urgemeinde herrührt, ist sie nicht sozialrevolutionäres Programm, sondern bloß *caritas*, ein privater Akt der Nächstenliebe, Ausdruck gottgefälligen Verhaltens, das sich auf das erwartete jenseitige Reich Gottes richtet.

Zu dieser Auffassung von der ursprünglichen Gleichheit unter den Menschen, die sich auf den Naturzustand der göttlichen Schöpferwelt bezieht, tritt relativierend und überlagernd die Erzählung vom Sündenfall durch den die Menschen schuldig und schlecht geworden waren. Damit wurde die tatsächlich bestehende soziale Ungleichheit theologisch nicht nur erklärt, sondern zugleich auch noch die bestehende hierarchische Ordnung begründet. Das Christentum hat damit das stoisch-epikuräische Ideal des durch *Vernunft* und *Willen* weisen Menschen beseitigt und an seine Stelle den schuldigen, schwachen Menschen gesetzt, der nur noch durch *Glauben*, nicht mehr aber durch

Vernunft im Reich Gottes seine Erfüllung findet. Da sich das gerechte Reich Gottes auf Erden aber nicht – wie fest erwartet – einstellt, wurde das irdische Leben – unter dem Einfluß der Lehre des Aurelius Augustinus zur bloßen Durchgangsstation auf dem Weg zum transzendenten Reich Gottes.[24] Die Wiedergewinnung der verlorenen Gleichheit bezieht sich ausschließlich auf das geistliche Sein des Menschen, und es ist auf den Kreis der Gläubigen in der christlichen Gemeinde beschränkt. Das irdische Leben ist ein Jammertal, das es gilt gottgefällig zu durchschreiten, um im jenseitigen Reich Gnade zu erlangen. Die Interpretation des irdischen Lebens übernimmt die „Mutter Amtskirche", die über die geoffenbarte Wahrheit der Eschatologie verfügt und die das Heil des *homo viator*, des Wanderers auf dem Weg zu Gott, verwaltet und vermittelt. Christliche Gleichheit bezog sich also vornehmlich auf den geistigen Charakter der Gemeinde, den Körper, das Körperliche betreffende soziale Ungleichheit bildete dazu keinen Widerspruch. Christen konnten daher sowohl Sklaven wie auch Sklavenhalter sein. Christliche Gleichheit reduzierte sich auf die kultische Gemeinde und ließ die sozialen Institutionen und Verhältnisse außer Betracht, die angesichts des erstrebten Gottesreiches nur äußerlich waren. Die Kirche blieb zwar totalitäre *Gemeinschaft* (Thascius Caecilius Cyprianus: Extra ecclesiam nulla salus), zugleich aber bestand der römische Staat als Wirtschafts- und Verwaltungsgesellschaft, mit dem sich Religion und Kirche auseinanderzusetzen bzw. zu arrangieren hatten.

Vor allem seit der Anerkennung des Christentums als Staatsreligion hat sich die Haltung der Kirche zum Staat gewandelt. Das frühe Christentum hatte den Staat und die herrschende gesellschaftliche Ungleichheit noch als Produkt der Erbsünde aufgefaßt und daher distanziert beurteilt. Nach der Anerkennung erhält der Staat als weltliche Herrschaftsordnung zunehmend positivere Bewertungen. Die staatliche Ordnung wird nun als notwendige Einrichtung zur Aufrechterhaltung von Recht und Ordnung unter den sündhaften Menschen betrachtet, die neben der Kirche ihren Platz hat. Dazu kommt, daß die Staatskirche in den Besitz von Vermögen und Ländereien gelangt, die herrschenden Wirtschaftsformen, einschließlich der Sklaverei, akzeptiert und selbst praktiziert. Sklaven wurden nun auch nicht mehr zu kirchlichen Ämtern zugelassen, durften nicht mehr in Klöster eintreten. Mit dieser Verweltlichung wurde die innergemeinschaftliche Ungleichheit manifest, die zur Grundlage einer hierarchischen Ordnung wurde. Gott wird als Baumeister einer Welt interpretiert, deren innerer Zusammenhalt auf der Verschiedenheit (diversitas) der einzelnen Glieder beruht, die einander hierarchisch zugeordnet sind. Demzufolge gilt nicht mehr Gleichheit als der Schöpfung adäquater Begriff, sondern Ungleichheit. In Analogie zu diesem Abbild göttlicher Ordnung wird dann auch die kirchliche Hierarchie vom Papst bis zum Dorfpfarrer und dem

---

24 Siehe Aurelius Augustinus: Confessiones (Bekenntnisse); De Civitate Dei (Gottesstaat).

einfachen Gläubigen gerechtfertigt, wie auch die weltliche Hierarchie gerechtfertigt wird vom Kaiser bis zum Bettelmann. Die Ungleichheit unter den weltlichen Ständen ist als Abbild der jenseitigen Ordnung nicht nur gerechtfertigt, vielmehr würde ein Angriff bzw. Ungehorsam als Abkehr von der „göttlichen Weltordnung" angesehen.[25] Gleichheit ist damit zu einer Frage geworden, die später vor allem zwischen der weltlichen und der geistlichen Macht ausgetragen wird: in den Auseinandersetzungen des Kaisertums und des Papsttums um die weltliche Vorherrschaft – der einzelne Mensch spielt dabei eine ganz untergeordnete Rolle.

Erst die revolutionären Bewegungen des Mittelalters, die immer zugleich religiöse Ketzerbewegungen sind, rütteln an dieser engen Verbindung weltlicher und religiöser Hierarchien, die schließlich durch Martin Luthers Lehre vom „allgemeinen Priestertum" die Rechtfertigungsbasis der kirchlichen Hierarchie wie der ständischen Gesellschaft bezweifelt.

Zusammengefaßt läßt sich also sagen, daß das Christentum den Gedanken der Gleichheit aller Menschen universalisiert hat, daß damit aber keineswegs politische Gleichberechtigung oder gar soziale Gerechtigkeit gemeint war. Gerechtigkeit war eine Angelegenheit des „jüngsten Gerichts", sie war ausgleichende Gerechtigkeit für die erduldeten Leiden des irdischen „Jammertales". Gleichheit war insoweit also generell-abstraktes Postulat, die in der Christen-Gemeinde durch Mildtätigkeit gepflegt werden sollte. Gefördert hat die christliche Gleichheitslehre dagegen die weltliche Ungleichheit, durch die Rechtfertigung der hierarchisch organisierten Gesellschaft als gottgewollt. Der überwiegenden Mehrheit der Menschen wurden dadurch für weit mehr als ein Jahrtausend manifeste politische, wirtschaftliche und soziale Nachteile und zum Teil Elend unvorstellbaren Ausmaßes beschert.

„Das Christentum wird sich immer instinktiv ablehnend verhalten gegen alle Gleichheitsideen trotz seiner nahen Verwandtschaft mit ihnen".[26]

Dies läßt sich nicht nur am Mittelalter belegen, sondern es wird sich auch noch in der Neuzeit und bis in die Gegenwart hinein zeigen.

e) Das Mittelalter

Der Niedergang des (west)römischen Reiches kennzeichnet das Ende des Altertums, der Aufstieg der Germanen bestimmt das frühe Mittelalter. Bis zum Tode Karls des Großen beherrschen sie das Land, werden zu den Staats-

---

25 Iring Fetscher: Rousseaus politische Philosophie – Zur Geschichte des demokratischen Freiheitsbegriffs, Frankfurt am Main, 3., überarbeitete Aufl. 1975 (1. Aufl. 1960), S. 211.

26 Ernst Troeltsch: Die Soziallehren der christlichen Kirchen und Gruppen, Tübingen 1912, S. 65.

und Kulturträgern und erhalten das Kaisertum, nachdem sie zum Christentum bekehrt sind.

Dieser Abschnitt ist bestimmt durch die Wahlmonarchie der Gemeinfreien, also der wehrfähigen Männer, die das germanische Königtum prägen. Als Otto I. die Schutzherrschaft des Papsttums übernimmt, verdrängt das Rittertum als neue Kriegstechnik die Bedeutung der Gemeinfreien. Die Ritter erhalten als Gefolgsleute des Kaisers Lehen als Belohnung für ihre Heerfolge. Aus der Vererblichkeit der Lehen entwickelt sich das Feudalwesen, das die mittelalterliche Leitbegriff dieses Weltbildes ist der *ordo:* alles Sein ist auf Gott ausgerichtet (principium unitatis) und in der Stufenleiter des Seins hat sich jedes Glied dem nächsthöheren unterzuordnen (praelatio). Die naturrechtlichen und urchristlichen Orientierungen an einer allgemeinen Menschengleichheit haben damit ihre Legitimationsgrundlage verloren. Sie wurden nun aber so (um)gedeutet, daß das natürliche Recht mit dem göttlich geoffenbarten Gesetz harmonierte – eine Aufgabe, die allein der Kirche zukommen konnte. Ungleichheit, als gottgewollte, konnte dadurch zu einem positiven Wertbegriff avancieren. Die zentrale Bedeutung der Kirche für die Legitimierung der ständisch-hierarchischen Sozialstrukturen wird hier offenkundig.

Im Rechtsleben hatte Gleichheit allerdings ihren festen Platz. Voraussetzung dafür war jedoch, daß nicht nur die Rechtsmaterie, sondern auch die Rechtspersonen gleich, d. h. sozial vergleichbar waren; sie mußten also dem gleichen Rechtskreis (Stand, Beruf etc.) angehören. Gleichheit war daher ein maßgebender Begriff der Rechtsfindung, allerdings im Rahmen einer in verschiedene Rechtskreise gegliederten Gesellschaft;[27] „gleich" hatte die Bedeutung von „standesgleich", „seinesgleichen" etc.

Angesichts der strukturellen Ungleichheit der ständischen Gesellschaftsverfassung und deren Legitimierung durch die kirchlichen Soziallehren, waren die naturrechtlichen und frühchristlichen Vorstellungen über die Gleichheit aller Menschen zwar verdrängt bzw. uminterpretiert worden, doch nicht völlig in Vergessenheit geraten. Überall wo sich Unzufriedenheit an den herrschenden Gesellschaftszuständen entzündete, wurden die alten Gleichheitsvorstellungen als Legitimationsbasis wiederbelebt. In den mittelalterlichen Protestbewegungen wurden Gleichheitsvorstellungen wachgerufen, in denen die Schranken der ständischen Gesellschaft überwunden galten, noch ehe das Bürgertum zu deren Kritik ansetzt. Das Mönchtum, in dem urchristliche Gleichheitsvorstellungen eine größere Bedeutung bewahrt hatten, tat sich mit Protesten besonders hervor. In den benediktinischen Regeln wird die Ungleichheit für den Bereich der klösterlichen Gemeinschaft (communio) aufgehoben. Zugleich wird hier jedoch das neuartige soziale Ethos der Arbeit als Pflichterfüllung, die Gott und der Gemeinschaft geschuldet ist („ora et

---

27 Otto Dann: Gleichheit und Gleichberechtigung, S. 67 (102 ff).

labora"), eingeführt; durch die Verstärkung dieses Gedankens in der Reformation (insbesondere durch Calvin) wird dadurch der neuzeitliche Staat und die ihm verbundene industriell-kapitalistische Wirtschaftsweise ermöglicht. Unter dem Einfluß Joachim von Fiores, der Waldenser und Katharer sowie der Franziskaner setzt seit dem 13. Jahrhundert Kritik an der hierarchischen Struktur der Kirche ein. Besonders hervorgetreten ist dabei Marsilius von Padua, der sich in „Defensor pacis" mit Entschiedenheit gegen den päpstlichen Herrschaftsanspruch stellt und die Gleichheit aller Priester in ihrem durch Christus gestifteten Amt propagiert. Darüber hinaus tritt aber schon die These von der Gleichheit der Priester und Laien als Mitglieder der Kirche auf und schließlich begründet Marsilius auch noch, daß sich Herrschaftsgewalt von einer *universitas civium* herleite, also eigentlich demokratisch ist. Dies blieb zwar am Rande, seine These von der priesterlichen Gleichheit aber wurde bahnbrechend: erstmals wurde Gleichheit in den Mittelpunkt einer Kritik an der ständisch-hierarchisch geordneten Gesellschaft gestellt. Vom 14. bis 16. Jahrhundert entwickelte sich in der abendländischen Kirche eine Bewegung, die als erste große Gleichheitsbewegung der europäischen Gesellschaft bezeichnet werden kann,[28] die im 16. Jh. als reformatorische Bewegung erhebliche Erfolge zu erringen vermag.

Neben den kirchlichen wachsen auch soziale Protestbewegungen aus den unteren und mittleren Volksschichten gegen die starre mittelalterliche Ordnung, die aus *konkreten* sozioökonomischen Krisen der agrarischen (und erst allmählich städtischen) Gesellschaft entstehen, jedoch zur Bewußtwerdung über die generelle Ungerechtigkeit der ständischen Ordnung führen. Dieser Protest ist zwar in verschiedenen europäischen Ländern spürbar (Frankreich, England, Deutschland), entfaltet aber noch keine politische Kraft, sondern äußert sich vorerst nur in radikalutopischem Gleichheitsverlangen.

f) Die frühe Neuzeit

Am Anfang der Neuzeit steht die Lehre Martin Luthers, die aber noch an die theologische Strukturen des Mittelalters anschließt. Die Papstkirche hatte sich immer weiter zu einem weltlichen Machtstaat entwickelt, dessen geistlicher Führungsanspruch dadurch zunehmend fragwürdiger wurde. Gleichzeitig wurde das Feudalsystem durch das städtisch-bürgerliche Wirtschaftssystem des Frühkapitalismus und die daraus erwachsenden neuen Kräfte in Frage gestellt. Der Kreis der mit der bestehenden Verfassung in Staat, Kirche und Gesellschaft Unzufriedenen wuchs; neben der theologischen Intelligenz zählte dazu der nach Autonomie strebende Hochadel, der von der Krise des Feudalismus betroffene niedere Adel, das aufstrebende Bürgertum und die neue Schicht der bürgerlichen Intelligenz.

---

28 Ebenda, S. 70.

Zu Beginn der Neuzeit rückt das Gleichheits-Prinzip, das von den – bereits angesprochenen – religiös motivierten Protest- und Reformbewegungen des späten Mittelalters wenigstens als Idee am Leben gehalten wurde, erneut in den Mittelpunkt. Der Anstoß dazu ging von den reformatorischen Schriften Luthers aus, der Gleichheit als theologische Grundannahme auslegte, die ihre Wirkungen nicht nur auf die Organisation der Kirche, sondern auf die gesamte soziale Wirklichkeit entfalten sollte. Damit war das tragende Element der mittelalterlichen Gesellschaftsordnung angegriffen, denn schließlich beruhte sowohl die theologische wie die soziale Hierarchie letztlich auf der gleichen Begründung – auf der „gottgegebenen" und „gottgewollten" Ungleichheit nämlich. Mit seiner These vom *Priestertum aller Gläubigen,* die durch die gleiche Taufe und das *eine* Evangelium begründet wird, erhebt er *alle Gläubigen* in denselben Stand, der individuelle Unterscheidungen nicht zuläßt, weil diese Gemeinsamkeiten (= Taufe und Evangelium) menschlichem Zutun nicht zugänglich sind. Durch die Gleichstellung von Klerus und Laien innerhalb der Kirche wird deren Hierarchie fundamental in Zweifel gestellt. Auf die selbst gestellte Frage, worauf die großen Unterschiede zwischen den gleichen Christen zurückzuführen seien, antwortet Luther: „Allein aus den menschlichen Gesetzen".[29] Damit ist die Verbindung zwischen kirchlicher und weltlicher Struktur hergestellt, deren fundamentale Ungleichheit sich nicht auf die göttliche Autorität, sondern auf die geschichtliche Entwicklung zurückführen lasse. Luther zog aus dieser Gleichheit die Folgerung, daß es Überordnung nur noch als funktionales „Amt" geben dürfe, das von der Versammlung der gleichberechtigten Gemeindemitglieder ausgehe, die „alle gleiche Gewalt" haben, also von der genossenschaftlich und demokratisch verfaßten evangelischen Kirchengemeinde.

Die These vom Priestertum aller Gläubigen verblieb aber nicht im religiösen Raum, sondern zog ihre Kreise über das Bürgertum bis zu den Bauern, die im sogenannten Bauernkrieg (1525) eine Anwendung des reformatorischen Gleichheits-Postulats probten, vor allem um ihre zentrale Forderung – die Aufhebung der Leibeigenschaft – durchzusetzen; die Leibeigenschaft aber bildete das Rückgrat des sozialen Systems des Feudalismus. Aus diesem Anlaß nahm Luther Stellung zu den Konsequenzen seiner Lehre. Gleichheit wird von ihm nun ausschließlich auf das innere Wesen des Christen bezogen, während Ungleichheit sein äußeres Wesen und seinen Status in der bürgerlichen Gesellschaft bestimme, die zur Aufrechterhaltung der Ordnung notwendig der Ungleichheit bedürfe (sog. Zwei-Reiche-Lehre). Luther hat den Christen empfohlen, in „ihrem Stand" zu bleiben und sie auf das private Leben sowie auf die „Berufsarbeit" verwiesen, die – vor allem in der von Max Weber beleuchteten calvinistischen Prädestinationslehre – zum Wegbereiter der modernen, auf Lohnarbeit beruhenden Industriegesellschaft werden konnte.

---

29 Martin Luther: Werke, Bd. 6, S. 40.

Das in die Krise geratene ständisch-feudale Gesellschaftssystem war damit wenigstens *theologisch* wieder legitimiert und konnte für weitere Jahrhunderte wirksam bleiben, in denen sich andere Faktoren zu einem neuen Denken bündeln werden. Der bleibende Ertrag dieser frühneuzeitlichen Gleichheitsdiskussion kam den adeligen und bürgerlichen Gesellschaftsschichten zugute, die sich allmählich von der Vormundschaft der römischen Kirche lösen und den privilegierten Status des Klerus eindämmen konnten.

3. Die Rechtsstellung der Frau

a) Antikes Griechenland

Die Forschungen zur prähistorischen Zeit haben Hinweise dafür, daß viele Gesellschaften zahlreiche matriarchalische Züge aufwiesen, d. h. eine relativ freie Stellung der Frauen kannten. Die Wandlung zum Patriarchat, d. h. zur vollständigen Herrschaft über die Frauen vollzog sich in den Anfängen des antiken Athens[30]. Zur Zeit der Hochblüte griechischer Kultur war die Frau bereits stark auf das Haus zurückgedrängt. Als ledige Frau unterstand sie der väterlichen Gewalt; ihren Ehegatten konnte sie nicht frei wählen. Bei Heirat wurde sie vollständig der Gewalt des Ehemannes unterworfen, als Witwe stand sie unter der Herrschaft des nächsten männlichen Angehörigen. August Bebel schreibt zur Situation der griechischen Frauen:

„Die *Frau theilt wohl des Mannes Bett*, aber nicht seinen Tisch; sie redet ihn nicht mit seinem Namen an, sondern als ‚Herr‘; sie ist seine Magd. Öffentlich durfte sie nirgends erscheinen, sie ging auf der Straße stets verschleiert und höchst einfach gekleidet. Beginnt sie seinen Ehebruch, so sollte sie nach dem Solon'schen Gesetz für ihren Frevel mit ihrem Leben oder ihrer Freiheit büßen. Der Mann konnte sie als Sklavin verkaufen."[31]

Ganz anders standen die Dinge für die Männer, welche nach ihrem bon plaisir lebten. Der Redner Demosthenes beschrieb in seiner Rede gegen Neära die Position des Mannes wie folgt:

„Wir heirathen das Weib, um eheliche Kinder zu erhalten und im Hause eine treue Wächterin zu besitzen; wir halten Beischläferinnen zu unserer Bedienung und täglichen Pflege, die Hetären[32] zum Genuß der Liebe."[33]

---

30 Vgl. näher August Bebel: Die Frau und der Sozialismus, 29. Aufl., Stuttgart 1898, S. 35.
31 Ebenda, S. 38 f.
32 Frauen, die sich durch Schönheit und Geist auszeichneten, und deshalb an den intellektuellen Gesprächen und ausschweifenden Gelagen der vornehmen Männer teilnehmen durften.
33 Zitiert nach August Bebel: ebenda, S. 40.

Unterschiedlich waren die Frauenbilder der Gelehrten: Plato forderte in seinen Untersuchungen über den idealen Staat für die erste Klasse der Staatsbürger, die Wächter, die volle Gleichstellung der Frauen[34]. Nach Aristoteles hingegen sollte die Frau klar unter der Herrschaft des Mannes stehen.[35]

b) Römisches Recht

Im klassischen römischen Recht war die Frau von Geburt an bis zum Tode männlicher Gewalt unterworfen, sowohl in bezug auf ihr Vermögen wie auch hinsichtlich ihrer Person. Als Kind stand sie unter der *patria potesta* (väterliche Gewalt), als Ehefrau unter der *manus* (ehemännliche Gewalt) und als unverheiratete oder verwitwete Frau unter der *tutela* (vormundschaftliche Gewalt eines männlichen Verwandten)[36]. Die Familiengewalt war ihr versagt, und im öffentlichen Leben blieb sie von den staatlichen Aufgaben ausgeschlossen[37]. Nicht beschränkt war die (erwachsene) Frau in ihrer Deliktsfähigkeit[38].

In der nachklassischen Zeit verbesserte sich die Rechtsstellung der Frau deutlich: Allmählich setzte sich zusätzlich zur Manusehe die manusfreie Ehe gewohnheitsrechtlich durch und die *tutela* wurde abgeschafft. Dies bedeutete, daß sich durch die Eheschließung an den vermögensrechtlichen Verhältnissen der Ehegatten nichts änderte: Stand die Frau nicht unter der *patria potestas*, war sie rechtlich handlungsfähig und konnte über ihr Vermögen grundsätzlich selbständig verfügen (allerdings war sie verpflichtet, einen Teil ihres Vermögens dem Ehemann als sog. *dos* zur Bestreitung des ehelichen Aufwandes zu überlassen). In bezug auf ihre Kinder blieb die Mutter während der Ehe weitgehend rechtlos; immerhin konnte sie nach dem Tod ihres Ehemannes Vormünderin werden, falls ihr Mann nichts anderes bestimmt hatte und sie sich nicht wiederverheiratete[39].

c) Germanische Stammesrechte

Die Stellung der Frau nach den altgermanischen Stammesrechten *(Leges)* entsprach im allgemeinen ungefähr derjenigen nach klassisch-römischem Recht:

---

34 Vgl. Platon: Der Staat, Dt. Übersetzung von Otto Apelt, Leipzig 1920, Buch V, 3. Kapitel und Buch VII, 17. Kapitel.
35 Vgl. Aristoteles: Politik, Dt. Übersetzung von J. H. v. Kirchmann, Leipzig 1880, Buch I, 12. und 13. Kapitel.
36 Vgl. Fritz Zagelmeier: Die rechtliche Stellung der Frau im römischen Familienrecht, Diss. Erlangen 1928, S. 9.
37 Max Kaser: Römisches Privatrecht, 16. Aufl. München 1992, S. 76.
38 Ebenda, S. 77.
39 Vgl. Fritz Zagelmeier: Die rechtliche Stellung der Frau im römischen Familienrecht, Diss. Erlangen 1928, S. 25, S. 35 f und S. 58 f.

Der Ehemann besaß ein absolutes Eigentums- und Verfügungsrecht über die Ehefrau *(Munt)* und übte alleine die väterliche Gewalt über die Kinder aus. Die unverheiratete Frau stand unter der Vormundschaft eines männlichen Verwandten.[40] So bestimmte z. B. Art. 204 des berühmten Edictum Rothari der Langobarden aus dem Jahre 643:

„Kein freies Weib, das innerhalb der Herrschaft unseres Königtums nach Langobardenrecht lebt, darf selbstmündig nach ihrem freien Gutbefinden leben. Vielmehr muß sie stets unter Männermunt (oder in der des Königs) bleiben. Auch hat sie nicht die Befugnis, etwas an fahrendem oder festem Gut ohne den Willen ihres Muntwaltes zu vergeben oder zu veräussern."[41]

Ähnliche Bestimmungen finden sich in den Leges der Thüringer, Friesen und Sachsen. Das fränkische Recht kannte eine Geschlechtsvormundschaft nur in frühmerowingischer Zeit, allerdings sah die *Lex Salica* der Salfranken (ca. Anfang des 6. Jahrhunderts) vor, daß den Frauen am Grundeigentum kein Erbrecht zusteht[42].

In zahlreichen Leges finden sich ferner Vorschriften über das Sexualverhalten der Frau: Von der Ehefrau wurde unbedingte Treue gefordert, vom unverheirateten Mädchen äußerste Sittenreinheit,- deutlich weniger streng war das Gesetz dem Mann gegenüber. Immerhin wurden Vergewaltigung und Verletzung der weiblichen Schamhaftigkeit unter Strafe gestellt.[43]

d) Hohes Mittelalter und Spätmittelalter

Die Stellung der Frau ändete sich im Laufe der Jahrhunderte: Die Ehefrau erlangte das Recht auf Mitbestimmung bei der Erziehung der Kinder und die Geschlechtsvormundschaft für ledige Frauen und Witwen wurde allmählich abgeschafft. Das absolute Verfügungsrecht des Ehemannes über das Vermögen der Ehefrau wurde zunehmend eingeschränkt durch das Erfordernis der Zustimmung der Ehefrau bei Veräußerungen[44]. Mit der Entstehung des mittelalterlichen Städtewesens verbesserte sich die Rechtsstellung der Frauen deutlich. In den Rechtsordnungen der mitteleuropäischen Städte setzte sich der Grundsatz „Heirat macht in der Stadtluft frei!" durch: Freie Wahl des Ehepartners sowie ein freies Besitz- und Erbrecht in männlicher und weiblicher

---

40 Vgl. Ursula Flossmann: Die Gleichberechtigung der Geschlechter in der Privatrechtsgeschichte, in: Rechtsgeschichte und Rechtsdogmatik, Festschrift Hermann Eichler, Wien 1977, S. 119–144, insb. S. 123.

41 Zitiert nach Edith Ennen: Frauen im Mittelalter, München, 3. Aufl. 1987, S. 39.

42 Ebenda, S. 38.

43 Ebenda, S. 34.

44 Vgl. Ursula Flossmann: Die Gleichberechtigung der Geschlechter in der Privatrechtsgeschichte, in: Rechtsgeschichte und Rechtsdogmatik, Festschrift Hermann Eichler, Wien 1977, S. 119–144, insb. S. 125.

Linie wurden in den Städten mit der Zeit zur Regel; bis zum 12. Jahrhundert hatte sich die Konsensehe und das Miteigentum beider Eheleute am Familienvermögen vielerorts durchgesetzt.[45] Die eheliche Vormundschaft über die Frau blieb im Grundsatz bestehen, wurde aber gelockert. Besonders weitgehende Möglichkeiten zur Eingehung finanzieller Verpflichtungen besaßen die Handelsfrauen in den mittelalterlichen Großstädten. Der Ehebruch des Mannes wurde mit der Zeit ebenfalls verfolgt, wog aber klar weniger schwer als die Untreue der Frau.[46] Die patriarchalische Gesellschafts- und Familienstruktur jedoch blieb weitgehend erhalten. Die Frau hatte an der Entfaltung des Städtewesens nur passiven Anteil, als Gehilfin und Gefährtin des Mannes.[47] Sie war zwar oft berufstätig, etwa als Kauffrau oder gegen Ende des Mittelalters als Fabrikarbeiterin, politische Verantwortung jedoch trug sie in der Regel nicht[48]. Kaum Einfluß auf die Stellung der Frau hatte die Rezeption des römischen Rechts gegen Ende des Mittelalters.[49]

Wesentlich für die Stellung der Frau in Gesellschaft und Recht war im Mittelalter die Auffassung der Kirche. Jegliche Bestrebungen zur Vorantreibung der Geschlechtergleichheit war in kirchlichen Kreisen verpönt. Die männlichen kirchlichen Machtträger gründeten die Ausschließung der Frau oft auf die Ächtung des Weiblichen als Verkörperung des Sündhaften und Triebhaften. Beispielhaft kommt die Geringschätzung des weiblichen Geschlechts in den Worten von Thomas von Aquin zum Ausdruck: Das Weib sei „ein mißbildeter Mann, eine entartete Varietät des Mannes,"[50] eine Auffassung, die auch noch in Lehrbüchern der katholischen Kirche zu Beginn des 20. Jahrhunderts anzutreffen war. Ausgesprochen frauenfreundlich und liberal wirken daneben die Worte des Reformators Martin Luther:

„Wenn ein tüchtig Weib zur Ehe einen untüchtigen Mann überkäme und könnte doch keinen anderen öffentlich nehmen und wollte auch nicht gerne wider Ehre tun, soll sie zu ihrem Manne also sagen: Siehe, lieber Mann, du kannst mein nicht schuldig werden, und hast mich und meinen jungen Leib betrogen, dazu in Gefahr der Ehre und Seligkeit gebracht, und ist für Gott keine Ehre zwischen uns beiden, vergönne mir, daß ich mit deinem Bruder oder nächsten Freund eine heimliche Ehe habe und du den Namen habst, auf dass dein Gut nicht an fremde Erben komme, und lass dich wiederum williglich betrügen durch mich, wie du mich ohne Deinen Willen betrogen hast."[51]

---

45 Edith Ennen: Frauen im Mittelalter, S. 94 ff und 102.
46 Ebenda, S. 135.
47 Ebenda, S. 108.
48 Ebenda, S. 232 f.
49 Näher dazu Robert Bartsch: Die Rechtstellung der Frau als Gattin und Mutter, Leipzig 1903, S. 113.
50 Zitiert nach Ute Gerhard: Gleichheit ohne Angleichung, Frauen im Recht, München 1990, S. 23 (ohne genauen Quellennachweis).
51 Martin Luther: Vom ehelichen Leben, Jena 1522, Il, S. 146.

Derart fortschrittliches Gedankengut blieb in kirchlichen Kreisen die Ausnahme. Den Höhepunkt erreichte die mit kirchlicher Macht verbreitete Frauenmißachtung mit den Hexenverfolgungen gegen Ende des Mittelalters.[52]

e) Frühe Neuzeit

Das neue Zeitalter der Aufklärung verstand den revolutionären Vernunftsgedanken und die Entstehung moderner Wissenschaften vorwiegend als „männliche Geburt" (so Francis Bacon). Die Unterscheidung zwischen Verstand und Gefühl, Geist und Natur wurde oft parallel gesehen mit weiblichen und männlichen Anlagen.[53] Das aufklärerische Verständnis einer „natürlichen" Freiheit und Gleichheit anerkannte theoretisch zwar eine prinzipielle Gleichheit der Geschlechter, rechtfertigte die faktische Schlechterstellung der Frauen jedoch unter Berufung auf biologische Unterschiede oder bloße zivilrechtliche Institute. Die Geschlechtervormundschaft etwa wurde mit der freiwilligen Unterwerfung der Frau unter die Vorherrschaft des Ehemannes durch die Eheschließung gerechtfertigt oder als Schutzeinrichtung für das „schwache", minderintelligente Geschlecht interpretiert.[54] Jean-Jacques Rousseau etwa schrieb in seinem Werk „Emile oder Über die Erziehung":

„In der Vereinigung der Geschlechter trägt jedes zum gemeinsamen Ziel bei, aber nicht auf die gleiche Weise. Aus dieser Verschiedenheit entsteht der erste benennbare Unterschied in ihren gegenseitigen geistigen Beziehungen. Das eine muß aktiv und stark, das andere passiv und schwach sein – notwendigerweise muß das eine wollen und können, und es genügt, wenn das andere nur schwachen Widerstand zeigt. Aus diesem festgesetzten Prinzip folgt, daß die Frau eigens dazu geschaffen ist, dem Mann zu gefallen."[55]

Ute Gerhard schreibt über die bürgerliche Gesellschaft des 16. bis 18. Jahrhunderts:

„Unterhalb der sich neu konstituierenden bürgerlichen Öffentlichkeit, der ‚Sphäre der zum Publikum versammelten Privatleute', verwahrt und bewahrt sie einen privaten Bereich, in dem die Geschlechterverhältnisse geregelt werden, die Familie. Ihre Ordnung wird auch im Übergang zu einer kapitalistischen Gesellschaft offensichtlich nach anderen Maßstaben als denen der Rationalität beurteilt und von den allgemeinen marktwirtschaftlichen Gesetzen und der Gleichheit ausgenommen."[56]

---

52 Vgl. Ute Gerhard: Gleichheit ohne Angleichung, S. 23.
53 Ebenda, S. 26.
54 Ebenda, S. 30 ff, mit Hinweisen auf Hugo Grotius, John Locke, Samuel Pufendorf, Christian Wolff u. a.
55 Jean-Jacques Rousseau: Emile oder Über die Erziehung, Neuausgabe Stuttgart 1963, S. 721.
56 Ute Gerhard: Gleichheit ohne Angleichung, S. 37 ff.

Dritte Vorlesung: Von der Aufklärung bis zur Gegenwart

1. Aufklärung und Naturrecht

a) Natur- und Vernunftrecht

Das Mittelalter läßt sich als „schöpferische Pause" beschreiben, das durch die statische Ordnung der feudal-ständischen Gesellschaftsverfassung mit ihren starren sozialen Hierarchien gekennzeichnet ist. Der vom Nominalismus der Spätscholastik vorbereitete Humanismus und die Renaissance bringen diese Ordnung ins Wanken und dann zum Einsturz. Das „Reich des Glaubens" entschwindet durch die „Welt des Wissens", das die Aufklärung einläutet. Hinfort gilt die Vorstellung, daß die *Vernunft* das Wesen der Menschen bestimme. Die Aufklärung löst das Individuum aus den Fesseln des Glaubens und beschenkt die Menschheit mit einem „einzigartigen Reigen schöpferischer Genies", die alle Bereiche des Lebens revolutionieren werden. Die Vernunft wird zum Signum der Moderne, die sich im Naturrecht der Aufklärung präsentiert. Das mittelalterlich-aristotelische Weltbild wird durch ein von den Naturwissenschaften bestimmtes Weltbild abgelöst, das den autonomen Menschen und seine Vernunftfähigkeit in den Mittelpunkt rückt. Die Gleichheit, die in den Naturgesetzen erkannt wird, wird auf die Menschen übertragen, die als Glieder der natürlichen Gattung und als Subjekte angesehen werden.

Das Naturrecht entwickelt sich also aus den Naturgesetzen, die in der Natur objektiv vorhanden sind und lediglich erkannt werden müssen. Dieses neuzeitliche Naturrecht ist als eigenständige rationale Wissenschaft anzusehen, die es – in Analogie zu den Methoden der Naturwissenschaften – unternahm, von den elementaren sozialen Gegebenheiten des Menschseins aus ein System des gesellschaftlichen Zusammenlebens in rational-induktiver Argumentation zu entwerfen, das dem Denken einsichtig ist. Die Theorie von einem Naturzustand der menschlichen Gesellschaft (status naturalis) war daher der wichtigste Teil des neuen Naturrechts, sein potentiell sozialkritischer Kern. An paradiesische Urzustände anknüpfend wurde die Lehre vom Naturzustand bewußt von den historisch gewachsenen Institutionen und Bedingungen der bestehenden Gesellschaften gelöst. Dies bildete den Maßstab für die Kritik an der europäischen Ständegesellschaft. Der Mensch als freies, selbstverantwortliches Individuum wird zum Ausgangs- und zum Bezugspunkt dieser Theorie; er ist der Träger des natürlichen Rechts, daher autonom und allen anderen Individuen gleichgestellt.[57]

Zu Beginn der Neuzeit wird Gleichheit zu einem sozial-theoretischen Legitimationsbegriff, zu einer rechtspolitischen Forderung sowie zu einem gesellschaftlichen Perspektivbegriff, dessen Träger das Bürgertum ist, das sich schon

---

57 Otto Dann: Gleichheit und Gleichberechtigung, S. 93 f.

seit der mittelalterlichen Stadt allmählich entwickelt, in Verbindung allerdings mit den nach Souveränität strebenden Fürsten und den Freien Städten.

b) Das lutherische Gleichheitsverständnis

Für Martin Luther war der Gleichheitssatz das Ergebnis eines bestimmten religiösen und ethischen Vorverständnisses zur Verwirklichung des wahren Gotteswillens. Die von ihm ausgelöste Reformation hat den Gleichheitbegriff aber säkularisiert, und daran konnte das moderne Naturrechtsverständnis, das – wie bereits erörtert – in der griechischen Antike schon vorgedacht war, in der Aufklärung anschließen.

Für die Aufklärung wurde der Gleichheitssatz nun zum Instrument der Verwirklichung reiner Menschlichkeit im Diesseits. Aus der Lehre von der Gleichheit der Menschen vor dem Schöpfer wurde die prinzipielle Gleichheit aller Menschen *untereinander*. Diese Gleichheit wurde geschichtsmächtig in der Lehre vom Gesellschaftsvertrag: die ursprünglich freien Menschen schließen zur Gründung staatlicher Ordnung *untereinander* einen Vertrag, in dem sie sich eines Teils ihrer Freiheit entheben. Diese natürliche Freiheit, die der Lehre vom Gesellschaftsvertrag als Glaubenssatz vorausgesetzt wird, beruht aber auf der *Gleichheit* der Freiheit, und diese Gleichheit aller Menschen vor dem Gesetz wird zum Fundamentalsatz des Naturrechts, an dem fortan niemand mehr vorübergehen konnte.[58]

c) Die Entwicklung in England

Der erste große naturrechtliche Entwurf ist aber in Thomas Morus' Schrift „Utopia" auszumachen.[59] Er entwirft darin den „besten Staat", in dem gleichheitliche Idealvorstellungen zum Charakteristikum der gerechten Gesellschaft erklärt werden. Morus war der erste, der die Entstehung der Ungleichheit ohne Rückgriff auf philosophische oder theologische Gründe allein aus der ökonomisch-rechtlichen Institution des Privateigentums erklärte. Der erste und radikalste Vertreter einer empirisch-rationalen Gesellschaftswissenschaft ist Thomas Hobbes.[60] Er zeichnet einen Menschen im Naturzustand, der frei

---

58 Hans Hattenhauer: Europäische Rechtsgeschichte, Heidelberg 1992, S. 28 f.
59 Thomas More: Libellus vere aureus nec minus salutaris quam festivus de optimo rei publicae statu deque nova insula Utopia (Ein wahrhaft herrliches, nicht weniger heilsames denn kurzweiliges Büchlein von der besten Verfassung des Staates und von der neuen Insel Utopia, 1516).
60 Thomas Hobbes: Leviathan or the Matter, Forme and Power of a Commonwealth Ecclesiasticall and Civil (1651). – Für das historische Umfeld der Lehren von Hobbes siehe Hans-Dieter Metzger: Thomas Hobbes und die Englische Revolution 1640–1660, Stuttgart-Bad Cannstadt 1991.

von Pflichten nur Rechte kennt, und zwar Rechte „auf alles". Das Recht ‚aller auf alles' muß im Naturzustand aber notwendig zum „Kampf aller gegen alle" führen (bellum omnium contra omnes), weil der Mensch dem Menschen ein Wolf ist. Um diesen Krieg zu vermeiden, den jeder einzelne gegen alle anderen um Leben, Freiheit und Eigentum führt, schließen sich alle in einem Herrschafts- und Gesellschaftsvertrag zusammen, mit dem sie ihre ursprüngliche Gewalt im *status naturalis* auf einen Staat (den „Leviathan") tragen, durch den der *status civilis* begründet und gesichert wird. Ein Vertrag dieser Art ist aber nur unter Gleichen abzuschließen; die Begründung natürlicher Gleichheit und Freiheit war daher konstitutive Vorbedingung des Vertragsschlußes. Dabei spielen weder theologische noch metaphysische Grundsätze eine Rolle, maßgebend ist allein das natürliche Recht auf Selbsterhaltung. Daß die damit akzeptierte natürliche Gleichheit – durch den Beherrschungsvertrag zugunsten des Leviathan – sogleich wieder aufgegeben werden mußte, war der Preis für den Gewinn an Sicherheit in der bürgerlichen Gesellschaft. Der Staat garantiert für diesen Preis Leben, körperliche Unversehrtheit und vor allem das private Eigentum – das ist der Kern der Konstruktion des bürgerlichen Staates, indem die Ungleichheit der herrschenden Gesellschaftsverfassung durch die naturrechtliche Vertragslehre legitimiert wurde.

Als wichtigster Interpret der bürgerlichen Gesellschaft ist jedoch John Locke anzusehen, der den im „Leviathan" repräsentierten absoluten Staat – welcher sein „Vorbild" allerdings in Jean Bodins Lehre von der absoluten Souveränität findet – in ein gewaltenteiliges System transformiert, auf dem die zeitgenössischen Demokratie-Vorstellungen ruhen.[61] Der als zeitlos gültige Wahrheit konzipierte naturrechtliche Gleichheitssatz wurde durch diese Zwischenschaltung der real existierenden bürgerlichen Gesellschaft auf eine frühe Stufe der geschichtlichen Entwicklung „rückdatiert" und dadurch in seiner sozialpolitischen Sprungkraft relativiert. Das (Besitz-)Bürgertum verfügte nun aber über einen theoretisch fundierten und akzeptierten Lehr- und Leitbegriff seines sozialen Selbstverständnisses mit dem die rechtliche Absicherung des sozialen und ökonomischen Status seiner Schicht legitimierbar wurde.

d) Die kontinentale (v. a. französische) Entwicklung

Im Gegensatz zu England vermochte dieses naturrechtliche Gleichheitsverständnis auf dem Kontinent zunächst noch nicht größere Kreise zu beeinflußen. Lediglich in den gebildeten Schichten fand es einen gewissen Widerhall. Zu erwähnen ist in diesem Kontext etwa die „Gelehrten-Republik" (République des Lettres), die Universitäten oder die Sprach- und Lesegesellschaften sowie die Freimaurer seit etwa der Mitte des 17. Jahrhunderts, die eine

---

61 John Locke: Two Treatises of Government (1690).

standesübergreifende Gleichheit *in ihren* Reihen praktizierten ohne daraus
aber Folgerungen für das gesamtgesellschaftliche Leben zu ziehen. Erst im späten 18. Jahrhundert in Frankreich und ab der Mitte des 19. Jahrhunderts auch
im deutschsprachigen Raum entfalten sie erhebliche politische Sprengkraft.
Ähnlich unbedeutend waren auch die konkreten Erfolge der auf der Gleichheitsforderung basierenden politischen Auseinandersetzungen. Zu erwähnen
sind hier die englischen Leveller, die im 17. Jahrhundert konkrete Forderungen nach gleichem Wahlrecht (für alle Männer) und Gleichheit vor dem
Gesetz erheben; immerhin werden dadurch die beiden wichtigsten politischen
Gleichheitsforderungen des modernen Bürgertums erstmals ausdrücklich formuliert.[62] Im Gegensatz dazu steht die Entwicklung in den britischen Kolonien Nordamerikas. In den Declarations of Rights des Staates Virginia vom
12. 6. 1776 wird der naturrechtliche Gleichheitssatz erstmals zu einem verfassungsrechtlichen Grundsatz erhoben; er wird dadurch zum Vorbild für alle
folgenden Grundrechtserklärungen.

Um die Mitte des 18. Jahrhunderts beginnt dann ein neuer, einschneiden-
der Abschnitt in der politischen Bedeutung des Gleichheitsbegriffs: aus dem
weitgehenden theoretischen Lehrbegriff werden nun auch auf dem Kontinent
konkrete Rechtsforderungen abgeleitet, die zum politischen Programm des
europäischen Bürgertums werden, das die revolutionäre Phase seiner emanzi-
patorischen Entwicklung einleitet. Die entscheidenden Impulse dazu gehen
von Frankreich aus. Charles-Louis de Secondat, Baron de la Brède et de
Montesquieu, der die Gewaltenteilungs-Lehre John Lockes rezipiert, hat der
Gleichheitsdiskussion entscheidende Anstöße vermittelt. Er übernimmt
zunächst den traditionellen Ansatz von der ursprünglichen Gleichheit und
deren späteren Verlust, weist dann aber einen Weg – und das ist neu –, um die
verlorene Gleichheit wieder zurückzugewinnen. Er bedient sich dazu des
Gesetzes, als dessen konstitutive Merkmale er Allgemeinverbindlichkeit,
Rationalität und Gleichbehandlung bestimmt. Alle berechtigten Einwohner
des Staats werden vor dem Gesetz in gleicher Weise zu Bürgern – ungeachtet
ihres Standes. Die staatsbürgerliche Gleichberechtigung gewinnt mit dem allgemeinen Gesetz einen konkreten Bezugspunkt, und daraus folgert er die
Notwendigkeit einer Verfassung, die die staatsbürgerliche Gleichheit garantiert.[63] Zugleich rückt Montesquieu den Gleichheitsbegriff also in den Zusammenhang einer republikanisch-demokratischen Verfassung, dessen Grundprinzip „égalité" ist.

Aber erst mit Jean-Jacques Rousseau rückt der Gleichheitsbegriff in das
Zentrum der sozialpolitischen Diskussion Frankreichs. Er stellt die Gleichheitsfrage in den Mittelpunkt seiner politischen Theorie, die eine kulturpessi-
mistische Entwicklungsgeschichte ist, nämlich wachsender sozialer Ungleich-

---

62 Otto Dann: Gleichheit und Gleichberechtigung, S. 108.
63 Vgl. Montesquieu: De l'esprit des lois (1748).

heit und Ungerechtigkeit (progrès de l'inégalité). Die ursprüngliche Gleichheit des Naturzustandes wird erst durch das Eigentum zu politischer und sozialer Ungleichheit, die der Staat und seine Gesetze im Interesse der Reichen und Mächtigen noch verschärft. Der wahre Grund der zeitgenössischen Mißstände liegt daher in der sozialen Ungleichheit. Zur Überwindung der sozialen Ungerechtigkeit im royalistischen Frankreich empfiehlt Rousseau die Konstituierung einer *volonté générale* als Souverän, der die Gesetze gibt. Dadurch bleibt die Gleichheit und Freiheit des Naturzustandes erhalten. Rousseau beschließt das 1. Buch des „Gesellschaftsvertrages" mit der Feststellung,

> „statt die natürliche Gleichheit zu zerstören, setzt der Grundvertrag im Gegenteil an die Stelle der physischen Ungleichheit, welche die Natur unter den Menschen hervorbringen konnte, eine moralische und gesetzmäßige Gleichheit. So werden die Menschen, die an Stärke und Geisteskraft ungleich sein können, durch Übereinkunft und Recht alle gleich".[64]

Und in einer Fußnote ergänzt er: „Daraus folgt, daß der gesellschaftliche Stand für die Menschen nur in dem Maße vorteilhaft ist, indem alle etwas und keiner von ihnen zuviel hat."[65] Das ist der entscheidende und eigentlich revolutionäre Akt. Im Gegensatz zur Hobbesschen und Lockeschen Gleichheit, die durch den Herrschafts- bzw. Gesellschaftsvertrag sogleich wieder eliminiert wird, bleibt bei Rousseau die natürliche Gleichheit erhalten oder wird – als annähernd *materielle* Gleichheit – sogar erst voll entfaltet. Entscheidend dafür ist Rousseaus Verständnis von Freiheit. Im Mittelalter war Freiheit stets als ein abhängiges Privileg verstanden worden, das an Eigentum gebunden war. Rousseau aber formuliert Freiheit als Unabhängigkeit vom Willen und der Herrschaft anderer. Bedingung dieser Freiheit ist also rechtliche Gleichheit. Freiheit und Gleichheit sind nun nicht mehr auf den *status naturalis* „zurückdatiert", sondern gelten auch im *status civilis*. Freiheit und Gleichheit werden dadurch zu einem festen politischen Topos, zum Ideal- und Zielbegriff einer vernunftmäßigen gerechten Ordnung. Dieses Gleichheitsverständnis läßt sich mit der bestehenden sozialen Ungleichheit nicht mehr arrangieren, und daraus bezieht es seinen revolutionären Charakter.

Diese Vorstellungen erlebten weite schriftliche Verbreitung (insbesondere durch die französischen Enzyklopädisten), die sich immer mehr zur politischen Parole formten und dann – nicht zuletzt vor dem Hintergrund der ökonomischen Misere, die sich im Bankrott des französischen Staats äußerte – in die Große Revolution von 1789 einmündeten, und schließlich in den Revolutionsverfassungen ihren Niederschlag fanden. In der Virginia Bill (1776) haben diese französischen Revolutionsverfassungen zwar bereits einen Vorläufer, aber sie werden ihrerseits nun zum Vorbild der europäischen Verfassungs-

---

64 Jean-Jacques Rousseau: Vom Gesellschaftsvertrag oder Grundsätze des Staatsrechts, S. 287.
65 Ebenda.

entwicklung. In der sich in den Jahren der Revolution durchsetzenden Gleichheit mußte die real bestehende soziale und ökonomische Ungleichheit der Bevölkerung umso deutlicher zum Bewußtsein gelangen. Radikaldemokratische, frühkommunistische und anarchistische Forderungen nach sozialer Gerechtigkeit werden nun erstmals auch als politische Forderung formuliert, während die führenden Gruppen Frankreichs bereits zur direktorialen Regierungsform übergehen, die die politischen Gleichheitsrechte wieder zurücknimmt.

Die Wirkungsgeschichte des Gleichheitspostulats ist damit aber erst eröffnet. Die Gleichheitsforderung wird nun erst zum Schlüsselbegriff einer im spezifischen modernen Sinn auf Emanzipation und Partizipation gerichteten Bewegung, die sich zunächst aus dem Bürgertum rekrutiert, ehe sie auf die Arbeiter übergriff, die auch Bürger zu werden wünschen. Humanismus und Renaissance, Aufklärung und Naturrecht sind Bewegungen, die zunächst das ganze moderne Europa erfassen. Erst im Lauf der Entwicklung differenzieren sich in den verschiedenen Staaten spezifische Ergebnisse heraus.

2. Die Entwicklung in Deutschland

a) Die Situation Deutschlands

Während das Bürgertum in England schon seit geraumer Zeit einen kontinuierlichen Aufstieg vollzog, der ihm wachsende politische und ökonomische Rechte sicherte, während dem französischen Bürgertum der allmähliche Aufstieg spätestens seit der Revolution möglich wurde, in dieser bewegten Zeit also lag die fürstliche Klein- und Kleinststaaterei Deutschlands noch unter der Decke des überkommenen Stände- und Zunftwesens. Das spärliche Bürgertum hatte sich damit zwar durch einen „Bildungs-Kompromiß" zu arrangieren vermocht, doch politisch, rechtlich und vielmehr noch ökonomisch und sozial blieb es ständisch separiert. Vom 4. Stand, der Arbeiterklasse, war noch nirgendwo die Rede – aber gerade gegen die bäuerlichen und kleinbürgerlichen Schichten glaubte sich das etablierte Bürgertum abschotten zu müssen und wandte sich deshalb gegen die „französische Gleichmacherei", die im Zuge der napoleonischen Eroberungskriege an den Grenzen der deutschen Fürstenstaaten natürlich nicht Halt machte.

Deutschland war gegen Ende des 18. Jahrhunderts noch ganz überwiegend agrarisch geprägt. Diese Prägung ging vom Landadel aus, der mit seinen Rittergütern die soziale, rechtliche und wirtschaftliche „Mitte" des Landes bildete. Die Bewirtschaftung dieser nur dem Adel zugänglichen Landgüter erfolgte vorwiegend durch Frondienste der zum Gut gehörenden Bauern. Dieser Wirtschafts- und Sozialordnung entsprach die Rechtsverfassung, da dem Gutsherrn die lokale, die sogenannte Patrimonialgerichtsbarkeit zustand; bei Streitigkeiten mit dem Gutsherrn hatten die Bauern also vor diesem als ihrem

Richter zu erscheinen. Hier hatte der Gleichheitssatz also seine größte politische, weil ökonomische Bedeutung für den deutschen Agrarstaat, da seine Erfüllung zur Aufhebung der lokalen Gerichtsbarkeit und zur Aufhebung der Frondienste führen mußte. Durch die Einführung des Gleichheitssatzes drohte dem Adel also der wirtschaftliche Ruin.[66]

b) Deutscher Idealismus

Die Bewußtseinsbildung des gebildeten Bürgertums in Deutschland gegen Ende des 18. Jahrhunderts war maßgeblich beeinflußt durch die Ereignisse der Französischen Revolution wie durch die Philosophie des kritischen Idealismus kantischer Prägung. Beides führte zu einer intensiven Diskussion über die Grundlagen von Recht, Staat und Gesellschaft und gab der Entwicklung des sozialen Gleichheitsdenkens wesentliche Anstöße.[67]

Immanuel Kant hatte gelehrt, daß die Freiheit des Menschen *nicht* in seiner Natur, sondern in seiner geistigen Unabhängigkeit begründet sei, die er gegenüber den Naturzwecken durch die sittliche Autonomie seines Willens erringe.[68] Die Freiheit, sich beim Handeln an der eigenen Vernunft ausrichten zu können, ist das Vermögen, das allen Menschen zukommt, und der eigentliche Kern ihrer Würde, auf deren Achtung alle gleichen Anspruch haben. Der Mensch ist selbst *Zweck* und darf von niemandem

„bloß als Mittel zu anderen Zwecken gebraucht werden. Hierin steckt der Grund zur unbeschränkten Gleichheit der Menschen".[69]

Aus der naturrechtlich geprägten Gleichheit des Menschen, die mit der gemeinsamen Herkunft aus einem angenommenen Naturzustand oder gleichen Naturanlagen begründet worden war, wurde durch die Lehre Kants und seiner Schüler eine vernunftrechtliche Gleichheit, die auf dem autonomen Vernunftwillen des Menschen, auf seiner transzendentalen Freiheit gründete. Johann Gottlieb *Fichte* hat dies in dem Satz ausgedrückt,

„Verschiedenheit und Veränderlichkeit ist der Charakter der Körperwelt, Gleichheit und Unveränderlichkeit der Charakter des Geistigen".[70]

---

66 Vgl. Hans Hattenhauer: Europäische Rechtsgeschichte, S. 3 f.
67 Zum Nachfolgenden siehe die entsprechenden Beiträge zur politischen Philosophie des deutschen Idealismus in: Pipers Handbuch der politischen Ideen, hrsg. von Iring Fetscher und Herfried Münkler, München-Zürich 1986, Bd. 4, S. 153 ff.
68 Das ursprünglich individualethische Autonomie-Prinzip, vgl. Andreas Gunkel: Spontaneität und moralische Autonomie – Kants Philosophie der Freiheit, Bern-Stuttgart 1989, ist jüngst entfaltet worden zu einer Vorstellung kollektiver Autonomie bei Gerald Dworkin: The Theory and Practice of Autonomy, Cambridge 1988, was zu einer neuen Sicht auf die Repräsentationstheorie führt und in der Figur des „proxy consent" gipfelt.
69 Immanuel Kant: Gesammelte Werke, Bd. 6, S. 91.
70 Ebenda, S. 244.

Dadurch war es unzulässig geworden, den vernunftrechtlichen Gleichheitssatz durch den Hinweis auf naturgegebene Ungleichheit(en) der Menschen infrage zu stellen. Die Verwirklichung der Gleichheit der durch Natur ungleichen Menschen wurde dadurch zu einem *Gebot der sittlichen Vernunft*. Gleichheit war nicht „zurückdatierbar" in eine ideelle Vergangenheit, sondern wurde zur *Perspektive vernunftgemäßen sozialen Handelns*. „Die Gleichheit ist eine Aufgabe für die praktische *Freiheit*",[71] schreibt der „Staats-Sozialist" Fichte und trifft damit ein zentrales Anliegen der Aufklärung, das in den Worten Kants bedeutet, „sich aus selbstverschuldeter Unmündigkeit zu befreien." Kant begründet Freiheit als Unabhängigkeit des sittlichen Vernunftwillens von der Natur, in der alle Menschen *gleich* sind. Die Zuordnung der Begriffe Freiheit und Gleichheit war damit umfassend begründet. Sie beruhen auf der gleichen Würde der Menschen, die mit Wille und Vernunft begabt sind, und muß sich daher im Gesetz des Rechts äußern. Fichte sieht als „letzten Zweck einer *Gesellschaft* die völlige Gleichheit aller ihrer Mitglieder", weil alle „die gleiche Überzeugung" haben. „Der Staat als gesetzgebende und zwingende Macht" entfällt, „der Wille eines jeden ist wirklich allgemeines Gesetz, weil alle dasselbe wollen".[72]

Gleichheit wird dadurch zur Perspektive einer sich durch *Bildung* entwickelnden Gesellschaft, die den durch Ungleichheiten geprägten Untertanenstaat zu überwinden sucht.[73] Doch wie schon in der Vergangenheit sind dies nur Prinzipien, die sich in der Rechtspraxis gänzlich anders präsentieren: in der Differenzierung in *formale* Gleichheit – also vor dem Gesetz, in der Rechtsprechung und auch als staatsbürgerliche – und *materiale* Gleichheit nämlich, die gleiches Recht für alle und damit die Abschaffung der Privilegien und vielleicht sogar soziale Gleichheit bedeutet. Kant selbst stellt sich gegen *soziale Gleichheit* ebenso wie gegen *politische Gleichberechtigung*, plädiert – zusammen mit der von ihm inspirierten „Schule" – aber doch für die Abschaffung ständisch bedingter Rechtsungleichheit. Im Gegensatz zu Kant, fordern der *junge* Karl Wilhelm Friedrich von Schlegel, vor allem aber der „junge" Fichte Rechtsgleichheit *auch* als materiales Prinzip einer gleichmäßigen Ausstattung mit bestimmten Lebensgütern als Grundlage einer gerechten Existenzsicherung.

---

71 Johann Gottlieb Fichte: Gesammelte Werke, Bd. 4, S. 508.
72 Ebenda, Bd. 6, S. 253.
73 Dazu Fritz-Peter Hager: Wesen, Freiheit und Bildung des Menschen – Philosophie und Erziehung in Antike, Aufklärung und Gegenwart, Bern-Stuttgart 1989; und Michael W. Hebeisen: Repräsentative Demokratie versus Volksbildung, oder: Über die Mündigkeit des Volkes zur Souveränität, Lizentiatsarbeit Universität Bern 1990.

c) Gesellschaftliche und politische Modernisierung

Auch wenn die deutsche Diskussion akademisch-spekulativen Charakter behielt, so wurde das rechts- und sozialtheoretische Prinzip der Gleichheit in den der Jahrhundertwende folgenden Jahren doch erstmals als leitendes Prinzip einer Modernisierung des gesellschaftlichen und politischen Lebens in Deutschland formuliert. Und dieses Prinzip ist für die Reformbewegungen im ersten Jahrzehnt des 19. Jahrhunderts denn auch bestimmend. Durch das französische Vorbild, vor allem die militärische Erfolge Napoleons, waren in Deutschland Reformen unausweichlich geworden. Die ersten Verfassungen wurde vorbereitet, in Preußen wird seit 1807 unter Stein, später Hardenberg, eine Reform-Gesetzgebung durchgeführt, die mit der Bauernbefreiung und der Einführung der Gewerbefreiheit die ständisch-zünftigen Privilegien zumindest schmälert und ein gewisses Maß an Gleichheit und Gleichberechtigung (z. B. durch den Erwerb von Grundbesitz) hervorbringt. Diese Maßnahmen haben jedoch noch keine allgemeinen Rechtsgrundsätze konstituiert, vielmehr ging es bloß um die Verteilung staatsbürgerlicher Rechte des monarchischen Souveräns an seine Untertanen, in denen sich nicht die Interessen der Bürger sondern die Interessen des spät-absolutistischen Verwaltungsstaates (der konstitutionellen Monarchie) spiegelten, der einer Modernisierung dringend bedurfte. Bezeichnenderweise zählt zu den in dieser Zeit der Verfassungsgebung gewährten Gleichheitsrechten nicht nur die Gleichstellung aller Bürger als Rechtspersonen durch die Aufhebung der bäuerlichen Leibeigenschaft sowie der gleiche Zugang zu den öffentlichen Ämtern, sondern insbesonders auch die Gleichheit aller Bürger bei der Heranziehung zur Steuerpflicht und zur Leistung der Wehrpflicht. Dagegen wurden Gleichheitsrechte aber weder in politischer noch gar in sozialer Hinsicht durchgesetzt.

3. Die Reaktion

a) Reaktionärer Konservatismus

Das unter napoleonischem Druck entstandene Zusammenspiel von spätabsolutistischer Reformbürokratie und egalitärer Bewegung mußte eine Gegenbewegung der durch die Reformen benachteiligten Kräfte hervorrufen, die in der Landwirtschaft, in der Politik, im Militär sowie in Verwaltung und Kirche nach wie vor die führenden Positionen innehatten. Stellvertretend für die Reaktion, die mit der Niederlage Napoleons einsetzte, und die viele Reformansätze „kassierte", sei der bedeutendste Konservative jener Epoche genannt, nämlich Friedrich Julius von Stahl. Stahl hat – auf polemischer Grundlage allerdings – gezeigt, daß gerade die Freiheit des Menschen Veränderungen bewirkt, aus denen dann auch eine Ungleichheit des Rechtszustandes folgen

muß.[74] Dadurch wird dann aber die unabänderliche Gleichheit des Vernunfts-
gesetzes verletzt, und die Losungsworte des Naturrechts, Freiheit und Gleichheit, bilden einen logischen Widerspruch; Gleichheit wurde dadurch zum
abstrakten Begriff erklärt, deren Unbrauchbarkeit für das Staatsrecht damit als
erwiesen galt.[75]

Neben der „revolutionären Gleichheit", die die konservativen Kritiker als
„inhaltslos" abqualifizierten, wurde aber eine „wahre Gleichheit" sichtbar, die
durch christliche Gesinnung zu erlangen war, nicht aber durch sozial-reforme-
rische Bestrebungen. Ideologiegeschichtlich kann man in dieser Restauration
einen Gegenschlag gegen das naturrechtliche Denken der Aufklärung ausmachen, mit dem das konservative Bürgertum des deutschen Vormärz seinen Status quo abzusichern versucht. Der progressive Charakter des Gleichheitsprinzips des 18. Jahrhunderts aber war damit infrage gestellt. Das zeigt sich bereits
an Georg Wilhelm Friedrich Hegel, dem neben Kant wohl profiliertesten
deutschen „Idealisten", dem der revolutionäre bürgerliche Gleichheitsbegriff
in seiner Form als allgemeines Menschenrecht lediglich ein Postulat ist, das
zum Begreifen der gesellschaftlichen Wirklichkeit, um die es im historischen
Prozeß aber gerade geht, nicht taugt.

b) Reformatorisches Intermezzo

In der Reform-Periode bis zum Wiener Kongreß (1815) waren in den Verfassungen der deutschen Einzelstaaten Rechtsgleichheit der Bürger vor dem
Gesetz und gegenüber dem Staat in Aussicht gestellt worden. Obwohl diese
Versprechungen in der restaurativen Zeit des Vormärz (1815 bzw. 1830 bis
1848) dann teilweise revidiert wurden, hatten sich doch verschiedene politische Strömungen herausgebildet, die die Diskrepanzen zwischen Versprechungen und den tatsächlichen gesellschaftlichen Ungleichheiten thematisierten.
Zu Bewußtsein kam die Ungleichheit der politischen Rechte, die Ungleichheit
der Religionen in ihrem öffentlichen Rechtsstatus, vor allem aber die
Ungleichheit der sozioökonomischen Verhältnisse, die Not und Elend unvorstellbaren Ausmaßes produzierte.

Die liberalen, nationalen und demokratischen Gruppierungen, die sich als
bürgerliche Interessenvertreter im ruhigen vormärzlichen Klima bildeten, entwickelten zwar sehr unterschiedliche Vorstellungen von Gleichheit, doch sie
waren sich sehr ähnlich in der *Ablehnung* sozialer Gleichheit, durch die sie
ihren gesellschaftlichen Status gefährdet wähnten. Am progressivsten waren

---

74 Friedrich Julius von Stahl: Die Philosophie des Rechts (1830 bis 1837); Die gegenwärtigen
    Parteien in Staat und Kirche – Neunundzwanzig akademische Vorlesungen (1863).
75 Vgl. Otto Dann: Gleichheit und Gleichberechtigung, S. 174 ff. – Vgl. die Beiträge zum
    Konservatismus in: Pipers Handbuch der politischen Ideen, hrsg. von Iring Fetscher und
    Herfried Münkler, München-Zürich 1986, Bd. 4, S. 255 ff.

noch die demokratischen Gruppierungen – rekrutiert aus der kritischen Intelligenz, vor allem der burschenschaftlichen Studentenbewegung, etwa das 1834
in der Schweiz gegründete „junge Deutschland" –, die allgemeine Schul-
pflicht, ein allgemeines Wahlrecht sowie auch soziale Rechte forderten, sich
dabei aber von (früh)sozialistischen Anschauungen klar distanzierten. Für das
Wirtschaftsleben sollte – wie bei den Liberalen – die „freie Entfaltung der
Kräfte" gelten – mit all der daraus resultierenden faktischen Ungleichheit.
Hervorzuheben an dieser Periode ist allerdings, daß die seit altersher bestehende Abneigung gegen Demokratie, zuletzt formuliert durch Alexis de Tocqueville, die stets mit Gleichheit in Zusammenhang gebracht worden war, nun
positiv akzentuiert wird.[76]

c) Die deutsche „Revolution" 1848/49

Die Revolution von 1848/49 ermöglicht erstmals den Zusammentritt von verfassungsgebenden Parlamenten auf deutschem Boden. Die gemeinsamen Forderungen aller Gruppierungen richteten sich auf eine nationale Volksvertretung, auf das aktive Wahlrecht für alle erwachsenen männlichen Einwohner,
auf eine Verfassung und auf Pressefreiheit – nicht aber auf Gleichheit. Gleichheit konnte nicht – wie in Frankreich – zu einem Integrationsbegriff der Revolution werden, weil das Mißtrauen der bürgerlichen Schichten gegenüber dem
sich nun allmählich formierenden 4. Stand offensichtlich im Wege stand. Die
Parole „Gleichheit" hatte ihre Strahlkraft verloren. An Stelle von Gleichheit
wurde aber zunehmend mehr von Gleichberechtigung gesprochen, die
dadurch zugleich konkreter wurde: Gleichheit konkreter Rechte für bestimmte Personengruppen. Dieser Wechsel indiziert den Übergang vom „ideologi-
schen" Anspruch zum konkreten Kampf um rechtliche und soziale Gleichstellung und deren gesetzliche Verankerung. Dieser Kampf ist in der März-Revo-
lution 1848/49 noch negativ ausgegangen, weil das Bürgertum gegenüber
dem Adel weder eine konsequente staatsbürgerliche Rechtsgleichheit noch die
politische Gleichberechtigung durchzusetzen vermochte, doch mit der Durchsetzung eines – wenn auch nur monarchischen – Konstitutionalismus in allen
deutschen Staaten war auch die Einführung moderner gleichheitlicher Prinzipien in das Rechtsleben – wenigstens teilweise – verbunden.

---

76 Alexis de Tocqueville: De la démocratie en Amérique (1864). – Dazu André Jardin: Alexis de
    Tocqueville 1805–1859, Paris 1984.

d) Rechtfertigung sozialer Ungleichheit

In der folgenden Epoche der Reichsgründung hat das moderne Gleichheitspostulat als sozialpolitischer Leitbegriff bei keiner Gruppierung eine nennenswerte Rolle gespielt. Nach 1850 erlebte vielmehr der Antiegalitarismus eine Renaissance, der sich vor allem an der Arbeiterbewegung, am Sozialismus und am Kommunismus, entzündete. (Karl Marx und Friedrich Engels hatten zur Revolution 1848 bekanntlich das „Kommunistische Manifest" vorgelegt, das zwar nicht die „gleiche", aber die klassenlose Gesellschaft ankündigte.)

Einer der pronociertesten Vertreter der Rechtfertigung sozialer Ungleichheit war der national-liberale Historiker Heinrich von Treitschke, der durch „Gleichmacherei" die „Größe der Kultur" verlorengehen sah.[77] In diese antiegalitäre Grundstimmung „paßt" der Sozialdarwinismus als neues Theoriemodell zur Begründung gesellschaftlicher Ungleichheit. Dazu wird die naturwissenschaftliche Theorie von der natürlichen Selektion der Organismen auf die menschliche Gesellschaft übertragen; der Konkurrenzkampf wird dadurch zum Grundgesetz des gesellschaftlichen Lebens, und das Recht dient lediglich noch zur Bestätigung des „Siegers". Damit hatte das Bürgertum eine dynamische Theorie zur Legitimierung sozialer Ungerechtigkeit des expandierenden Industriesystems zur Hand, die sich gegen die sich organisierende Arbeiterbewegung „einsetzen" ließ.

Der radikalste Propagandist dieser Moral der Ungleichheit war Friedrich Nietzsche, in dessen Diktum des „Willen zur Macht" der „Herrenmenschen" sich letztlich nur das alte sozialtheoretische Grundmodell des Hobbesschen „Leviathan" aus dem 17. Jahrhundert wiederfindet.[78] Der „Kampf ums Dasein" ist das „Recht des Stärkeren", um das „alle gegen alle" kämpfen, und das so richtig zu der von Adam Smith vorbereiteten Lehre vom Manchester-Kapitalismus paßt – die große Leistung der Rechts- und Sozialphilosophie aber wird dadurch an ihren Ausgangspunkt zurückgeworfen!

4. Aufbruch in die Gegenwart

a) Marx und Engels

In dem nun folgenden Zeitabschnitt ist Ungleichheit bzw. die Forderung nach Gleichheit nicht mehr Gegenstand im wesentlichen abstrakten philosophischer Erörterungen sondern Kristallisationspunkt konkreter politischer Auseinandersetzungen. Karl Marx hatte dazu – in der 11. These über Anselm von Feuerbach – das Motiv geliefert: bisher haben die Philosophen die Welt nur

---

77 Heinrich von Treitschke: Deutsche Geschichte im 19. Jahrhundert (1879 bis 1894).
78 Friedrich Nietzsche: Der Wille zur Macht – Versuch einer Umwertung aller Werthe (1901, aus dem Nachlaß hrsg.).

erklärt, nun aber kommt es darauf an, sie zu verändern. Mit dieser und ähnlichen Erklärungen haben Marx und Engels der nach dem Ende der liberalen Bewegung von 1830–1832 allmählich entstehenden Arbeiterbewegung ein progressiv-revolutionäres Klassenverständnis entworfen.

Zunächst aber war die deutsche Arbeiterbewegung, die sich – bemerkenswerterweise durch Kontakte zwischen vertriebenen Intellektuellen und Handwerksgesellen im Ausland, in der Schweiz, Frankreich und England –, entwickelte, durch frühsozialistische Ideen beeinflußt,[79] die einen sozialistischen Begriff von Gleichheit entwickelt hatten, in dessen Mittelpunkt der ökonomische Sektor stand. Gleichheit wurde zur ökonomischen Gleichheit, also zumindest zur Forderung nach gerechter Entlöhnung der geleisteten Arbeit, wenn nicht gar zur Forderung nach Gütergemeinschaft, die dann das gesamte Staatswesen erfaßt hätte. Lorenz von Stein hat diese Gleichheitsidee als revolutionäres Prinzip der Geschichte am klarsten erkannt, daraus aber „nur" die Forderung nach einem „sozialen Königtum" abgeleitet.

Unter dem Einfluß von Marx (und Engels) entwickelten sich die frühsozialistischen Lehren zum „wissenschaftlichen Sozialismus", der in Anspruch nahm, die Entwicklungsgesetze der Weltgeschichte zu kennen. In diesem Konzept war der Arbeiterschaft als Klasse die führende Rolle zugedacht, die es nun zur Wirksamkeit zu bringen galt. Gleichheit war jedoch nicht das Mittel, diese Vorstellung zu erfüllen. Marx hatte analysiert, daß Gleichheit nur die spezifische Forderung des *Bürgertums* war, um seine ökonomischen und sozialen Interessen gegenüber dem hierarchischen System des Feudalismus durchzusetzen. Dieser für den *citoyen* errungenen rechts- und staatsbürgerlichen Gleichheit steht die tatsächliche sozio-ökonomische Ungleichheit zugunsten der *bourgeois* gegenüber. Für Marx konnte das Ziel daher nicht in der „Gleichmachung der Klassen", sondern nur in der „Abschaffung der Klassen" liegen. Die naturrechtlich begründete Gleichheit intendiert nämlich nicht die *allgemeine menschliche* Emanzipation, sondern nur rechtlich-politische Gleichheit. Da das Recht seiner Natur nach aber nur die Anwendung gleicher *Maßstäbe* sein könne, kann es die ökonomische und soziale Ungleichheit nur verstärken.

„Gleiches Recht ist ungleiches Recht für ungleiche Arbeit. (…) Es ist daher ein Recht der Ungleichheit, seinem Inhalte nach, wie alles Recht".[80]

Die Verwendung des Begriffs der Gleichheit als sozialpolitische Perspektive war damit für die Arbeiterbewegung diskreditiert.

---

79 Babeuf, Lammenai, Fourier, Cabet, Proudhon, Saint-Simon, Constant, um nur einige Namen zu nennen.
80 Karl Marx in: MEW, Bd. 19, S. 2 f.

b) Lassalle und die Sozialdemokratie

Auch Ferdinand Lassalle, der Führer der Sozialdemokratischen Partei, die sich als Allgemeiner Deutscher Arbeiter-Verein (ADAV) 1863 konstituiert hatte, übernahme die Marxsche Ablehnung der Gleichheit, weil „die faktische Ungleichheit, die im Besitz wurzelt", bestehen bleibt – und die materielle Ungleichheit war, wie schon erwähnt, unvorstellbares Elend der Arbeiterschaft. Der Arbeiterklasse, die nun immer weiter in den Mittelpunkt des politischen Geschehens rückt, geht es nicht um mehr oder minder abstrakte humanistische Zielsetzungen, sondern um die nackte Existenz, um das physische und psychische Überleben unter den politischen Bedingungen des privatkapitalistischen Liberalismus. Ihr Ziel war die „Abschaffung der Klassen", wie Marx es ausgedrückt hatte, durch die Abschaffung des Privateigentums (an den Produktionsmitteln), denn „la propriété c'est le vol".[81]

Das radikaldemokratisch-sozialrevolutionäre Potential verdichtet und schart sich um die zentrale Idee eines Stammes mit vielen Ästen, aus dem in Deutschland die Partei des „demokratischen Sozialismus", die Sozialdemokratie sowie die in ihrer Nähe agierenden Gewerkschaften, hervorgehen. Unter der Führung Lassalles geht die Sozialdemokratie zunächst einen reformerischen Weg, der von drei sozial-demokratischen Forderungen getragen wird: Gründung einer unabhängigen Arbeiter-*Partei*, allgemeines und gleiches *Wahlrecht* für die Arbeiter und die Schaffung von Produktions-*Genossenschaften*, die – staatlich finanziert – das „eherne Lohngesetz" durch Aneignung des „vollen Arbeitsertrages" brechen sollten. Unter dem Einfluß der „Sozialisten-Gesetze" (1878–1890) ist die Sozialdemokratie geradezu gezwungen, ihr Selbstverständnis zu schärfen. Unter der Führung August Bebels und Wilhelm Liebknechts findet eine (Wieder-)Annäherung an Marx statt; die SPD entwickelt ihre sog. „Doppelstrategie", die aus einer *reformerischen Praxis* für die konkrete Parlaments-Arbeit und einer *revolutionären Theorie* für den „Fall der Fälle" zusammengesetzt ist (vgl. Erfurter Programm 1891, unter der „Federführung" Karl Kautskys und Eduard Bernsteins).

Gleichheit als Idealbegriff spielt zwar für die eine wie die andere Variante kaum noch eine Rolle, für die politische Praxis gewinnt sie aber zunehmend an Bedeutung. Allmählich bessert sich das Los der Arbeiter. Ein wichtiger Schritt ist die von Bismarck (seit 1883) eingeleitete Sozialgesetzgebung. Doch erst als das konstitutionell-absolutistische Kaiserreich (1919) zerbricht, erlangt die SPD in Parlament und Regierung bestimmenden Einfluß. In der Weimarer Verfassung wird Gleichheit materiell durch ausgeprägte soziale Rechte und wirtschaftliche Pflichten verankert; das gleiche Wahlrecht für Männer und Frauen, der 8-Stunden-Arbeitstag sowie eine Tarifvertragsordnung werden

---

81 Pierre Joseph Proudhon.

eingeführt.[82] Unter dem Einfluß bedeutender sozialdemokratischer Rechtslehrer der Weimarer Republik – etwa Gustav Radbruch, Hugo Sinzheimer, Hermann Heller – entsteht allmählich soziale Homogenität, die sich im Grundgesetz der BRD als „Sozialstaat" ausdrückt. Das moderne Sozialstaatsverständnis hat nicht mehr nur rechtliche-politische Gleichheit zum Ziel, sondern auch Gleichheit als soziale Rechtsidee, die als Gerechtigkeit zu interpretieren ist.

c) Von der Idee zur politischen Praxis

Soziale Gleichheit, bestimmt als materielle Unabhängigkeit, als Abwesenheit materieller Not, das ist die gewissermaßen „letzte Stufe" des Gleichheit-Postulats; soziale Gleichheit ist die Voraussetzung individueller Freiheit als Chance, die für alle gleichermaßen gilt. Soziale Gleichheit in diesem Sinne ist längst nicht verwirklicht, aber sie ist in Westeuropa weiter gediehen als jemals zuvor. Aber sie ist auch beständig in Gefahr. In der Demokratie ist Gleichheit nämlich eine Entscheidung der Demokraten, und es könnte sich erweisen, daß eine Mehrheit ein Mehr an Gleichheit nicht wünscht – das gilt für soziale Gleichheit, und es gilt für Gleichheitsforderungen, die erst noch auf den Tisch kommen werden, z. B. derjenigen der Frauen, vor allem aber auch derjenigen der Natur. Gleichheit als dynamisches Prinzip wird immer neue Themen aufgreifen, Gleichheit wird daher in aller Zukunft umkämpft bleiben (müssen). (Hier wäre etwa – unter dem Signum der Universalität der Menschenrechte – an die Gleichberechtigung der „Dritten Welt" zu denken!)

Gegen Ende des 19. Jahrhunderts emanzipiert sich die Idee der Gleichheit von der abstrakten Theorie zur absichtsvoll formulierten politischen Praxis. An die Stelle der Idee tritt die emanzipierte Gesellschaft, die sich nun nicht mehr vertreten läßt, sondern für ihre Sache kämpft – und die Bereitschaft, sich für Gleichheit einzusetzen, wird auch in Zukunft der einzige Schutzwall sein, sich der Gefahr neuer Ungleichheiten zu erwehren.

5. Die Rechtsstellung der Frau

a) Die Anfänge der Frauenbewegung

In der Zeit um die Französische Revolution von 1789 wird der Ursprung der feministischen Bewegung gesehen. Indem die Rechtsgleichheit als allgemeines

---

82 Zur Geschichte des Kampfes für das Frauenwahlrecht insbesondere durch den „Verein für Frauenstimmrecht" siehe Rosemarie Nave-Herz: Die Geschichte der Frauenbewegung in Deutschland, Bonn 1988, S. 47 f; in kritischer Distanz gegenüber der Errungenschaft des Frauenwahlrechts Ute Gerhard: Gleichheit ohne Angleichung – Frauen im Recht, München 1990.

Menschenrecht postuliert wurde, war abzusehen, daß die Frauen dieses Menschenrecht auch für sich in Anspruch zu nehmen begannen.[83] Frauen traten zum ersten Mal als soziale Bewegung an die Öffentlichkeit, um ihre Rechte einzufordern. Sie organisierten sich in Frauenclubs, publizierten in feministischen Zeitschriften und verlangten mittels Petitionen an die Nationalversammlung die Abschaffung der männlichen Privilegien.[84] In Deutschland nahm die Frauenbewegung rund fünfzig Jahre später ihren Anfang, ungefähr um die Zeit der 1848er Revolution. Schwerpunkt der Frauenbewegung im 19. Jahrhundert war die Forderung nach Befreiung der Frauen aus der rechtlichen Abhängigkeit von den Ehemännern und Vätern[85]. Luise-Otto Peters, zentrale Persönlichkeit der Frühphase der deutschen Frauenbewegung, schrieb 1849:

„Ist das Weib durch keine beschränkende Erziehung mehr in seiner eigensten Entwicklung gehemmt, ist es geistig frei geworden und zum sozialen Bewußtsein gekommen, so wird es auch bürgerlich frei werden."[86]

b) Die großen Privatrechtskodifikationen

Ebenfalls in der Zeitspanne zwischen 1789 und 1848 sind die großen Privatrechtskodifikationen anzusiedeln: Das Allgemeine Preußische Landrecht von 1794, der Code Civil von 1804 und das Österreichische Allgemeine Bürgerliche Gesetzbuch von 1811. Der Druck der Frauenbewegung war jedoch noch nicht genügend stark, um die Gesetzgebung entscheidend zu beeinflußen. Zwar fand die Geschlechtervormundschaft mit Erlaß der Kodifikationen formell größtenteils ihr Ende, doch die übergeordnete Stellung des Ehemannes blieb rechtlich verankert.

aa) Das Allgemeine Landrecht für die Preußischen Staaten von 1794 (ALR)

Als einzige der drei großen Kodifikationen verankerte das ALR die Gleichberechtigung von Mann und Frau, erwähnte jedoch gleichzeitig explizit die Möglichkeit gesetzlicher Ausnahmekataloge:

---

83 Otto Dann: Gleichheit und Gleichberechtigung, S. 237.
84 Heute berühmt ist v. a. die „Erklärung der Rechte der Frau und Bürgerin", ein feministisches Manifest von Olympe de Gouges aus dem Jahre 1791. Vgl. dazu Ute Gerhard: Gleichheit ohne Angleichung, Frauen im Recht, München 1990, S. 52 ff und 263 ff.
85 Zentrale Persönlichkeit der Frühphase der deutschen Frauenbewegung war Luise Otto-Peters; vgl. näher Rosemarie Nave-Herz: Die Geschichte der Frauenbewegung in Deutschland, Bonn 1988, S. 13 ff.
86 Quelle: Renate Möhrmann (Hrsg.): Frauenemanzipation im deutschen Vormärz, Texte und Dokumente, Stuttgart 1978, S. 61.

„Die Rechte beider Geschlechter sind einander gleich, so weit nicht durch besondere Gesetze oder rechtgültige Willenserklärungen Ausnahmen bestimmt worden."[87]

„Unverheiratete Frauenspersonen werden, dafern die Provinzialgesetze keine Ausnahme machen, bei Schließung der Verträge den Mannspersonen gleich geachtet."[88]

Die Ausnahmen von der Gleichstellung der Geschlechter blieben zahlreich. In einigen Provinzen galt weiterhin die Geschlechtsvormundschaft, das ALR selbst verlangte für gewiße Rechtshandlungen von Frauen einen männlichen Beistand.[89] Der Mann wurde durch das ALR als Haupt der Familie bezeichnet, dessen Entschluß in gemeinschaftlichen Angelegenheiten den Ausschlag gebe.[90] Er bestimmte auch über das gemeinschaftliche Familienvermögen, was mit dem Argument der Schutzbedürftigkeit der Frau gerechtfertigt wurde. Anderseits stand nach dem ALR der Ehefrau die Schlüsselgewalt und das Notverwaltungsrecht zu. In dieser widersprüchlichen Beurteilung der Frau hinsichtlich ihrer Fähigkeit resp. Unfähigkeit zu rechtlichem Handeln ist die Ambivalenz liberal-bürgerlicher Vorstellungen zu erkennen. Zum einen sollte die patriarchalische Gesellschafts- und Familienstruktur erhalten bleiben, zu andern erkannte man dem Individuum weitgehende Freiheits- und Handlungsrechte zu.[91] Auf dieser Linie liegt es auch, daß das Recht zur Erziehung der Kinder beiden Elternteilen zustand, allerdings konnte der Vater die Kinder ab dem vierten Lebensjahr dem Einflußbereich der Mutter entziehen.[92]

bb) Der Code Civil von 1804

Grundsätzlich geschäfts- und prozeßfähig war die unverheiratete volljährige Frau, obschon der Code Civil dies nicht explizit festhielt. Allerdings blieb ihr nach Sonderregelungen das Recht vorenthalten, Vormundschaften über fremde Kinder zu übernehmen und Mitglied im Familienrat (mit Ausnahme der Mutter) zu werden.[93] Bedeutend schlechter gestaltete sich die Rechtsstellung der verheirateten Frau: Der Code Civil war geprägt durch die ehemännliche Gewalt *(puissance maritale)* und statuierte ausdrücklich die absolute Gehorsamspflicht der Ehefrau gegenüber dem Ehemann.[94] Nach dem Grundsatz der

---

87   ALR I, 1, § 24.
88   ALR 1, 5, § 23.
89   Susanne Weber-Will: Die rechtliche Stellung der Frau im Privatrecht des Preussischen Allgemeinen Landrechts von 1794, Frankfurt/M. 1983, S. 220.
91   Ursula Vogel: Patriarchalische Herrschaft, bürgerliches Recht, bürgerliche Utopie. Eigentumsrechte der Frauen in Deutschland und England. In: Jürgen Kocka (Hrsg.): Bürgertum im 19. Jahrhundert, Bd. l, München 1988, S. 406–438, insb. S. 415.
92   ALR 11, 2, § 64 und ALR 11, 2, § 70.
93   Art. 442 CC.
94   Art. 213 CC. Allerdings wurde die Gehorsamspflicht in der Praxis der Gerichte nicht derart absolut gehandhabt. So bildete sich bald einmal der Grundsatz heraus, die Ausübung

incapacité de la femme mariée brauchte sie für alle Verpflichtungs- und Verfügungsgeschäfte sowie für die Führung von Zivilprozessen die Zustimmung ihres Gatten.[95] Der Mutter standen Erziehungsrechte gegenüber ihren Kindern nur dann zu, wenn der Vater an der Ausübung der väterlichen Gewalt verhindert war.[96]

cc) Das österreichische Allgemeine Bürgerliche Gesetzbuch von 1811

Das ABGB gilt hinsichtlich der Rechtstellung der Frau als die fortschrittlichste Kodifikation ihrer Zeit: Alle volljährigen Frauen, ob verheiratet oder ledig, besaßen grundsätzlich die volle Geschäfts- und Prozeßfähigkeit.[97] Von gewissen Rechten blieben sie dennoch ausgeschloßen, so etwa vom Recht, die Vormundschaft über fremde Kinder zu übernehmen.[98] Wenn auch das ABGB grundsätzlich keinen Unterschied hinsichtlich der Rechtsstellung von verheirateten und unverheirateten Frauen machte, ergab sich aus der Regelung des Eheverhältnisses die übergeordnete Rolle des Ehemannes. So bestimmte etwa § 91 ABGB:

„Der Mann ist das Haupt der Familie. In dieser Eigenschaft steht ihm vorzüglich das Recht zu, das Hauswesen zu leiten (…)“.

Eine klar patriarchalische Haltung kommt auch in der Regelung von § 92 ABGB zum Ausdruck, wonach die Ehefrau verbunden sei, „dem Manne in seinem Wohnsitz zu folgen, in der Haushaltung nach Kräften beyzustehen, und, soweit es die häusliche Ordnung erfordert, die von ihm getroffenen Maßregeln sowohl selbst zu befolgen, als befolgen zu machen“.

Das ABGB sah die Gütertrennung als gesetzlichen Güterstand vor, allerdings ergänzt durch die (widerlegbare) rechtliche Vermutung, die Frau überlasse mit der Heirat die Verwaltung und Nutznießung ihres Vermögens dem Ehemann.[99] Ferner hatte die Ehefrau bei der Eheschließung ähnlich der sog. *dos* nach römischem Recht einen Teil ihres Vermögens als Beitrag zu den familiären Kosten dem Mann zu übergeben. Die Erziehungsrechte der Mutter waren ähnlich stark eingeschränkt wie nach der Regelung im Code Civil; bei

---

der Gehorsamspflicht durch den Ehemann dürfe nicht auf mißbräuchliche Weise geschehen. Vgl. dazu Heinrich Dörner: Industrialisierung und Familienrecht, Berlin 1974, S. 160 f.

95 Art. 215 und 217 CC.

96 Art. 373 CC; vgl. dazu Walter Staengel: Die elterliche Gewalt der Mutter im deutschen Rechtskreis seit 1794, Diss. Tübingen 1966, S. 84 ff.

97 § 251 ABGB.

98 Susanne Weber-Will: Die rechtliche Stellung der Frau im Privatrecht des Preussischen Allgemeinen Landrechts von 1794, Frankfurt/M. 1983, S. 218.

99 § 1237 und § 1238 ABGB.

Meinungsverschiedenheiten war der Entscheid des Ehemannes ausschlaggebend.[100]

6. Ökologische Gleichheit

Damit haben wir – relativ ausführlich, aber dennoch nicht umfassend – aber
nur die Ebene der Gleichheit unter den Menschen (in den Industriestaaten)
erörtert. Gerade in der Gegenwart aber stellt sich die Frage, ob dieses *anthropozentrische* Verständnis von Gleichheit noch angemessen ist, oder ob Gleichheit nicht auf alles Leben ausgedehnt werden muß, also auch für Tiere und
Pflanzen gelten muß, vielleicht sogar für die gesamte, also auch die unbelebte
Mitwelt, wie der Naturphilosoph Klaus Michael Meyer-Abich das in seinem
holistischen Konzept fordert.[101] Dieser Gedanke kann hier nicht mehr vollständig entfaltet werden, einige Anregungen mögen genügen. Es scheint ganz
offenkundig, daß die Menschen in ihren Auseinandersetzungen um ihre eigene Gleichheit die Natur völlig außer acht ließen. Es scheint nicht minder
offenkundig, daß die Menschen ihren Wohlstand – und damit auch die Chance zu sozialer Gerechtigkeit – der Ausbeutung der Natur verdanken. Gerät die
Natur aber in Gefahr, weil sie von uns Menschen nicht „gleichberechtigt"
behandelt wurde, dann wird davon auch wieder die Gleichheit unter den
Menschen bedroht sein, wenn nicht die Menschheit zur Gänze schon bedroht
ist. Es könnte sich daher als notwendig erweisen, die Gleichheitsforderung
auch auf die Natur auszudehnen, d. h. der Natur Gleichheit vor dem Gesetz
(= formelle Rechtsgleichheit), politisch-rechtliche Gleichheit (= Mitbestimmung im politischen Prozeß) und soziale Gleichheit (= Berücksichtigung der
ökologischen Notwendigkeiten) zu gewähren – auch wenn diese Gewährlei-
stungen nur durch die Menschen (stellvertretend) vollzogen werden können.
Auf jeden Fall scheint sich die Frage der Gleichheit auf gänzlich unerwartete
Weise neu zu stellen, und diese Herausforderung bietet die Chance, die
Gleichheit der Menschen auf eine völlig neue Grundlage zu stellen.

Zusammenfassend läßt sich zur ideengeschichtlichen Entwicklung vielleicht folgendes Resümee ziehen: Die Erörterungen haben gezeigt – vor allem
durch die Einbeziehung der Umwelt –, daß sich Gleichheit nicht als natürliche, auch nicht als naturrechtliche und selbst nicht als vernunftrechtliche

---

100 § 147 ABGB. Vgl. Susanne Weber-Will: Die rechtliche Stellung der Frau im Privatrecht des
     Preussischen Allgemeinen Landrechts von 1794, Frankfurt/M. 1983, S. 190
101 Klaus Michael Meyer-Abich: Wege zum Frieden mit der Natur, München-Wien 1984;
     Ders.: Aufstand für die Natur, München-Wien 1990. – Vgl. zur Verabschiedung des an-
     thropozentrischen Denkens zugunsten eines ökologischen Klaus Bosselmann: Im Namen
     der Natur – Der Weg zum ökologischen Rechtsstaat, München-Wien 1992; und Bernd M.
     Malunat: Weltnatur und Staatenwelt – Gefahren unter dem Gesetz der Ökonomie, Zürich-
     Osnabrück 1988.

Gleichheit bestimmen läßt, weil sie immer nur einzelne Merkmale meint. Gleichheit läßt sich folglich differenzieren in Gleichheit vor dem Gesetz, in rechtlich-politische Gleichheit, in soziale Gleichheit. Stets aber bleibt Ungleichheit unterschiedlicher Intensität. Gleichheit kann daher nur darin bestehen, allen Ungleichheiten die Chance zur Entwicklung nach den jeweiligen Bedürfnissen und Möglichkeiten zu eröffnen. Dies ist Freiheit, die Gerechtigkeit ermöglicht – Gerechtigkeit mit der Verpflichtung zum Einschluß und dem Verbot der Ausgrenzung. Der Mangel dieses Verständnisses besteht darin, daß ein objektiver Maßstab *weiterhin* nicht zur Verfügung steht, und ein objektiver Maßstab kann auch nicht zur Verfügung stehen – Maßstäbe eignen sich nur für Gleichheit, nicht aber für Ungleichheit.

Damit wäre auch das Ziel der Aufklärung neu zu bedenken, während die Mittel im Grunde die gleichen bleiben (müssen), die permanente Auseinandersetzung nämlich. Aufklärung hat sich nicht am Ziel der Humanität, sondern am Ziel der Natürlichkeit zu orientieren. Natürlichkeit umschließt Humanität, führt aber über sie hinaus. Natürlichkeit ist die Gleichwertigkeit ungleichen Lebens und als Gleichberechtigung auszugestalten. Diese Aufgabe obliegt dem Menschen; er kann sie erfüllen oder dabei versagen!

Vierte Vorlesung: Die verfassungsrechtliche Kodifikation der Gleichheit

1. Zum Verfassungsverständnis

Verfassung im materiell-rechtlichen Sinne ist der Inbegriff der geschriebenen (und/oder ungeschriebenen) Rechtsgrundsätze einer gesellschaftlichen oder politischen Körperschaft (i. e. s. des Staates), die diese Grundsätze (i. d. R. erschöpfend) in einer Urkunde (Verfassung im formell-rechtlichen Sinne) zumeist mit einer Garantie der Unverbrüchlichkeit zusammenfaßt. Das politische Gemeinwesen erlangt dadurch eine rechtliche Konstitution, was sich im Begriff des (Staats-) *Grundgesetzes* vorbildlich ausdrückt: als grundlegendes Gesetz der rechtlichen Gesamtordnung des Staatssystems beansprucht die Verfassung die oberste Rechtsgeltung im Staatsgebiet, und zwar sowohl für die staatlichen Gewalten wie auch für die gesellschaftlichen Kräfte (Einzelne, Gruppen); daraus resultiert der (Rechtsstaats-) Grundsatz vom „Vorrang der Verfassung".

Nach der Theorie des (Rechts-)Positivismus beruht der rechtliche Geltungsgrund der Verfassung bloß auf dem tatsächlichen, allerdings gefestigten Machtbesitz einer Herrschaftsgruppe („die normative Kraft des Faktischen"). Dagegen bildet die Verfassung nach der wertorientierten Verfassungslehre ein Gefüge von Werten, d. h. ein System von (zumeist) überpositiven (vorstaatlichen, naturrechtlichen) Prinzipien, deren Verwirklichung den Trägern der staatlichen Gewalten (wie auch den Staatsbürgern als Grundpflichten) aufgegeben ist. Aus diesen (Grund-)Werten wie ihrer Be- und Verfolgung bezieht die Verfassung ihre Legitimation, die durch den Akt der (zumeist plebiszitären) Verfassungsgebung legalisiert wird.

Zwischen dem so zu charakterisierenden Verfassungs*recht* und der Verfassungs*wirklichkeit* bestehen Spannungen, die sich im politischen Prozeß aus den tatsächlichen Machtverhältnissen konkurrierender Kräfte (Pluralismus) ergeben. Die dadurch auftretenden Verfassungs-Streitigkeiten, -Konflikte oder -Krisen sind entweder durch Entscheidungen eines (Bundes-)Verfassungsgerichts juristisch oder politisch durch Entscheidungen im Wege von Verfassungsänderungen (Total- oder Partial-Revision), sei es gesetzgeberisch, sei es plebiszitär, zu lösen.

2. Verfassungsgeschichte

Erst seit dem 17. Jahrhundert wird der Begriff „Constitution" als Ausdruck für die Grundverfassung des aufkommenden neuen Staates verwendet. Der *moderne* Staat unterscheidet sich von seinen Vorläufer-Formen dadurch, daß von nur noch *einem* Zentrum die einheitliche willensverbandliche politische Gestaltung ausgeht (die im Feudalismus durch das Lehenswesen noch vielfältig gestaffelt war). Inhaltlich geht der Begriff ‚Verfassung' allerdings auf Aristoteles zurück der in seiner Schrift „Politeia" die Beziehungen der politischen Entscheidungsinstitutionen zueinander, ihre Organisation sowie das Verhältnis zu den ihrer Anordnungsgewalt unterworfenen Bürgern samt der Grenzen ihrer Gewalt beschrieb; seit dem Ende des 18. Jahrhunderts wird „Politeia" daher in Deutschland nicht nur mit „Politik" übersetzt, sondern auch als „Verfassung" verstanden. In der Zeit des Römischen Reiches wurde der Begriff ‚Constitution' als Ausdruck für die kaiserlichen Gesetze verwendet. Im Heiligen Römischen Reich Deutscher Nation war von dessen „Grundgesetzen" die Rede, zu denen etwa die Goldene Bulle (1356), die Westfälischen Friedensverträge (1648) sowie die jeweiligen kaiserlichen Wahlkapitulationen zählten. Der Begriff findet sich auch in den Auseinandersetzungen zwischen König und Ständen, insbesondere in Frankreich, in denen die ständische Seite vom Fürsten eine vertragliche Festlegung der grundlegenden Staatsorganisationsregeln forderte. Schließlich sind in der schwedischen „Regierungsform" (1634) und in Cromwells „Instrument of Government" (1653) auch zwei frühe, allerdings nur kurzlebige Versuche zur Einführung von Verfassungen zu verzeichnen.

Ausgebaut wird die Idee von der vertraglichen Grundlegung der Staatsorganisation dann in der naturrechtlichen Lehre vom Gesellschaftsvertrag, durch den die Einsetzung der Herrschenden wie der Staat überhaupt legitimiert wurde. Geschichtlich hat sich die geschriebene Verfassung erst gegen Ende des 18. Jahrhunderts unter dem Einfluß der Idee systematischer Rechtskodifikationen sowie als Ausdruck das Gedankens nationaler Selbstbestimmung durchgesetzt. Die Vorstellung der vertragsrechtlichen Gestaltung des Staates steht Pate bei dem nun einsetzenden Übergang zum sogenannten Verfassungsstaat. Dabei werden die liberalen, das Individuum als Vertragspartner begünstigenden Konsequenzen der Lehre vom Gesellschaftsvertrag durch die Forderung nach einer verfassungsgebenden Nationalversammlung (als eines *pouvoir constituant*) demokratisch überhöht. Die Verfassung erhält ihre Legitimation durch das Volk als Inhaber der verfassunggebenden Gewalt. Die ersten modernen geschriebenen Verfassungen dieser Art wurden von den sich in der amerikanischen Revolution für unabhängig erklärenden ehemaligen englischen Kolonien gegeben, die dann zum Vorbild der kontinental-europäischen Entwicklung, insbesondere für die französische Verfassung von 1791 wurden. Diese Verfassungen sind von der Vorstellung individueller *Freiheit* und deren Schutz durch Grundrechte (bill of rights) sowie derjenigen einer gewaltenteiligen Staatsorganisation getragen, zu der sich – in Nordamerika – die Idee eines föderativen Staatsaufbaus gesellt (theoretische Fundierung in den „Federalist Papers", verfaßt durch Hamilton, Jay, Madison).

Die europäische Entwicklung ist dagegen am englischen Vorbild der Gewalten*teilhabe* des ‚King in parliament' orientiert, aus dem sich über die parlamentarische Monarchie (mit dem König als *pouvoir neutre*), das parla-

mentarische System entwickelt. In Deutschland wurde allerdings über das
ganze 19. Jahrhundert am monarchischen Prinzip festgehalten, nach dem der
Monarch die gesamte Staatsgewalt in sich vereinigt, sich bei deren Ausübung
aber *freiwillig* zugunsten einer (rudimentären) Mitbestimmung beschränkt
(konstitutionelle Monarchie).[102]

Die Vorstellung von Gleichheit war „irgendwie" zu fast allen Zeiten präsent. Von wirklicher Relevanz wird sie – rechtlich, politisch und auch sozio-
ökonomisch – allerdings erst durch den modernen Verfassungsstaat, so daß
mit einer Betrachtung über die Kodifikationen von Gleichheit sinnvollerweise
erst im späten 18. Jahrhundert einzusetzen ist.

3. Die Kodifikationen

a) Die Vorläufer: Nordamerika und Frankreich

Die ersten modernen geschriebenen Verfassungen entstanden in den englischen „Ur"-Kolonien in Nordamerika; sie sind von der Lehre John Lockes
sowie von derjenigen Montesquieus bestimmt, tragen also demokratischen
Charakter, wobei liberal-individualistische, also bürgerliche Züge prägend
sind. Exemplarisch zu nennen sind hier etwa die „Declarations of Rights" des
Staates Virginia (vom 12. 6. 1776), durch die der Gleichheitssatz zur verfassungsrechtlichen „basis and foundation of government" erhoben und dadurch
zum Vorbild aller späteren Grundrechtserklärungen wurde. Die Intention
wird zu Beginn der Präambel klar: „That all men are by nature equally free and
independent, and have certain inherent rights". In der Unabhängigkeitser-
klärung (Declaration of Independance) der 13 Neuengland-Staaten gegenüber
dem Mutterland vom 4. 7. 1776 wird dann zwar auch Bezug genommen auf
den Gleichheitssatz, doch lediglich im Sinne einer völkerrechtlichen Gleichheit. In den „Articles of Confederation" (verabschiedet 1777, ratifiziert 1781),
der ersten geschriebenen Verfassung der USA, sowie in der Bundesverfassung
vom 17. 9. 1787 hat der Gleichheitssatz jedoch ebensowenig Niederschlag
gefunden wie in der Mehrzahl der Verfassungen der Einzelstaaten. Aus der
Präambel der Bundesverfassung läßt sich die Gleichheits-Intention aber
wenigstens interpretieren: „Wir, das Volk der Vereinigten Staaten, von der
Absicht geleitet, (..) die Gerechtigkeit zu verwirklichen, das allgemeine Wohl
zu fördern und das Glück der Freiheit uns selbst und unseren Nachkommen
zu bewahren".

Hinter diesen wohlklingenden Manifestationen verbirgt sich allerdings die
wohlvertraute Ungleichheit, nicht mehr ständischer, sondern rassischer Prä-

---

102 Vgl. als Grundlage dieser Herrschaftsform Art. 57 der Wiener Schlußakte des Deutschen
    Bundes von 1820.

gung, denn sie galt natürlich nicht für die Neger-*Sklaven* und sie galt noch weniger für die eingeborenen Indianer; beide Rassen wurden einfach nicht als Menschen wahrgenommen. Mit der Ratifikation der Verfassung (21. 6. 1788) traten zwar zehn Verfassungs-Zusätze (Amendments) in Kraft, die – als Bill of Rights zusammengefaßt – einen respektablen Grundrechts-Katalog bilden, doch Bestimmungen über Gleichberechtigung (Abschaffung der Sklaverei, Gleichheit vor dem Gesetz und Wahlrechtsgleichheit) wurden erst in der zweiten Hälfte des 19. Jahrhunderts durch die Amendments 13 bis 15 eingefügt.[103]

Charles Beard hat die von den Lockeschen Idealen Freiheit, Leben und Eigentum inspirierte amerikanische Verfassung als ein „Werk der Kapital- und Geldeigner" beschrieben, die sie gemäß ihren eigenen Interessen konstruiert hätten. Im Vergleich dazu waren die im Lauf der Revolution in Frankreich geschaffenen Verfassungen, die ihr Maß bei Rousseau suchten, sehr viel energischer auf Gleichheit gerichtet. Während in den USA die „first new nation" (S. M. Lipset) entstand, die von gleichgerichteten Vorstellungen geprägt war, galt es in Frankreich das Ancien Régime zu überwinden, d. h. die ständischen Privilegien abzuschütteln. Der Text des Art. 1 der „Déclaration des droits de l'homme et du citoyen" vom 26. 8. 1789 hat daher einen ganz anderen Sinngehalt als die durchaus gleichgerichtete Präambel der „Declaration of Rights" des Staates Virginia.

„Les hommes naissent et demeurent libres et égaux en droits. Les distinctions sociales ne peuvent être fondées que sur l'utilité commune."

An den Art. 1 der französischen Menschen- und Bürgerrechtserklärung knüpfen sich revolutionäre Gleichheitsforderungen: Aufhebung der ständischen Ordnung, Gleichheit vor dem Gesetz, Mitwirkung an der Legislative, Zugang zu den öffentlichen Ämtern, Gleichheit bei der Verteilung der öffentlichen Abgaben und Pflichten sowie ein gleiches, allen zugängliches Schulsystem, die dann in der Verfassung von 1791 sich niederschlagen.[104] In dieser Verfassung wird *erstmals* die staatsbürgerliche Gleichheit kodifiziert und darin zum Vor-

---

103 Die Abschaffung der Sklaverei führte zur Sezession der Südstaaten und zum Bürgerkrieg (1861–65) mit dem Ziel der Sklavenbefreiung. Doch noch im Jahre 1896 entschied der Supreme Court auf eine ‚separate but equal'-Klausel, die erst – nach den schweren Unruhen seit Mitte der 60er Jahre – allmählich abgebaut werden, ohne den ‚coloured people' allerdings echte Chancengleichheit einzuräumen. Vgl. Arthur Hausheer: Rechtsgleichheit – Due Process and Equal Protection. Dissertation Bern 1966.

104 Article 6: „La Loi est l'expression de la volonté générale. Tous les citoyens ont le droit de concourir personellement, ou par leur représentants, à sa formation. Elle doit être la même pour tous, soit qu'elle protège, soit qu'elle punisse. Tous les citoyens, étant égaux à ses yeux, sont également admissibles à toutes dignités, places et empois publics, selon leur capacité, et sans autre distinction que celle de leurs vertus et de leurs talents". – Article 13: „Pour l'entretien de la force publique et pour les dépenses d'administration une contribution commune est indispensable; elle doit être également répartie entre tous les citoyens, en raison de leurs facultés".

bild der folgenden. *Gemeint* ist damit allerdings erst die Gleichheit vor dem Gesetz; die politische Gleichheit durch ein gleiches Wahlrecht wird durch die Einführung eines Zensus noch ebenso umgangen, wie die soziale Gleichstellung abgelehnt wird, denn es ist ja die Verfassung des bürgerlichen, des 3. Standes.

Erst in der Verfassung von 1793 haben sich dann erweiterte Gleichheitsvorstellungen durchsetzen lassen, die vom Volk unter der Führung der Jakobiner – gegen die Nationalversammlung – erkämpft wurden: das gleiche, allgemeine und freie Wahlrecht für Männer, das fakultative Referendum sowie im Recht auf Unterstützung und Bildung auch schon soziale Gleichheitsrechte.[105] Die Wirkungsgeschichte des modernen Gleichheitspostulats wird durch die während der revolutionären Umgestaltungsphase geführten Diskussionen aber eigentlich erst eröffnet; sie dehnt sich nun auf ganz Europa aus, wozu nicht zuletzt die im Gefolge der napoleonischen Kriege erfolgten Veränderungen beitrugen.

b) Der Rheinbund

Die Entwicklungen in Deutschland aufzuzeigen erweist sich als schwierig, weil die politischen Verhältnisse von einer Vielzahl und Vielfalt kleiner Staaten und Herrschaften bestimmt werden. Eine „Art von Verfassung" bestand in Preußen im „Allgemeinen Landrecht" (von 1794),[106] das Gleichheit auf altständische Weise als „interne Rechtsgleichheit der Stände" auffaßte. Bestimmend in Deutschland ist zu Beginn des 19. Jahrhunderts aber nicht Preußen sondern Napoleon, der mit seinen Eroberungskriegen, die zugleich auch Befreiungskriege sind, für den Untergang des „Alten Reiches" (1806) sorgt, nicht zuletzt durch das Protektorat über den Rheinbund (Akte vom 12. 7. 1806). Der Rheinbund hat nicht nur zu einer umfassenden territorialen Neuordnung Deutschlands geführt, die freilich erst durch den Wiener Kongreß (1815) ihren Abschluß fand, sondern in den süddeutschen Staaten auch einen politischen und sozialen Modernisierungsprozeß eingeleitet, der zur Beseitigung überkommener ständischer Verfassungselemente und zu *Bemühungen* um Einführung der Rechtsgleichheit aller Bürger, Herstellung der Religionsfreiheit, Aufhebung des Zunftzwanges, Befreiung der Bauern aus feudaler Abhän-

---

105 Article premier: „Le but de la société est le bonheur commun. Le Gouvernement est institué pour garantir à l'homme la jouissance de ses droits naturels et imprescriptibles". – Article 2: „Ces droits sont l'égalité, la liberté, la sûreté, la propriété". – Article 3: „Tous les hommes sont égaux par la nature et devant la loi". – Article 5: „Tous les citoyens sont également admissibles aux emplois publics. Les peuples libres ne connaissent d'autres motifs de préférence, dans leurs élections, que les vertus et les talents". – Article 29: „Chaque citoyen a un droit égal de concourir à la formation de la loi et à la nomination de ses mandataires ou de ses agents".

106 Hans Hattenhauer: Europäische Rechtsgeschichte, S. 71.

gigkeiten (Fron etc.) sowie die Beseitigung adeliger Steuerprivilegien, und schließlich zu *Überlegungen* zur Einführung von Verfassungen mit repräsentativen Volksvertretungen führte (Bayern, Baden, Württemberg u. a.), die den Boden für die Einführung konstitutioneller Verfassungen ab 1818 bereiteten.[107]

Als erste moderne Verfassung auf deutschen Boden ist aber die unter direktem Einfluß Napoleons entstandene Verfassung des Königreiches Westfalen vom 7. 12. 1807 zu nennen. Diese Verfassung sollte zur Grundlage einer Staatsnation *rechtlich Gleicher* werden, jedoch mit einer adlig-bürgerlichen Notabeln-Schicht aus Bildung und Besitz als den eigentlichen Trägern des Staates.[108] Die Verfassung bestimmte die Gleichheit aller Bürger vor dem Gesetz, die Aufhebung ständischer Sonderrechte, die Beseitigung von Beschränkungen der persönlichen Freiheiten durch feudale Besitzverhältnisse, die Unterwerfung des adeligen Besitzes unter die erbrechtlichen Bestimmungen des Code Napoléon sowie die einheitliche Besteuerung aller Untertanen (vgl. Titel IV, Art. 10 ff). Die Volksvertretung, der allerdings nur geringe Kompetenzen zukamen, wurde nach einem indirekten Zensurwahlrecht ermittelt, das ganz auf die Notabeln-Schicht zugeschnitten war.

Diese Entwicklungen für die Vielzahl der deutschen Klein- und Kleinststaaten nachzuzeichnen, ist schier aussichtslos. Bedeutsamer ist dagegen der Blick auf Preußen, den einstmals „aufgeklärtesten" deutschen Staat, der die Entwicklungen „verschlafen" hatte und von Napoleon unsanft geweckt wurde. Nach Preußens Niederlage gegen Frankreich setzte dort eine Epoche von Reformen ein, die nicht zuletzt durch die drückenden finanziellen Lasten des Krieges erforderlich wurden. Daran wird – einmal mehr – die Bedeutung der Finanzen (nicht nur, aber vornehmlich zur Bezahlung von Kriegen) für Veränderungen im politischen System deutlich. Die preußischen Reformer, namentlich Heinrich Friedrich Karl Reichsfreiherr von und zum Stein und Karl August Freiherr von Hardenberg, gingen bei der Verwirklichung ihrer Vorstellungen sehr planmäßig vor. Ihre Absichten zielten – wie zuvor schon in den süddeutschen Rheinbund-Staaten – nicht nur auf die Reorganisation des staatlichen Bereichs, sondern zugleich auch auf die Modernisierung der gesellschaftlichen Zustände. Die erste Maßnahme, die veranlaßt wurde, war 1807 die Bauernbefreiung. Dadurch wurde deren Gutsuntertanenschaft aufgehoben, der Grundstücksverkehr (Kauf und Verkauf) für jedermann freigegeben und die ständischen Schranken beseitigt. 1810 folgte die Freigabe der Gewerbeausübung, 1812 die staatsbürgerliche Gleichstellung der Juden. Durch die Aufhebung der innerpreußischen Zollgrenzen (1818) konnte sich der Handel entfalten. 1814 wird die *allgemeine* Wehrpflicht eingeführt, durch Steuerreformen (1810 und 1820) eine gerechtere und effektivere Belastung der Bürger

---

107 H. Boldt: Deutsche Verfassungsgeschichte, 1990, S. 6 f.
108 Ebenda, S. 73 ff.

herbeigeführt, aber auch das Schul- und Hochschulwesen reformiert, um eine bessere und breitere Bildung zu erreichen.

Natürlich waren dies Meilensteine auf dem Weg der Gleichheit, doch recht besehen wurden damit – vorerst nur – die Grundlagen der Modernisierung für den ökonomischen Aufstieg des Bürgertums und der Grundbesitzer gelegt, und beides entwickelte sich zu Lasten des nun erst allmählich entstehenden (Lumpen-)Proletariats, das als industrielle „Reservearmee" dahinvegetierte. Die Schere sozialer *Un*gleichheit öffnet sich dadurch jedenfalls unvorstellbar weit. Für die politische Gleichheit markant an der zugleich eingeleiteten Reorganisation von Regierung und Verwaltung ist das Finanzedikt vom 27. 10. 1810, in dem Friedrich Wilhelm „der Nation eine zweckmäßig eingerichtete Repräsentation sowohl in den Provinzen als für das Ganze zu geben" verspricht, die sich letztlich aber nicht durchsetzt. Eingerichtet wurden lediglich Provinzialstände (5. 6. 1823), denen die Angelegenheiten der 8 Provinzen übertragen werden. Damit ist die Periode der Reformen in Preußen für längere Zeit beendet.

Trotz der Anknüpfung an altständische Traditionen unterscheiden sich die Provinzialstände gravierend von den Stände-Versammlungen früherer Zeiten. Die Standschaft wird nun *allein* durch Grundbesitz begründet, der für jedermann erwerbbar geworden ist, darüber hinaus sind die Abgeordneten von der traditionellen imperativen Bindung befreit. Die drei (teilweise vier) Stände bestehen aus der Ritterschaft, den Städtern und den Landgemeinden (sowie ev. den Mediatisierten). Die Provinzialstände hatten lediglich beratende Funktion, eine Nationalrepräsentation bestand in Preußen ebensowenig wie eine Verfassung. Im Staatsschulden-Edikt (17. 1. 1820) wird jedoch bestimmt, daß die Aufnahme neuer Staats-Darlehen – vor allem um den einsetzenden Eisenbahnbau zu finanzieren – nur unter Mitwirkung einer künftigen „reichsständischen Verfassung" geschehen dürfe. Das führte 1847 zur Einberufung der Vereinigten Landstände, also einer gesamtstaatlichen Vertretung, um das Problem der staatlichen Finanzen zu bewältigen. Aufgrund ihrer geringen Bedeutung werden sie in der Revolution 1848/49 aber beseitigt. Preußen wird dann eine Verfassung (1850) erhalten und ein modernes Parlament, das aber nach einem Drei-Klassen-Wahlrecht (1849) bestimmt wird.

c) Der Deutsche Bund

Inzwischen hatten sich die Verhältnisse in Deutschland (wie auch in Europa) grundlegend gewandelt. Nach der Niederlage Napoleons wurde der Rheinbund aufgelöst; an seine Stelle trat der Deutsche Bund, der – auf dem Wiener Kongreß 1814/15 beschlossen – alle deutschen Staaten umfaßte. Aufgrund der Bundesakte (8. 6. 1815) hatten die 39 souveränen Fürsten und Städte landständische Verfassungen (Art. 13) mit (einigen) Grundrechten (Art. 18) einzurichten. In der (endgültigen) Wiener Schlußakte (15. 5. 1820) wird dann

zwar die Einrichtung oder der Bestand der landständischen Verfassungen garantiert, läßt den Souveränen bei der Abfassung aber freie Hand, und die Regelung der Grundrechts-Verbürgungen wird aufgeschoben.

Die nachnapoleonische Neuordnung Europas hatte also vornehmlich die
reaktionäre Absicht, Ruhe und Ordnung sowie die Absicherung des monarchischen Prinzips zu restaurieren. Daran änderte auch der 1833 geschlossene
Deutsche Zollverein nichts, der zwar der Verbesserung der Handelsbeziehun-
gen und der wirtschaftlichen Entwicklung, vor allem aber der Finanzierung
der Staatskassen durch Außenzölle diente. Von den restaurativ-reaktionären
Tendenzen der Wiener Schlußakte (WSA) gibt es jedoch einige Ausnahmen.
Zu nennen sind hier etwa die konstitutionellen Verfassungen in Bayern
(1818), Baden (1818), Württemberg (1819) und Hessen (1820), die als Pro-
dukte reformorientierter Bürokratien oder Monarchen, nicht aber als Ergebnis
bürgerlich-liberalen Drucks anzusehen sind, und die daher sonderbare
Mischungen aus monarchischer Souveränität, ständischen Relikten und repräsentativen Elementen abgaben. Durch die 1830 in Frankreich ausgebrochene
Revolution schlug das Pendel dann wieder zurück. Die auch in Deutschland
ausgebrochenen Unruhen führten zu einer Reihe von Verfassungsgebungen,
vornehmlich in den mitteldeutschen Staaten. Die Verfassungen gingen in
mancher Hinsicht über die durch den süddeutschen Konstitutionalismus
gegebenen Maßstäbe hinaus; sie gewährten insbesondere den Parlamenten, die
nach englischem Vorbild als 2-Kammer-Parlamente ausgebildet wurden,
umfangreichere Befugnisse.

d) Die Paulskirchen-Verfassung von 1848

Alle diese nicht leicht faßbaren Ereignisse haben auf oft nur vage Weise dazu
beigetragen, den Gedanken der Gleichheit mehr oder minder schleichend zu
verbreiten, so daß er sich dann allmählich auch in die Verfassungen einzuni-
sten vermochte, und dann auch „faßbar" wird. Damit ist natürlich in ganz
besonderer Weise die Verfassung des Deutschen Reiches von 1849, die sogenannte Paulskirchen-Verfassung gemeint, die zur ersten wirklich modernen
Verfassung in Deutschland wird – erst ab diesem Zeitpunkt läßt sich Gleichheit dingfest und meßbar machen. Die Revolution von 1848 nahm – wie so
oft – ihren Ausgang von Frankreich, sprang auf Deutschland über und entfaltete sich im Unmut über die reaktionäre Politik des Deutschen Bundes. Sie
führte zur Forderung nach liberalen Reformen, zur Bildung neuer Regierungen, und zwar nicht nur – wie nach im „Vormärz" – auf der Länder-, sondern
auch auf der Bundesebene, als sich das Frankfurter „Vorparlament" zur Umgestaltung des Deutschen Bundes versammelte. Der Bundestag hob die „Karls-
bader Beschlüsse" (von 1819) auf und schrieb Wahlen zu einer verfassunggebenden Nationalversammlung aus. Am 18. 3. 1848 konstituierte sich ein auf
demokratische Weise gewähltes Nationalparlament in Frankfurt. Von ihm

wurde zunächst – als gesondertes Gesetz – ein Grundrechtskatalog zur Sicherung der individuellen Freiheiten verkündet (27. 12. 1848). Zur Verabschiedung der Verfassung kam es erst am 28. 3. 1849 – und zwar gegen die Stimmen der beiden „Großmächte", Österreich und Preußen. Auch wenn sich die Reichsverfassung wegen des Konflikts zwischen den beiden „Großmächten" letztlich nicht durchzusetzen vermochte – sie wird schon am 23. 8. 1851 durch Bundesbeschluß wieder aufgehoben, wodurch der Deutsche Bund wiederhergestellt ist –, so ist dies doch die erste deutsche Verfassung, die von einer echten Nationalversammlung selbst bestimmt wurde. Sie begründet eigentlich erst die liberal-demokratische Tradition in Deutschland, auf die immer wieder Bezug genommen werden wird – sie ist aber nicht das Ergebnis dieser Tradition.

An dieser Verfassung interessiert zunächst das Reichswahlgesetz (vom 12. 4. 1849), das bestimmt, daß die Abgeordneten des „Volkshauses" (2. Kammer) in allgemeiner, gleicher (und direkter) Wahl nach den Grundsätzen des Mehrheitswahl-Systems gewählt werden. Von besonderer Bedeutung ist ferner der VI. Abschnitt über die „Grundrechte des deutschen Volkes" (§§ 130 ff), der den gesamten Katalog der klassisch-liberalen Grundrechte einschl. Rechtsschutz-Bestimmungen, Erziehungswesen u. a. umfaßt, wobei das Eigentums-Recht allerdings uneingeschränkt gewährleistet wird. Art. 137 beschäftigt sich nun in großem Umfang mit der Gleichheit: „Die Deutschen sind vor dem Gesetz gleich" (Satz 4); Adel und Standesvorrechte sind abgeschafft (Satz 2, 3); gleicher Zugang zu den öffentl. Ämtern (Satz 7); und Bestimmung der allgemeinen Wehrpflicht (Satz 8). Da diese Grundrechte für „die Deutschen" gelten, sind sie folglich auch in allen Ländern unmittelbar gültig (§ 130). Damit ist die volle rechtliche und politische Gleichheit verkündet, die zwischen Frauen und Männern übrigens nicht differenziert.

Vor diesem Hintergrund wird die Entwicklung in Preußen von zunehmender Bedeutung. Die Revolution von 1848 hatte zum Ergebnis, daß auch Preußen zum Verfassungsstaat wurde. Die erste preußische Verfassung vom 31. 1. 1850 enthielt neben dem Drei-Klassen-Wahlrecht, das bis 1918 gilt, und mit dem die 2. Kammer gewählt wurde, einen umfangreichen Grundrechts-Katalog („Rechte der Preußen"), der in Art. 4 die Gleichheit vor dem Gesetz für die Preußen bestimmte und auch, daß Standesvorrechte nicht mehr stattfinden. Die preußische Verfassung bleibt hinter dem Konzept der Paulskirche zwar weit zurück, doch ist damit der Weg des Konstitutionalismus beschritten, der weitere Entwicklungsmöglichkeiten eröffnet, während Österreich bei seiner antikonstitutionellen Haltung bleibt. 1866 kommt es zum offenen Konflikt zwischen Preußen und Österreich; Preußen verläßt nun den Deutschen Bund und erklärt ihn für aufgelöst, weil er Truppen mobilisiert. An seine Stelle tritt 1867 der Norddeutsche Bund, dessen Verfassung von den Regierungen der Mitgliedstaaten mit einem nach demokratischen Prinzipien gewählten, konstituierenden Reichstag am 16./17. 4. 1867 vereinbart wird.

e) Das Deutsche Reich

1870 schließen der Norddeutsche Bund und die süddeutschen Staaten – unter Ausschluß Österreichs – Verträge über die Gründung des Deutschen Reiches, dessen Verfassung am 1. 1. 1871 – nach dem gewonnenen Krieg über Frankreich – in Kraft tritt. Die Verfassung des Deutschen Reiches weist gegenüber der des Norddeutschen Bundes nur geringfügige Änderungen auf. Beiden ist gemeinsam, daß sie *nicht* über Grundrechte verfügen. Da es sich um einen Bundesstaat handelt, gelten folglich die Bestimmungen der Landesverfassungen, die überwiegend ebenfalls ohne Grundrechtsverbürgungen geblieben sind. Ein Hauch von Gleichheit ist daher allenfalls in der Präambel der Reichsverfassung zu spüren, die erstmals davon spricht, daß der Zweck des Bundes auch in der „Pflege der Wohlfahrt des Deutschen Volkes" auszumachen sei die sogenannte Soziale Frage, das Verlangen des 4. Standes nach Teilhabe, dürfte sich in dieser Formulierung äußern. Die Reichsverfassung bestimmt allerdings, daß der Reichstag aus allgemeinen, direkten und geheimen Wahlen nach den Regeln der absoluten Mehrheitswahl hervorgeht, dem die volle Mitbestimmung bei der Gesetzgebung zusteht. Dieses politische Gleichheitsrecht (allerdings nicht für Frauen), das von der Arbeiterklasse – wenn auch in geändertem Modus – schon lange gefordert worden war, führt (nach Aufhebung der Sozialistengesetze) zu einer starken Position der Sozialdemokratie im Reichstag, die nach anfänglichen Zögern auf diesem Wege auch auf die Sozialgesetzgebung Einfluß gewinnt, wodurch dann ein kleines Stück soziale Gerechtigkeit erreicht wird.

f) Die Weimarer Verfassung 1919

Nach dem Zusammenbruch der konstitutionellen Monarchie nach dem Ersten Weltkrieg wurde eine verfassunggebende Nationalversammlung gebildet, die aus allgemeinen und gleichen Wahlen hervorging, an denen *alle* Deutschen ab 20 Jahren, erstmals auch Frauen, nach den Regeln der Verhältniswahl teilnehmen durften. Die Verfassungsberatungen – auf der Grundlage eines Entwurfs von Hugo Preuß – führen zur „Weimarer" Reichsverfassung (WRV) von 14. 8. 1919, der ersten deutschen Verfassung, die sich zum Prinzip der Volkssouveränität bekennt, Plebiszite enthält und einen außergewöhnlich umfangreichen Hauptteil über die „Grundrechte und Grundpflichten der Deutschen" (Art. 109–165) aufstellt, welche auch für die Länder gelten (Art. 17). Die Abgeordneten werden nach demokratischen Grundsätzen, nun aber nach den Regeln des Verhältniswahlrechts bestimmt, das auch für Frauen gilt. Der Katalog der Grundrechte und -pflichten umfaßt nicht nur die klassisch-liberalen Individual-Grundrechte, sondern auch Bestimmungen, die sich an gesellschaftliche Gruppierungen richten. Art. 109 bestimmt die Gleichheit aller Deutschen vor dem Gesetz sowie die staatsbürgerliche Gleichheit von

Männern und Frauen; Art. 113 ein Diskriminierungsverbot ethnischer Volks-
teile; Art. 128 gleiche Zulassung zu den öffentlichen Ämtern. Neben diesen
„traditionellen" Gleichheitsrechten, die auf die PaulskirchenVerfassung
zurückgreifen konnten, normierte die WRV aber noch etliche soziale Gleichheitsrechte (Art. 151 ff), die allerdings lediglich als „Programmsätze"[109] zu
werten sind. Diese Programmsätze wurden in der kurzen Dauer der Weimarer
Republik allenfalls in ersten Ansätzen umgesetzt, ehe das sogenannte Dritte
Reich allen demokratischen Ideen und Werten ein überaus brutales Ende
bereitete.

Dieser knappe Rückblick auf die Kodifizierung des Gleichheitssatzes zeigt,
daß trotz der langen philosophischen Vorgeschichte, trotz vieler Auseinandersetzungen, Kämpfe und Revolutionen ein greifbares Ergebnis eigentlich erst in
der Verfassung der kurzlebigen Republik von Weimar vorliegt. Allerdings
beginnt Mitte der 20er Jahre eine umwälzende Neubesinnung auf den Gleichheitssatz, dessen Intentionen in die Wirklichkeit, und das ist materiell-sachli-
che Rechtsgleichheit, umzusetzen sind. Die beiden Rechtsnachfolger des
Deutschen Reiches, BRD und DDR, haben sich aufgrund ihres unterschiedlichen Staats- und Gesellschaftsverständnisses auf unterschiedliche Weise darum
bemüht.

g) Die Deutsche Demokratische Republik

Auf die Bedeutung des Gleichheits-Verständnisses des Grundgesetzes wird in
der fünften Vorlesung einzugehen sein. Über die – inzwischen untergegangene
– DDR aber soll hier kurz nachgedacht werden. Für die DDR ist Gleichheit
gewissermaßen konstitutive (Vor-)Bedingung; das ergibt sich sowohl aus der
Präambel wie auch aus Abschnitt I über die „Grundlagen der sozialistischen
Gesellschafts- und Staatsordnung" (Art. 10 ff), und es wird durch die „Grundrechte und Grundpflichten der Bürger" (Art. 19 ff) nochmals hervorgehoben, wobei Art. 20 die „traditionellen" Gleichheitsgarantien übernimmt; darüber hinaus enthält die DDV noch einige sog. sozialistische Gleichheit-Grund-
rechte, so auf Arbeit (Art. 24), Bildung (Art. 25), Freizeit und Erholung (Art.
34) sowie auf Wohnraum (Art. 37); dabei ist charakteristisch, daß an das
Recht (fast) immer zugleich eine entsprechende Pflicht gebunden ist. Diese
Gleichheit-Sätze der DDR, die nur in sozialistischen Systemen möglich sind,
sind sicherlich weit vorbildlicher als die vergleichbaren Kodifizierungen der
Demokratien westlichen Zuschnitts. Gleichwohl hat sich nahezu der gesamte
Typus der sozialistischen Demokratien selbst aufgegeben. Ohne ein allzu
hastiges (Vor-)Urteil zu fällen, wird man feststellen müssen, daß die normierte
Gleichheit mit der tatsächlichen nicht harmonierte, weil einige – in der Partei

---

109 Friedrich Anschütz.

– viel „gleicher" waren als die Maße des Volkes, vor allem aber, daß es mit Gleichheit allein nicht getan ist. Gleichheit bedarf der Ergänzung durch Freiheit – und in dieser Interdependenz liegt die Schwierigkeit beider Gestaltungsprinzipien.

Diese für Deutschland – wenigstens in groben Zügen – nachvollzogenen Kodifikationen des Gleichheits-Prinzips gelten auf eine – im großen und ganzen – vergleichbare Weise natürlich auch für die meisten anderen Staaten Westeuropas.[110] Eine größere Zahl von Kodifikationen hat auch in internationalen Verträgen stattgefunden – auf beides soll nun noch knapp eingegangen werden. Verzichtet werden kann dabei allerdings auf die Kodifikationen in den „realsozialistischen" Staaten des – untergegangenen Ostblocks, denn für sie gilt im Grunde, was für die damalige DDR bereits gesagt wurde. Da neue Verfassungen für den politischen Raum der GUS noch nicht verfügbar sind, muß auf eine Darstellung notwendigerweise verzichtet werden. Nach den bisherigen Verlautbarungen läßt sich allerdings vermuten, daß sich dort Vorstellungen durchsetzen werden, die an westliche Ideen anknüpfen.[111]

4. Kodifikationen in (West-)Europa

Die Vielzahl der zu berücksichtigenden Staaten bringt es mit sich, daß an dieser Stelle nur ein ganz knapper, schematischer Eindruck vom Stand der Kodifikationen in Westeuropa vermittelt werden kann.

– Belgien Art. 6: Der Staat kennt keine Standesunterschiede; die Belgier sind vor dem Gesetz gleich; Art. 6 bis: Verbot von Diskriminierung.
– Dänemark § 74: gleiches Recht auf freie Berufsausübung; § 83 f: Abschaffung von Privilegien, Verbot der Einrichtung von Lehen und dgl.
– Finnland § 5: Gleichheit vor dem Gesetz; § 15: Adelsverbot.
– Frankreich: Die französische Verfassung ist dem Gleichheitsverständnis am nachhaltigsten verbunden: Die Präambel der Verfassung der V. Republik bezieht sich ausdrücklich auf die Erklärung der Menschen- und Bürgerrechte vom 26. 8. 1789; Gleiche Rechte für Frau und Mann (nach der Präambel von 1946); Art. 2,1: Gleichheit aller Bürger vor dem Gesetz ohne Diskriminierung; Art. 2,4: Der Wahlspruch der Republik lautet: „Freiheit, Gleichheit, Brüderlichkeit"; Art. 2,5: Ihr Grundsatz ist: Regierung des Volkes, durch das Volk und für das Volk.
– Griechenland Art. 4,1: Alle Griechen sind vor dem Gesetz gleich; Art. 4,2: Griechen und Griechinnen haben gleiche Rechte und Pflichten.
– Großbritannien ohne Gleichheitsvorschriften.

---

110 Mit Ausnahme Großbritanniens allerdings, das den Gleichheitssatz bis heute nicht kennt.
111 Für historisch Interessierte kann auf die von Otto Brunner und Boris Meissner herausgegebene Sammlung der „Verfassungen kommunistischer Staaten" verwiesen werden.

- Irland Art. 9,3: Gleichheit der Geschlechter hinsichtlich der Bürgerrechte; Art. 4,1: Als Menschen sind alle Bürger vor dem Gesetz gleich.
- Italien Art. 3: Gleichheit vor dem Gesetz, gleiche soziale Achtung, Aufgabe des Staates ist es, Hindernisse zu beseitigen, die die Freiheit und Gleichheit der Bürger tatsächlich begrenzen! Art. 4: Recht auf Arbeit für alle Staatsbürger; Art. 37: Gleichheit der Bezahlung von Frau und Mann; Art. 48: Wahlrechtsgleichheit; Art. 51: Gleicher Zugang zu öffentlichen Ämtern.
- Luxemburg Art. 11: Verbot von Standesunterschieden, Gleichheit vor dem Gesetz.
- Niederlande Art. 5: Gleicher Zugang zu öffentlichen Ämtern.
- Norwegen Art. 5 : Wahlrechtsgleichheit.
- Österreich Art. 7: Gleichheit vor dem Gesetz; Weitere Gleichheitsrecht finden sich im Staatsgrundgesetz vom 21. 12. 1867 sowie im Friedensvertrag von Saint Germain vom 10. 9. 1919 (die als Anhang Teil der Verfassung sind).
- Portugal Art. 12: Gleiche Rechte und Pflichten aller Bürger; Art. 13: Gleichheit vor dem Gesetz; Diskriminierungsverbote.
- Schweiz Art. 4: Gleichheit vor dem Gesetz, Verbot von Privilegien; Art. 6: Gesetzgebung und Gerichtsverfahren sind für alle Schweizer in allen Kantonen gleich; Art. 74: Wahlrechtsgleichheit für Männer und Frauen.
- Spanien Art. 14: Gleichheit vor dem Gesetz, Diskriminierungsverbote; Art. 23: Gleiche Teilnahme an den öffentlichen Angelegenheiten durch Wahlen und Zugang zu den öffentlichen Ämtern.
- Türkei Art. 12: Gleichheit vor dem Gesetz

5. Kodifikationen im „internationalen Recht"

Nach diesem knappen, gewißermaßen nur „numerischen" Überblick über die Kodifikationen einiger Aspekte des Gleichheitssatzes in den Verfassungen der wichtigsten Staaten Westeuropas nun noch ein ebenso knapper Blick auf die Kodifikationen im internationalen Rechtskreis. Im allgemeinen (universellen) Völkerrecht hat das Individuum, von ersten Ansätzen, die noch zu betrachten sein werden, abgesehen, keine Bedeutung. Das gilt auch für die Satzung der Vereinten Nationen, die man als völkerrechtliche Zentralnorm ansehen kann. Wie das allgemeine Völkerrecht, so geht auch die UN-Charta von der „souveränen *Gleichheit* aller ihrer Mitglieder" (Art. 2, Satz 1) sowie vom „Grundsatz der *Gleichberechtigung* und Selbstbestimmung der Völker" (Art. 1, Satz 2) aus. Wenn aber schon Staaten und Volker als gleich angesehen und behandelt werden (sollen), obwohl sie sich doch viel starker unterscheiden als die Menschen in ihrer Eigenschaft als Mitglieder der Menschheit, um wievieles mehr müßte also das Völkerrecht von der Gleichheit der Menschen ausgehen! Zunächst kommt dieser Gedanke jedoch nur in Abs. 2 der Präambel der Satzung der UNO zum Ausdruck:

„(Wir glauben) an die Grundrechte des Menschen, an Würde und Wert der menschlichen Persönlichkeit, an die Gleichberechtigung von Mann und Frau sowie von allen Nationen".

Umgesetzt werden diese Überzeugungen dann auch durch zwei sog. Pakte, durch die das Individuum erstmals direkt durch das Völkerrecht berechtigt wird. Der „Internationale Pakt über bürgerliche und politische Rechte" vom 19. 12. 1966 bestimmt in Art. 26 die Gleichheit aller Menschen vor dem Gesetz, das Verbot jeglicher Diskriminierung sowie den wirksamen Schutz aller Menschen vor derartigen Diskriminierungen auch zu gewährleisten. Der „Internationale Pakt über wirtschaftliche, soziale und kulturelle Rechte", ebenfalls vom 19. 12. 1966, bestimmt in Art. 3, die Gleichberechtigung von Mann und Frau in der Ausübung wirtschaftlicher, sozialer und kultureller Rechte sei sicherzustellen, und in Art. 7 wird das Recht für alle auf gerechte und günstige Arbeitsbedingungen sowie ein angemessener Lohn und das gleiche Entgelt für gleichwertige Arbeit auch für Frauen proklamiert. Auch wenn dies lediglich „Programmsätze" sein sollten, weil sie der Wirklichkeit in den Unterzeichnerstaaten der Pakte nicht entsprechen, so wird aus diesen Kodifikationen doch ersichtlich, daß Gleichheit nun als *globaler* Referenz-Standard angestrebt wird, auch wenn seine Realisierung auf unabsehbare Zeiten verschoben wird.

Die „Europäische Konvention zum Schutz der Menschenrechte und Grundfreiheiten (EMRK)" vom 4. 11. 1950, die sich auf die „Universelle Erklärung der Menschenrechte" der Vereinten Nationen vom 10. 12. 1948 bezieht, gibt sich sehr viel „bescheidener". Sie verbietet in Art. 4 lediglich die Leibeigenschaft und Sklavenhaltung und gewährleistet in Art. 14, daß die in der Konvention genannten Rechte und Freiheiten, zu denen Gleichheit nicht ausdrücklich gehört, ohne Diskriminierung eingehalten werden.

Europa, das sich auf dem Wege von einer wirtschaftlichen Gemeinschaft zu einer politischen Union befindet, hat sich in seinen Verträgen zur Einrichtung von Grundrechten noch nicht zu entschließen vermocht. Bisher ist lediglich ein allg. Diskriminierungsverbot aufgrund der Staatsangehörigkeit (Art. 7 EWG-Vertrag) sowie das gleiche Entgelt für Männer und Frauen bei gleicher Arbeit (Art. 119 EWG-Vertrag) vorgesehen. Es bleibt zu hoffen, daß die erst noch zur Entschließung anstehende „Sozial-Charta" eine Verbesserung, insb. auf dem Gebiet sozialer (materialer) Gleichheit bringen wird, die wenigstens nicht zu weit hinter deutschen Standards zurückbleibt.

Zusammenfassend läßt sich wohl sagen, daß die internationale, also völkerrechtliche Entwicklung der Gleichheit nur langsam vorankommt, im Vergleich zu den nationalstaatlichen Entwicklungen aber gleichwohl rasche und wenigstens zum Teil auch weitgreifende Fortschritte gemacht hat.

6. Kodifikationen der Gleichberechtigung der Frau

Das Verfassungsrecht moderner westlicher Rechtsstaaten anerkennt die grundsätzliche Rechtsgleichheit von Mann und Frau. Umstritten und durch die Verfassungsrechtsprechung der verschiedenen Staaten in stetigem Wandel begriffen sind jedoch einzelne Teilgehalte der verfassungsrechtlichen Geschlechtergleichheit:

a) Formelle Gleichberechtigung von Mann und Frau

Durch die formelle Gleichberechtigung von Mann und Frau wird zum Ausdruck gebracht, daß das Geschlecht prinzipiell kein zulässiger Anknüpfungspunkt für eine unterschiedliche Behandlung sein darf. Die formelle Geschlechtergleichheit ist heute in allen westlichen Demokratien ein unumstrittener Verfassungsgrundsatz[112] – z. T. durch explizite Gewährleistung im Verfassungsdokument[113] oder als Teil abstrakter Gleichheitspostulate – und wird von den Vertragsstaaten des UNO-Paktes über die bürgerlichen und politischen Rechte vom 19. Dezember 1966 in Art. 3 ausdrücklich verlangt:

„Die Vertragsstaaten verpflichten sich, die Gleichberechtigung von Mann und Frau bei der Ausübung aller in diesem Pakt festgelegten bürgerlichen und politischen Rechte sicherzustellen."

Umstritten und in den einzelnen Staaten unterschiedlich ausgestaltet ist hingegen die Frage, nach welchen Kriterien Ausnahmen von der Gleichbehandlung zulässig resp. erforderlich sind[114]. Hauptsächlichste und m. E. auch einzig vorbehaltlos gerechtfertigte Ungleichbehandlung von Mann und Frau ist diejenige aufgrund biologischer Unterschiede.[115] Umstritten hingegen ist die Pra-

---

112 Der bis noch vor kurzem in einem schweizerischen Kanton praktizierte Ausschluß der Frauen vom Stimm- und Wahlrecht in kantonalen und kommunalen Angelegenheiten wurde vom Schweizerischen Bundesgericht nun klar als verfassungswidrig erklärt (BGE 116 la 359).

113 Vgl. z. B.
  – Schweiz (Art. 4 Abs. 2 Satz 1 BV): „Mann und Frau sind gleichberechtigt."
  – Deutschland (Art. 3 Abs. 2 GG): „Männer und Frauen sind gleichberechtigt."
  – Frankreich (Präambel zur Verfassung vom 27. Oktober 1946, Bestandteil der Verfassung von 1958): „(…) Das Gesetz gewährleistet der Frau auf allen Gebieten die gleichen Rechte wie dem Manne.
  – Italien (Art. 3): „Alle Staatsbürger genießen dieselbe soziale Achtung und sind vor dem Gesetz gleich, ohne Unterscheidung nach Geschlecht."

114 Vgl. dazu auch vorne Kapitel 4.

115 Hauptbeispiel biologisch gerechtfertigter Ungleichbehandlungen sind Sonderregelungen für die schwangere Frau oder die stillende Mutter.

xis der Verfassungsgerichte, wonach auch sog. „funktionale" Unterschiede eine Ungleichbehandlungen der Geschlechter zulassen.[116]

b) Sonderbereiche

Aus der formellen Gleichheit folgt die ausdrückliche Normierung der Geschlechtergleichheit im Verfassungs- oder Gesetzesrecht für spezifische Rechtsbereiche. Hauptbeispiel bildet der Grundsatz der Lohngleichheit für die Geschlechter (welcher durch die rechtliche Normierung i. d. R. auch auf private Anstellungsverhältnisse Anwendung findet). Folgende Beispiele dienen zur Verdeutlichung:

aa) Schweizerische Bundesverfassung

Art. 4 Abs. 2 Satz 3 BV:
„Mann und Frau haben Anspruch auf gleichen Lohn für gleichwertige Arbeit."

bb) Deutsches Bürgerliches Gesetzbuch

§ 611a:
„Der Arbeitgeber darf einen Arbeitnehmer bei einer Vereinbarung oder einer Maßnahme, insbesondere bei der Begründung des Arbeitsverhältnisses, beim beruflichen Aufstieg, bei einer Weisung oder einer Kündigung, nicht wegen seines Geschlechts benachteiligen. Eine unterschiedliche Behandlung wegen des Geschlechts ist jedoch zulässig, soweit eine Vereinbarung oder eine Maßnahme die Art der vom Arbeitnehmer auszuübenden Tätigkeit zum Gegenstand hat und ein bestimmtes Geschlecht unverzichtbare Voraussetzung für diese Tätigkeit ist. Wenn im Streitfall der Arbeitnehmer Tatsachen glaubhaft macht, die eine Benachteiligung wegen des Geschlechts vermuten lassen, trägt der Arbeitgeber die Beweislast dafür, daß nicht auf das Geschlecht bezogene, sachliche Gründe eine unterschiedliche Behandlung rechtfertigen oder das Geschlecht unverzichtbare Voraussetzung für die auszuübende Tätigkeit ist.
Ist ein Arbeitsverhältnis wegen eines von dem Arbeitgeber zu vertretenden Verstoßes gegen das Benachteiligungsverbot des Absatz 1 nicht begründet worden, so ist er zum Ersatz des Schadens verpflichtet, den der Arbeitnehmer dadurch erleidet, dass er darauf vertraut, die Benachteiligung des Arbeitsverhältnisses werde nicht wegen eines solchen Verstoßes unterbleiben. Satz 1 gilt beim beruflichen Aufstieg entsprechend, wenn auf den Aufstieg kein Anspruch besteht. (…)"

---

116 Vgl. für Deutschland Günter Dürig in: Maunz-Dürig-Herzog, Kommentar zu Art. 3 Abs. 2 GG, Rn 18; vgl. für die Schweiz Jörg Paul Müller: Die Grundrechte der Schweizerischen Bundesverfassung, 2. Aufl. 1991, S. 229 f; einen Vergleich zwischen der deutschen und US-amerikanischen Rechtsprechung bietet Cho Hong-Suck: Verfassungsgerichtliche Gleichheitsprüfung in der Bundesrepublik Deutschland und den USA, Diss. Köln 1993, S. 196 ff.

§ 611 b:

„Der Arbeitgeber soll einen Arbeitsplatz weder öffentlich noch innerhalb des Betriebs nur für Männer oder nur für Frauen ausschreiben, es sei denn, daß ein Fall des § 611a Abs. 1 Satz 2 vorliegt."

cc) Italienische Verfassung

Art. 37 Abs.1:

„Die arbeitende Frau hat die gleichen Rechte und erhält – bei gleicher Arbeit – die gleiche Vergütung wie der arbeitende Mann. Die Arbeitsbedingungen müssen ihr die Erfüllung ihrer wesentlichen Aufgaben in der Familie ermöglichen und Mutter und Kind einen besonderen angemessenen Schutz gewährleisten."

dd) EU-Vertrag

Art. 119:

„Jeder Mitgliedstaat wird während der ersten Stufe den Grundsatz des gleichen Entgelts für Männer und Frauen bei gleicher Arbeit anwenden und in der Folge beibehalten.

Unter „Entgelt" im Sinne dieses Artikels sind die üblichen Grund- oder Mindestlöhne und gehälter sowie alle sonstigen Vergütungen zu verstehen, die der Arbeitgeber aufgrund des Dienstverhältnisses dem Arbeitnehmer mittelbar oder unmittelbar in bar oder in Sachleistungen zahlt.

Gleichheit des Arbeitsentgelts ohne Diskriminierung aufgrund des Geschlechts bedeutet,

a) daß das Entgelt für eine gleiche nach Akkord bezahlte Arbeit aufgrund der gleichen Maßeinheit festgesetzt wird;

b) daß für eine nach Zeit bezahlte Arbeit das Entgelt bei gleichem Arbeitsplatz gleich ist."[117]

c) Materielle Gleichheit, Faktische Gleichheit, Chancengleichheit

Stark umstritten ist die Frage, inwieweit sich aus den formellen Gleichheitsgarantien oder aus in der Verfassung normierten Aufträgen an den Gesetzgeber zur Verwirklichung der Geschlechtergleichheit verfassungsrechtliche Ansprüche auf faktische Gleichheit, materielle Gleichheit, Gleichheit in den tatsächlichen Chancen der Geschlechter ergeben[118]. Zentraler Streitpunkt bildet insbesondere die Frage, inwieweit eine vorübergehende Besserstellung der Frau als Ausgleichsmaßnahme und eine damit verbundene Schlechterstellung der Männer verfassungsrechtlich zulässig resp. geboten ist. Eine Beruhigung der Diskussion zeichnet sich momentan noch nicht ab; Ansätze könnten even-

---

117 Vgl. dazu auch das Urteil des EuGH v. 17. Mai 1990, RS.C-262/88, NZA 1990, 775.
118 Vgl. dazu auch vorne Kapitel 4.

tuell im US-amerikanischen Recht gefunden werden, welches im Zusammenhang mit der Bürgerrechtsbewegung seit Anfang der 60er Jahre im öffentlichen Bereich (Einstellungs- und Zulassungspraxis, insbesondere im Bildungs- und Erziehungswesen) eine Bevorzugung schwarzer Bewerber mit der Folge vorübergehender Schlechterstellung der Weißen zur Beseitigung der Rassendiskriminierung kennt. Diese Praxis war Vorbild für die Bevorzugung von Frauen in diesen Bereichen, die später einsetzte, ferner für die Bevorzugung von Betrieben, die Frauen förderten, durch Auftragsvergabe der öffentlichen Hand (sog. affirmative action)[119].

---

119 Vgl. dazu etwa Walter Haller: „State-action" und „Affirmative action" in der Rechtsprechung des amerikanischen Supreme Court zum Gleichheitssatz, in: Festschrift für Ulrich Häfelin zum 65. Geburtstag, Zürich 1989, S. 79 ff.

Fünfte Vorlesung: Gleichheit im Grundgesetz der Bundesrepublik Deutschland

1. Theoriebildung zum Gleichheitssatz[120]

Die Verfassungsentwicklung des 19. Jahrhunderts im kontinentalen Europa wird bestimmt durch den gegenüber der revolutionären Erklärung der Menschen- und Bürgerrechte von 1789 bereits verwässerten (besser: verbürgerlichten) Gedanken der „Gleichheit vor dem Gesetz", auf den die Erklärung 1793 reduziert worden war. Aus den „gleichen Rechten" der Revolution wurde die nachrevolutionäre „Gleichheit vor dem Gesetz", über deren Inhalt nun das Bürgertum bestimmte. Mit der Betonung des Gesetzes melden sich zwei Prinzipien an, die zunehmende Bedeutung erlangen werden: die Bindung der staatlichen Gewalten an das Gesetz und die Beteiligung des Bürgertums an der politischen Macht. Das Bürgertum beherrscht dadurch über die Wahl das Parlament, an dessen Gesetze die Staatsgewalten gebunden sind und die die „Vorhersehbarkeit" der wirtschaftlichen Entwicklung zum Inhalt haben. „Gleichheit vor dem Gesetz" bedeutet zunächst *nur*, daß die Gesetze auf alle gleich anzuwenden sind (Allgemeingültigkeit der Gesetze). Erst in der Weimarer Zeit setzte sich unter dem Einfluß von Heinrich Triepel und Erich Kaufmann die Ansicht durch, daß auch die Gesetzgebung selbst an den Gleichheitssatz gebunden sein solle.[121] Dadurch wurde es notwendig, den Gleichheitssatz mit materialen Gehalten zu füllen, an denen sich der Gesetzgeber orientieren konnte (und mußte). Als Kriterium der Orientierung schlug Gerhard Leibholz den Willkürbegriff vor, der in den USA und in der Schweiz entwickelt worden war.[122] Der Gleichheitsbegriff wurde dadurch zum Willkürverbot für den Gesetzgeber und die Gesetzesanwendung.

---

120 Die Darstellung orientiert sich überwiegend an Ekkehart Stein: Artikel 3, in: Kommentar zum Grundgesetz, 2. Aufl. 1989, S. 306 ff; vgl. aber auch die Beiträge von Konrad Hesse: Der Grundsatz der Gleichheit vor dem Gesetz im Deutschen Staatsrecht, Göttingen 1950; und dems.: Der Gleichheitsgrundsatz im Staatsrecht, in: Archiv des öffentlichen Rechts (AöR), Bd. 77 (1951), S. 167 ff. – Für die Schweiz stellvertretend Arthur Häfliger: Alle Schweizer sind vor dem Gesetze gleich – Zur Tragweite des Artikels 4 der Bundesverfassung, Bern 1985.

121 Vgl. die entsprechenden Referate an der Staatsrechtslehrer-Tagung des Jahres 1926 in: Veröffentlichungen der Vereinigung der Deutschen Staatsrechtslehrer (VVDStRL), Berlin-Lepizig 1927, H. 3, S. 2 ff. – Dazu ausführlich Manfred Friedrich: Der Methoden- und Richtungsstreit – Zur Grundlagendiskussion der Weimarer Staatsrechtslehre, in: Archiv des öffentlichen Rechts (AöR), Bd. 102 (1977), S. 184 ff.

122 Gerhard Leibholz: Die Gleichheit vor dem Gesetz – Eine Studie auf rechtsvergleichender und rechtsphilosophischer Grundlage, Berlin 1925. – Vgl. die Beiträge von Donald P. Kommers und Christian Starck zum Symposion zum 80. Geburtstag von Gerhard Leibholz am 21. November 1981 in: Der Gleichheitssatz im modernen Verfassungsstaat, hrsg. von Christoph Link, Baden-Baden 1982, S. 31 ff bzw. 51 ff.

Durch diese Ausdehnung gewann die Frage nach dem Verhältnis von Freiheit und Gleichheit, die schon im rationalistischen deutschen Naturrecht diskutiert worden war, erneut an Gewicht. Nach der Auffassung Leibholz' waren beide „soziologisch" nicht miteinander vereinbar, weil die Verwirklichung der eigenen Freiheit nur zu Lasten der Freiheit anderer, also zu Lasten der Gleichheit, möglich sei. Als einzige Möglichkeit zur Harmonisierung sah Leibholz die Bindung der Freiheit an die Sittlichkeit im Sinne des kantischen kategorischen Imperativs.[123] Diesen Gedanken hatte schon Samuel Pufendorf aus der Menschenwürde hergeleitet, die sowohl Selbstachtung als auch Achtung vor anderen verlangt, mit der Konsequenz, daß die natürliche Gleichheit jeden zwinge, das zu tun oder zu unterlassen, was er auch von den anderen erwarte.[124] Im Grundgesetz (GG) ist dieser Gedanke in Art. 2 Abs. 1 enthalten, der bestimmt, daß das „Recht auf die freie Entfaltung seiner Persönlichkeit" begrenzt wird durch die *Rechte anderer*, die verfassungsmäßige Ordnung oder das *Sittengesetz* (grundrechtsimmanente Schranken der sog. Schranken-Trias). Von noch weiterreichender Bedeutung für das moderne Verständnis des Gleichheits-Satzes war die Lehre Hermann Hellers, der feststellte, daß für das Verhältnis von Freiheit und Gleichheit weniger das Sittengesetz, als vielmehr der Staat verantwortlich sei, der in der Verfassung beide Prinzipien als Grundrechte garantiere.[125] Wenn der Staat jedermann Freiheit garantiere, dürfe er sich nicht auf die Gewährung formaler Freiheit beschränken, sondern müsse die Voraussetzungen realer Freiheiten schaffen, also jedermann die realisierbare Chance zur Selbstverwirklichung eröffnen. Die Gewährleistung realer Freiheit führt zur Annäherung an die Verwirklichung *realer* Gleichheit und hebt dadurch den Gegensatz beider Prinzipien auf. Diesen Staat, der sich um die *reale gleiche Freiheit* aller bemüht, kennzeichnete Heller als „sozialen Rechtsstaat"; er steht im diametralen Gegensatz zum liberalen Rechtsstaat, der Freiheit und Gleichheit als formale Grundsätze ansieht und dadurch *reale Un*gleichheit begünstigt, wenn nicht gar erzwingt.

Vor diesem staatstheoretischen Hintergrund sind die Beratungen des Parlamentarischen Rates in der Frage der Gleichheit wie auch der Frage des Sozialstaates zu sehen. Dies gilt um so mehr, als Heller mit seiner beinahe prophetischen Schrift „Rechtsstaat oder Diktatur" sehr bald bestätigt wurde, es gilt aber auch deshalb, weil das Maß der realen sozialen Ungleichheit, und damit auch der gleichen Unfreiheit oder der ungleichen Freiheit, gravierend war und es immer noch ist. Im Grundgesetz ist der allgemeine Gleichheitssatz in Art. 3 Abs. 1 wie eine deskriptive Aussage formuliert, aber als *Grundrecht* normativ

123 Dazu ferner ausführlich Gerhard Luf: Freiheit und Gleichheit – Die Aktualität im politischen Denken Kants, Wien-New York 1978.

124 Samuel Pufendorf: De iure naturae et gentium libri octo (Vom Natur- und Völkerrecht, in acht Büchern, 1672).

125 Hermann Heller: Rechtsstaat oder Diktatur (1930).

gemeint: alle Menschen sollen vor dem Gesetz gleich sein, kann nämlich nur bedeuten, daß sie im Bezug auf ihre Stellung in Staat und Gesellschaft gleich sein sollen. (Grundrechte sind subjektive Rechte und somit „Elemente objektiver Ordnung".) Diese Stellung hat rechtliche und tatsächliche Aspekte, die eng zusammenhängen, weil die Rechtsstellung oft von den tatsächlichen Gegebenheiten abhängt, die ihrerseits wiederum rechtlich abgesichert sind, deutlich erkennbar bei den Eigentumsrechten und den Einkommensansprüchen. Tatsächliche Ungleichheit besteht vor allem im Bereich der ungleichen Verteilung der materiellen und immateriellen Güter. Dem läßt sich – indirekt – durch gleiche Chancen zum Gütererwerb oder – direkt – durch die gleiche Verteilung der Güter entgegenwirken.

Daraus ergeben sich drei grundsätzliche Möglichkeiten zum Verständnis des *allgemeinen* Gleichheitssatzes: 1. als Gebot der rechtlichen Gleichbehandlung, 2. als Gebot der Chancengleichheit und 3. als Gebot der Gleichverteilung. In Rechtsprechung und Lehre wird der Schwerpunkt des allg. Gleichheitsatzes zwar ganz überwiegend im Gebot der Gleichbehandlung gesehen, aber in zunehmenden Bereichen Chancengleichheit gefordert und z. T. schon durchgesetzt, und in der praktischen Politik wird in begrenztem Maß auch eine gerechte Verteilung der Güter angestrebt und im Wege der Gesetzgebung zu realisieren versucht.

2. Gleichbehandlung als Struktur

Der Gleichheitssatz bezieht sich auf Personen („alle Menschen") und nicht auf Sachverhalte; es besteht daher kein verfassungsrechtliches Gebot, ähnliche Sachverhalte gleich zu regeln.[126] Eine derartige Regelung würde dem Wortlaut des Art. 3 Abs. 1 widersprechen. Fragen der „Sachgesetzlichkeit" zu entscheiden ist Aufgabe des politisch verantwortlichen Gesetzgebers. Das Grundgesetz will den Gleichheitssatz nicht nur formal verstanden wissen, es wendet sich vielmehr gegen die Vernachlässigung tatsächlicher (historischer) Ungleichheit, indem es sich zum *sozialen Rechtsstaat* (Art. 2, 28) bekennt. Entscheidend ist nicht mehr die formale Gleichbehandlung, es kommt vielmehr darauf an, wie sich staatliches Verhalten auf die Betroffenen praktisch auswirkt:

„Nicht die äußere Form (eines Gesetzes), sondern der materiell-rechtliche Gehalt (des Gleichheitssatzes) ist entscheidend".[127]

Den Kern des allgemeinen Gleichheitssatzes sieht das BVerfG in einem Willkürverbot. Willkür liegt dann vor, wenn sich ein vernünftiger, aus der Natur

---

126 Ständige Rechtsprechung seit BVerfGE 11, 283 (293).
127 Ständige Rechtsprechung seit BVerfGE 8, 51 (64).

der Sache ergebender oder sonstwie einleuchtender Grund für Gleichbehandlung oder Differenzierung nicht finden läßt.[128] Dabei kommt es nicht auf subjektive Willkür an, sondern auf objektive, d. h. auf die tatsächliche und eindeutige Unangemessenheit der getroffenen Maßnahme im Verhältnis zur tatsächlichen Situation.[129] Beurteilungsmaßstab ist eine am Gerechtigkeitsdenken orientierte Betrachtungsweise,[130] die den Gleichheitssatz immer dann als verletzt anzusehen fordert, wenn wesentlich Gleiches willkürlich ungleich und ungerecht behandelt wird.[131]

Keines der in den obigen Definitionen herangezogene Kriterium aber hat einen objektiv bestimmbaren Gehalt; sie sind vielmehr subjektiv, abhängig von der intuitiven Bewertung durch das Gericht. In einem „dissenting vote" weist Geiger darauf hin, daß derartige Rechtsprechung auf eine Verselbständigung des Willkürverbots hinauslaufe und zu einer Einbruchstelle für allgemeine Gerechtigkeitskontrollen werde.[132] Das Willkürverbot wird dadurch selbst willkürlich, und das Bundesverfassungsgericht zu einer Superrevisionsinstanz wenn es bei der Prüfung von Urteilen anderer Gerichte seine Gerechtigkeitsvorstellungen an deren Stelle setzt.

Eine genauere Analyse der Rechtsprechung des Bundesverfassungsgerichts ermöglicht jedoch die Entwicklung von Kriterien zur präzisen Feststellung von Verstößen gegen den Gleichheitssatz. Es geht um die Frage, ob die „rechtlichen Mittel" der „Aufgabe", die „dem Gesetz gestellt" war, angemessen sind. Für die Präzisierung ist es erforderlich, sich die *Struktur rechtlicher Differenzierungen* zu verdeutlichen. Jede Rechtsnorm knüpft eine Rechtsfolge an einen bestimmten Tatbestand, der dadurch anders geregelt wird als andere Tatbestände. Das gesamte Recht besteht daher aus Differenzierungen. Daher ist jedes einzelne Tatbestandsmerkmal wegen seiner Bedeutung für die Rechtsfolge(n) ein *Differenzierungskriterium*. Hinter den unterschiedlichen Rechtsfolgen aber stehen recht*politische* Ziele, die mit Hilfe der Differenzierung verwirklicht werden sollen; sie sind daher unter dem Aspekt der Gleichheitsprüfung Differenzierungsziele. Bei der Frage, ob die rechtlichen Mittel der dem Gesetz gestellten Aufgabe angemessen sind, geht es also um das Verhältnis von Differenzierungskriterien (also den rechtlichen Mitteln) und Differenzierungszielen (also den dem Gesetz gestellten – politischen – Aufgaben). Die Angemessenheit eines Differenzierungskriteriums für ein Differenzierungsziel läßt sich dann meistens ziemlich eindeutig festlegen. Bei *begünstigenden* Rechtsfolgen richtet sich die Angemessenheit des Differenzierungskriteriums nach dem Motiv der Begünstigung (z. B. bei Hilfsmaßnahmen nach der Hilfs-

---

128 Ständige Rechtsprechung seit BVerfGE 1, 14 (52).
129 Ständige Rechtsprechung seit BVerfGE 2, 266 (281).
130 Ständige Rechtsprechung seit BVerfGE 1, 264 (276).
131 Ständige Rechtsprechung seit BVerfGE 3, 58 (135).
132 Vgl. BVerfGE 42, 79 (81).

bedürftigkeit etc.), bei *belastenden* Rechtsfolgen muß die durch das Kriterium gezogene Begrenzung des belasteten Personenkreises entweder den Kreis derjenigen umfassen, denen im Endergebnis die mit der Belastung verbundenen Maßnahme in erster Linie zugute kommt oder sie muß auf einen für die Zielverwirklichung im Vergleich zu anderen besser geeigneten Personenkreis ausgedehnt werden.[133] Zusätzlich ist in beiden Fällen die Verfassungsmäßigkeit der verwendeten Differenzierungskriterien und der verfolgten Differenzierungsziele zu prüfen, weil es verbotene Differenzierungskriterien (z. B. in Art. 3 Abs. 3) und verbotene Differenzierungsziele (vor allem bei den Grundrechten sowie den Staatszielbestimmungen) gibt. Trotz dieser „gegliederten" Willkürprüfung fließen notwendig Wertungen ein, wenn auch leichter als solche erkennbar. Als *Wertungsmaßstab* dafür verwendet das BVerfG durchweg die „Wertentscheidungen des GG";[134] darunter sind vor allem die in den Grundrechten konkretisierten Wertentscheidungen sowie die fundamentalen Ordnungsprinzipien des GG zu verstehen.[135] Soviel zur Struktur der Gleichbehandlung.

Da der Gleichheitssatz als Grundrecht normiert ist, steht er nach dem Wortlaut „allen Menschen" zu, darüber hinaus aber auch juristischen Personen (Art. 19 Abs. 3) nicht jedoch den nicht rechtsfähigen Vereinigungen (wie OHG, KG) und Gruppen. Adressat des Gleichheits-Grundrechts ist primär der Staat, der bei öffentlich-rechtlichen Tätigkeiten aller seiner Organe daran gebunden ist; das ergibt sich schon aus Art. 1 Abs. 3. Darüber hinaus gilt der Gleichheitssatz innerhalb des hoheitlichen Staatsaufbaus als allgemeiner Rechtsgrundsatz, der schon „aus dem Wesen des Rechtsstaates dem Prinzip der allgemeinen Gerechtigkeit" folgt. Klar ist auch, daß einzelne Menschen in Beziehungen einer rechtlichen und tatsächlichen Gleichordnung *nicht* an den Gleichheitssatz gebunden sein können (z. B. Ehe). Umstritten ist der Bereich der privatrechtlichen Beziehungen außerhalb der staatlichen Sphäre, in denen ein Teil vom Anderen abhängig ist (sogenannte Drittwirkung). Fraglich ist insbesondere, ob ein Gericht dem schwächeren Partner auch ohne besondere gesetzliche Schutzvorschrift zu einer *rechtlichen* Gleichstellung mit dem überlegenen Partner zu verhelfen hat. Dies wird in der Praxis bestritten, und die Verwirklichung des Grundsatzes ist noch unvollkommen; zur Begründung beruft man sich allerdings selten auf den Gleichheitssatz, sondern eher auf die sozialstaatlichen Grenzen der Vertragsfreiheit und auf allgemeine Gerechtigkeitserwägungen.

---

133 Die Argumentation ist anhand des baden-württembergischen Feuerwehrgesetzes entwickelt worden; vgl. BVerfGE 9, 291 (294).

134 Ständige Rechtsprechung seit BVerfGE 6, 55 (71).

135 BVerfGE 42, 64 (73).

3. Gleichbehandlung durch den Gesetzgeber

Wie schon dargestellt, wird durch Art. 3 nicht nur die Gesetzesanwendung sondern auch die Gesetzgebung an den Gleichheitssatz gebunden. Da jeder Rechtssatz in seinen Tatbestandsmerkmalen Differenzierungen enthält, ist der Gleichheitssatz auf jede Gesetzesbestimmung anwendbar. Würde man jedoch nur diejenige gesetzgeberische Lösung als mit dem Gleichheitssatz vereinbar ansehen, die Gleichheit optimal verwirklicht, dann würde die Gesetzgebung zu einer bloßen Anwendung des Gleichheitssatzes werden, auf Kosten der Demokratie und auf Kosten politischer Gestaltungsnotwendigkeiten. Um dem zu begegnen, betont das BVerfG beim Gleichheitssatz stärker als bei anderen Bestimmungen des GG, die „weitgehende Gestaltungsfreiheit des Gesetzgebers". „Nur die Einhaltung der äußersten Grenzen der gesetzgeberischen Freiheiten ist vom BVerfG nachzuprüfen".[136] Aufgabe des Gerichts kann es daher nicht sein, zu prüfen, ob der Gesetzgeber die gerechteste und zweckmäßigste Lösung getroffen hat;[137] wenn die vom Gesetzgeber gefundene Lösung mit dem Gleichheitssatz noch vereinbar ist, so hat sie Bestand. Außerdem muß jede gesetzliche Regelung generalisieren; dies läßt sich nur auf der Grundlage einer die soziale Wirklichkeit *typisierenden* Regelung durchführen;[138] daher müssen gewisse Härten oder Ungerechtigkeiten in Einzelfällen hingenommen werden,[139] sofern davon nur eine relativ kleine Zahl von Personen betroffen und die Härte nicht zu groß ist.[140] Dabei ist die Gestaltungsfreiheit bei bevorzugender Typisierung größer als bei *benachteiligender*.[141] Darüber hinaus kommt auch das Kriterium der Verwaltungspraktikabilität als Rechtfertigung einer Ungleichbehandlung in Betracht. Die Auswahl der Differenzierungskriterien ist dem Gesetzgeber grundsätzlich freigestellt;[142] er hat allerdings die Differenzierungsverbote des GG zu beachten (insb. Art. 3 Abs. 2, 3; Art. 6 Abs. 1, 5; Art. 9 Abs. 3, Art. 28 Abs. 1).[143] Da alle Differenzierungen einem legitimen öffentlichen Interesse dienen müssen, ist jeweils zu prüfen, welchem Ziel die Differenzierung dient, insb. ob gegen die Verfolgung verfassungsrechtliche Bedenken bestehen. Das Bundesverfassungsgericht verlangt vom Gesetzgeber also nur, die Auswahl der Differenzierungskriterien „sachgerecht" zu treffen. Sachgerecht ist sie dann, wenn sie den Zielen angemessen ist, denen die Differenzierung dienen soll; sie ist dann eben nicht willkürlich.

Bei *belastenden* Rechtsfolgen eröffnen sie zwei verschiedene Ansatzpunkte

---

136 BVerfGE 18, 121 (124), ständige Rechtsprechung.
137 BVerfGE 3, 162 (182), ständige Rechtsprechung.
138 Ständige Rechtsprechung seit BVerfGE 11, 245 (254).
139 Ständige Rechtsprechung seit BVerfGE 13, 21 (29).
140 BVerfGE 26, 265 (275 f).
141 Ständige Rechtsprechung seit BVerfGE 17, 1 (23 f).
142 Ständige Rechtsprechung seit BVerfGE 9, 237 (248).
143 BVerfGE 3, 225 (240).

für die „sachgerechte" Auswahl des Personenkreises: Mittel oder Ziel. Setzt
man beim *Mittel* an, muß es sich um Personen handeln, die besser als andere
in der Lage sind, zur Zielverwirklichung beizutragen. Setzt man dagegen beim
Ziel an, gilt es den Personenkreis zu erfassen, dem die Zielverwirklichung in
erster Linie zugute kommt. Der Gesetzgeber hat nicht nur die Wahl zwischen
diesen beiden Möglichkeiten, sondern innerhalb dieser Möglichkeiten auch
einen weiten Gestaltungsspielraum. Verlangt wird nur, daß er die Maßstäbe,
für die er sich zur Abgrenzung des belasteten Personenkreises entscheidet,
durchgängig und widerspruchsfrei festlegt. Bei *begünstigenden* Rechtsfolgen ist
von dem besonderen öffentlichen Interesse auszugehen, daß die Begünstigung
motiviert; dem besonderen öffentlichen Interesse ist notwendig ein Wirklichkeitsbezug immanent, aus dem die Differenzierungskriterien zur Abgrenzung
des begünstigten Personenkreises abzuleiten sind; die Konkretisierung der Kriterien ist allein Sache des Gesetzgebers, solange er dabei folgerichtig verfährt.
Nach Auffassung des Bundesverfassungsgerichtes verpflichtet der Gleichheitssatz den Gesetzgeber aber *nicht,* Ungleiches unter allen Umständen ungleich
zu behandeln. Entscheidend ist vielmehr, ob für eine am Gerechtigkeitsdenken orientierte Betrachtungsweise die tatsächliche Ungleichheit in dem jeweils
in Betracht kommenden Zusammenhang so bedeutsam ist, daß der Gesetzgeber sie bei seiner Regelung beachten muß.[144]

4. Gleichbehandlung durch die Verwaltung

Die extensive Anwendung des Gleichheitssatzes in der Verwaltung könnte mit
deren Ermessensfreiheit kollidieren. Zur Erfüllung ihrer Aufgaben, die sich an
der konkreten Wirklichkeit zu orientieren haben, ist daher Zurückhaltung bei
der Anwendung des Gleichheitssatzes geboten; die fachliche Qualifikation
könnte sonst durch juristisches Subsumtionsdenken ersetzt werden. Bei der
Ausübung von Ermessen hat jede Verwaltungsbehörde aber die verschiedenen
Betroffenen gleich zu behandeln;[145] das bedeutet vor allem, daß vom Ermessen
nach einheitlichen Kriterien Gebrauch zu machen ist. Dadurch bindet sich die
gesamte Behörde selbst, weil sie in Zukunft gleichgelagerte Fälle gleich zu behandeln hat. Die Kriterien, nach denen Behörden entscheiden, sind häufig in
Ermessensrichtlinien niedergelegt; weicht sie davon ab, liegt regelmäßig ein
Verstoß gegen den Gleichheitssatz vor, der die Verwaltungsgerichte zur Aufhebung des Verwaltungsaktes berechtigt.[146] Sachliche Gründe können ein Ab-
weichen allerdings rechtfertigen.[147]

Diese Selbstbindung der Verwaltung bezieht sich auf die *einzelnen Verwal-*

---

144 BVerfGE 1, 264 (275 f), ständige Rechtsprechung.
145 BVerfGE 18, 353 (363); 14, 3 7 (310), ständige Rechtsprechung.
146 BVerfGE 14, 307 (310); 34, 278 (280 f).
147 BVerfGE 53, 280 (285).

tungsbehörden,[148] d. h., daß alle Sachbearbeiter einer Behörde nach denselben Kriterien zu entscheiden haben, verschiedene Behörden aber von ihrem Ermessen nach unterschiedlichen Kriterien Gebrauch machen dürfen. Große Bedeutung kommt damit der Frage zu, unter welchen Voraussetzungen die bisher geübte Praxis geändert werden darf. Das Bundesverwaltungsgericht hat sich bei zeitlich unbefristet geltenden Verwaltungsvorschriften für eine „mittlere" Lösung entschieden, die es ermöglicht, Änderungen der Praxis „aufgrund neuer sachlicher Überlegungen" herbeizuführen.[149]

Die Überprüfung von Verwaltungsakten am Maßstab des Gleichheitssatzes obliegt den Verwaltungsgerichten. Die Verwaltung ist im Rahmen ihrer Ermessensspielräume bei der Auswahl von Differenzierungskriterien rechtlich frei; dadurch erlangt sie die Möglichkeit, aufgrund ihres Sachverstandes die der Wirklichkeit am besten entsprechenden Kriterien auszuwählen. Bei der Prüfung von Einzelakten auf ihre Vereinbarkeit mit dem Gleichheitssatz sind neben den Differenzierungsverboten der Verfassung auch die Differenzierungsverbote der einfachen Gesetze und nachrangigen Rechtsnormen zu beachten. Vorschriften, die den Erlaß eines Verwaltungsaktes bei Vorliegen bestimmter Bedingungen zwingend gebieten, schließen weitere Differenzierungskriterien aus[150], und verboten sind Differenzierungen, die nicht an ein sachliches Differenzierungskriterium anknüpfen. Nach dem rechtsstaatlichen Vorbehalt des Gesetzes bedarf die Verwaltung zumindest für jeden Eingriff in Freiheit und Eigentum einer Ermächtigungsnorm, die den Eingriffszweck hinreichend bestimmt. Die Frage, ob die von der Verwaltung benutzen Differenzierungskriterien den Differenzierungszielen angemessen sind, läßt sich aufgrund des hohen Konkretisierungsgrades von Verwaltungsakten auch durch die Gerichte nur schwer beurteilen, wenn nicht vorwiegend rechtliche Gesichtspunkte betroffen sind.

5. Gleichbehandlung durch die Rechtsprechung

Das Bundesverfassungsgericht betont die Bindung auch der Rechtsprechung an den Gleichheitssatz.[151] Der allgemeine Gleichheitssatz gebietet Rechtsanwendungsgleichheit als Grundforderung des Rechtsstaates.[152] Daher ist es den Gerichten verwehrt, bestehendes Recht zugunsten oder zu Lasten einzelner nicht anzuwenden; dadurch werde die Fortbildung geltenden Rechts durch die Gerichte jedoch nicht ausgeschlossen.[153] Die Bindung des Richters an

---

148 BVerfGE 1, 82 (85).
149 BVerGE 35, 159 (163).
150 BVerGE 36, 323 (325 f.).
151 BVerfGE 4, 1 (7) anstelle vieler.
152 BVerfGE, 66, 331 (335).

Recht und Gesetz schließt jedoch auch im Bereich der strikten Gesetzesbin-
dung Entscheidungsspielräume nicht aus. Bei der Rechtsanwendung geht es
stets um die Konkretisierung allgemeiner Normen, wobei der Richter gewisse
Spielräume hat. Er muß dabei jedoch nach einheitlichen Kriterien konkretisie-
ren, ist also an die Grundsätze der eigenen früheren Entscheidungen gebunden; eine Rechtsprechungsänderung „ohne schwerwiegende Argumente"
könnte daher gegen den Gleichheitssatz verstoßen.[154] Ermessensspielräume
sind den Gerichten (bzw. Richtern) im Bereich des Verfahrensrechts, der Straf-
zumessung und der freiwilligen Gerichtsbarkeit eingeräumt.

6. Chancengleichheit

In der Judikatur des Bundesverfassungsgerichtes wird der Gleichheitssatz *nur
für einzelne* Problemkreise als Grundsatz der *Chancengleichheit* verstanden. Es
hat den Anschein, daß dem Bundesverfassungsgericht der Unterschied zwischen Chancengleichheit und Gleichbehandlung gar nicht bewußt ist. Bei der
Gleichbehandlung bezieht sich die Gleichheit auf die Rechtsverhältnisse, die
zwischen den an den Gleichheitssatz gebundenen staatlichen Gewalten und
den von diesen Entscheidungen Betroffenen bestehen; danach sind alle Betroffenen rechtlich gleich zu behandeln. Bei der Chancengleichheit bezieht sich
dagegen die Gleichheit auf die tatsächlichen Voraussetzungen zum Erwerb
materieller und immaterieller Güter. Hier verpflichtet der Gleichheitssatz die
an ihn gebundenen Stellen, dafür zu sorgen, daß die ihrem Einfluß unterlie-
genden tatsächlichen Voraussetzungen zum Erwerb dieser Güter für alle Betroffene gleich sind bzw. werden. Zur Herstellung von Chancengleichheit
kann eine ungleiche Behandlung mehrerer Konkurrenten erforderlich werden,
wenn tatsächliche Ungleichheiten zugunsten bisher Benachteiligter korrigiert
werden soll.

Ein Recht auf Chancengleichheit wurde vom Bundesverfassungsgericht
zunächst für die politischen Parteien und andere Wahlbewerber anerkannt
und teils aus Art. 21 Abs. 1 GG, teils aus dem Grundsatz der gleichen Wahl als
„Anwendungsfall des allgemeinen Gleichheitssatzes" hergeleitet.[155] Später
wurde für das gerichtliche Verfahren,[156] das Bildungswesen [157] und das Prü-
fungsrecht[158] ein Anspruch auf Chancengleichheit hergeleitet. Diesen Bereichen ist gemeinsam, daß die Chancen der Konkurrenten zu einem erheblichen
Teil von Umständen abhängen, die ohnehin schon von staatlichen Stellen

---

153 BVerfGE 65, 182 (190 f).
154 BVerfGE 19, 38 (47).
155 BVerfGE 24, 300 (340).
156 BVerfGE 22, 83 (86).
157 BVerfGE 33, 303 (330 ff).
158 BVerfGE 55, 355 (360).

beeinflußt werden. Die Gerichte leiten aus dem Gleichheitssatz also keine allgemeine Verpflichtung des Staates her, Chancengleichheit in der gesellschaftlichen Wirklichkeit herzustellen, sondern verpflichten den Staat lediglich zur Sicherung der Chancengleichheit in dem Umfang, in dem er ohnehin auf die gesellschaftliche Wirklichkeit Einfluß nimmt. Es steht allerdings nicht im Belieben des Gesetzgebers, in welchem Umfang er auf die gesellschaftlichen Verhältnisse Einfluß nimmt und für Chancengleichheit sorgt. Aus dem Sozialstaatsprinzip ergibt sich vielmehr eine besondere staatliche Verantwortlichkeit zur Unterstützung sozial Schwacher und für die Daseinsvorsorge alter Menschen in jenen Bereichen, die durch private Initiative allein nicht hinreichend abgesichert werden können.

7. Gleichverteilung

Das Bundesverfassungsgericht hat einmal ausgeführt, der Gesetzgeber dürfe sich

> „grundsätzlich nicht damit begnügen, vorgefundene tatsächliche Unterschiede ohne weiteres hinzunehmen; sind sie mit den Erfordernissen der Gerechtigkeit unvereinbar, so muß er sie beseitigen".[159]

Die ungleiche Verteilung der materiellen und immateriellen Güter beruht *auch* auf rechtlichen Unterschieden, nämlich den unterschiedlichen dinglichen Rechten der einzelnen Menschen. Aus der *oben angeführten* Entscheidung könnte man daher einen begrenzten Anspruch auf Gleichverteilung herleiten, soweit die gegenwärtigen Eigentumsverhältnisse mit „den Erfordernissen der Gerechtigkeit nicht vereinbar" sind. Da die genannte Entscheidung aber vereinzelt blieb, ist vor Verallgemeinerungen zu warnen. Einer Verpflichtung des Staates zur gleichmäßigen Verteilung aller Güter steht nämlich Art. 14 GG eindeutig im Wege. Die ungleiche Verteilung der Güter führt jedoch zu schwerwiegenden Verzerrungen der gesellschaftlichen Einflußstrukturen, die sich nachteilig auf die Chancen der unterprivilegierten Schichten in allen Lebensbereichen auswirken.

Diese Zusammenhänge erhalten durch das Sozialstaatsprinzip zusätzliche verfassungsrechtliche Relevanz. Daraus lassen sich zwar nicht konkrete staatliche Handlungspflichten ableiten, wohl aber folgern, daß Regierung und Parlament verfassungsrechtlich verpflichtet sind, auf eine Abschwächung der Ungleichheiten in der tatsächlichen Güterverteilung hinzuwirken. Immerhin hat das Bundesverfassungsgericht als Ausfluß „egalitär-sozialstaatlicher Denkweise" gefordert,[160] „die Gleichheit fortschreitend bis zu einem vernünftiger-

---

159 BVerfGE 3, 58 (158).

weise zu fordernden Maße zu verwirklichen".[161] Aus diesen wenigen Überlegungen kann man jedenfalls ableiten, daß die sozialpolitische Forderung nach materieller Gleichheit aus dem Sozialstaatsprinzip weit stärkere Impulse bezieht als aus dem allgemeinen Gleichheitssatz, der noch dem frühkonstitutionellen Verständnis der Rechtsgleichheit verhaftet ist – auch wenn das Verständnis der Rechtsgleichheit nun sehr viel egalitärer ausfällt, als dies in aller Vergangenheit der Fall war. Damit ist lediglich der allgemeine Gleichheitssatz des Art. 3 Abs. 1 GG behandelt, dessen Interpretation – trotz aller entwickelten Lehren und ergangenen Judikate – noch immer weite Spielräume läßt. Festmachen läßt sich eigentlich nur, daß Willkür ausgeschlossen sein soll und daß der Gleichheitssatz keinesfalls (tatsächliche) Gleichheit impliziert, sondern allenfalls Gleichberechtigung.

---

160 BVerfGE 8, 155 (167).
161 BVerfGE 5, 85 (206).

Auswahlbibliographie

Klassiker

Erich Kaufmann und *Heinrich Triepel:* Die Gleichheit vor dem Gesetz im Sinne des Art. 109 der Reichsverfassung. In: Veröffentlichungen der Vereinigung der Deutschen Staatsrechtslehrer, Heft 3, Seiten 2 ff. Berlin und Leipzig: Walter de Gruyter, 1927.

Gerhard Leibholz: Die Gleichheit vor dem Gesetz – Eine Studie auf rechtsvergleichender und rechtsphilosophischer Grundlage. Berlin: Otto Liebmann, 1925.

– Begründet der in den verschiedenen Verfassungen ausgesprochene Grundsatz der Gleichheit vor dem Gesetze durchsetzbares subjektives Recht? SA aus der Verhandlungsschrift des 5. Deutschen Juristentages in der Tschechoslowakei, Eher-Franzensbad 1931, Seiten 350 bis 367. Prag: Druck der Rota A.-G., 1931.

Carl von Rotteck: Artikel „Gleichheit". In: Staatslexikon, Encyklopädie der sämtlichen Staatswissenschaften für alle Stände. Bd. VI, S. 44 ff. Leipzig: Brockhaus, 1847.

Max Rümelin: Die Gleichheit vor dem Gesetz. Tübingen 1928.

Angeführte Literatur

H. Boldt: Deutsche Verfassungsgeschichte. 1990.

Klaus Bosselmann: Im Namen der Natur – Der Weg zum ökologischen Rechtsstaat. München-Wien 1992.

Otto Dann: Gleichheit und Gleichberechtigung – Das Gleichheitspostulat in der alteuropäischen Tradition und in Deutschland bis zum ausgehenden 19. Jahrhundert. Berlin: Duncker & Humblot, 1980.

– Artikel „Gleichheit". In: Geschichtliche Grundbegriffe – Historisches Lexikon zur politisch-sozialen Sprache in Deutschland, hrsg. von Otto Brunner u. a., Band 2, Seiten 997 ff. Stuttgart: Klett-Cotta, 1979.

Gerald Dworkin: The Theory and Practice of Autonomy. Cambridge: Cambridge University Press, 1988.

Iring Fetscher: Rousseaus politische Philosophie – Zur Geschichte des demokratischen Freiheitsbegriffs. Frankfurt am Main 3., überarbeitete Auflage 1975 (1. Auflage 1960).

– und *Herfried Münkler* (Hrsg.): Pipers Handbuch der politischen Ideen. Band 4: Von der Französischen Revolution bis zum europäischen Nationalismus. München-Zürich: Piper, 1986.

Manfred Friedrich: Der Methoden- und Richtungsstreit – Zur Grundlagendiskussion der Weimarer Staatsrechtslehre. In: Archiv des öffentlichen Rechts (AöR), Bd. 102 (1977), S. 184 ff.

Jacob Fürer: Willkür, ein Verstoß gegen die Rechtsgleichheit als Grund für den staatsrechtlichen Rekurs an das Bundesgericht, Dissertation Universität Freiburg 1916.

Ute Gerhard: Gleichheit ohne Angleichung – Frauen im Recht. München: C. H. Beck, 1990.

Andreas Gunkel: Spontaneität und moralische Autonomie – Kants Philosophie der Freiheit. Bern-Stuttgart: Paul Haupt, 1989.

Arthur Häfliger: Alle Schweizer sind vor dem Gesetze gleich – Zur Tragweite des Artikels 4 der Bundesverfassung. Bern: Stämpfli & Cie AG, 1985.

Fritz-Peter Hager: Wesen, Freiheit und Bildung des Menschen – Philosophie und Erziehung in Antike, Aufklärung und Gegenwart. Bern-Stuttgart: Paul Haupt, 1989.

Friedhelm Hase und *Matthias Ruete:* Dekadenz der Rechtsentwicklung? Rationalität und Allgemeinheit des Gesetzes in der Rechtstheorie Franz Neumanns. In: Leviathan, Zeitschrift für Sozialwissenschaft, Bd. 11 (1983), H. 2, S. 2 ff.

Hans Hattenhauer: Europäische Rechtsgeschichte. 1992.

Arthur Hausheer: Rechtsgleichheit – Due Process and Equal Protection. Dissertation Bern 1966.

Konrad Hesse: Der Grundsatz der Gleichheit vor dem Gesetz im Deutschen Staatsrecht. Göttingen, 1950.

– Der Gleichheitsgrundsatz im Staatsrecht. In: Archiv des öffentlichen Rechts, Jg. 1951, Bd. 77, S. 167 ff. Tübingen: J. C. B. Mohr, 1951.

Bernd M. Malunat: Weltnatur und Staatenwelt – Gefahren unter dem Gesetz der Ökonomie. Zürich-Osnabrück 1988.

Klaus Michael Meyer-Abich: Wege zum Frieden mit der Natur. München-Wien 1984.

– Aufstand für die Natur. München-Wien 1990.

Rosemarie Nave-Herz: Die Geschichte der Frauenbewegung in Deutschland, Bonn: Bundeszentrale für politische Bildung, 1988.

Franz Neumann: Die Herrschaft des Gesetzes – Eine Untersuchung zum Verhältnis von politischer Theorie und Rechtssystem in der Konkurrenzgesellschaft (1936). Frankfurt am Main: Suhrkamp, 1980.

Gustav Radbruch: Rechtsphilosophie. Hrsg. von Erik Wolf und Hans-Peter Schneider. Stuttgart: K. F. Koehler, 8. Auflage 1973.

Ernst Troeltsch: Die Soziallehren der christlichen Kirchen und Gruppen. Tübingen 1912.

Weiterführende Literatur

Robert Briner: Zur Funktion der Gleichheit in der menschlichen Gerechtigkeit. Dissertation Zürich 1948.

André Delaporte: L'idée d'égalité en France au XVIIIème siècle. Paris: Presses Universitaires de France, 1987.

Giorgio Del Vecchio: Gleichheit und Ungleichheit im Verhältnis zur Gerechtigkeit. In: Die moderne Demokratie und ihr Recht, Festschrift für Gerhard Leibholz zum 65. Geburtstag, Bd. 1, S. 609 ff. Tübingen: J. C. B. Mohr, 1966.

John W. Gardner: Excellence – Can we be Equal and Excellent too? New York-London: W. W. Norton, 1984.

Ronald M. Glassmann: Democracy and Equality – Theories and Programs for the Modern World. New York: Praeger, 1989.

Michael Kloepfer: Gleichheit als Verfassungsfrage. Berlin: Duncker & Humblot, 1980.

Rüdiger Lautmann: Die Gleichheit der Geschlechter und die Wirklichkeit des Rechts. Opladen: Westdeutscher Verlag, 1990.

Walter Leisner: Der Gleichheitsstaat – Macht durch Nivellierung. Berlin: Duncker & Humblot, 1980.

W. von Leyden: Aristotle on Equality and Justice – His Political Argument. London: Basingstoke, 1985.

Christoph Link (Hrsg.): Der Gleichheitssatz im demokratischen Verfassungsstaat. Symposium zum 80. Geburtstag von Gerhard Leibholz. Baden-Baden: Nomos, 1982.

Paul Meyer: Das Prinzip der Rechtsgleichheit in historischer und dogmatischer Betrachtung. Dissertation Zürich. Langensalza: Hermann Beyer & Söhne, 1923.

Hans Nef: Gleichheit und Gerechtigkeit. Zürich, 1941.

Henry Phelps Brown: Egalitarianism and the Generation of Inequality. Oxford: Clardneon Press, 1988.

Adalbert Podlech: Gehalt und Funktionen des allgemeinen verfassungsrechtlichen Gleichheitssatzes. Berlin: Duncker & Humblot, 1971.

Ulrich Scheuner: Der Gleichheitsgedanke in der völkischen Verfassungsordnung. In: Zeitschrift für die gesamte Staatswissenschaft, Jg. 1938, Bd. 99, S. 245 ff.

Jan Schlüter: Der Gleichheitsbegriff im Naturrecht der französischen Aufklärung. Dissertation Frankfurt 1974.

Lucien Sfez: Leçons sur l'égalité. Paris: Presses de la fondation nationale des sciences politiques, 1984.

Alfred Söllner: Die Bedeutung des Gleichberechtigungsgrundsatzes in der Rechtsprechung des Bundesverfassungsgerichts – Kleine Studie (Schriften der Juristischen Studiengesellschaft Regensburg, Heft 13), München: C. H. Beck, 1994.

Brian Turner: Equality. London-New York: Ellis Horwood & Tavistock, 1986.

Peter Westen: Speaking of Equality – An Analysis of the Rhetorical Force of „Equality" in Moral and Legal Discourse. Princeton: Princeton University Press, 1990.

Angeführte Literatur zur Rechtsstellung der Frau
(Die angeführten Titel enthalten jeweils zahlreiche weiterführende Hinweise)

Aristoteles: Politik, Dt. Übersetzung von J. H. v. Kirchmann, Leipzig 1880.

Robert Bartsch: Die Rechtsstellung der Frau als Gattin und Mutter, Leipzig 1903.

August Bebel: Die Frau und der Sozialismus, 29. Aufl. Stuttgart 1898, S. 35.

Heinrich Dörner: Industrialisierung und Familienrecht, Berlin 1974.

Edith Ennen: Frauen im Mittelalter, 3. Aufl. München 1987.

Ursula Flossmann: Die Gleichberechtigung der Geschlechter in der Privatrechtsgeschichte, in: Rechtsgeschichte und Rechtsdogmatik, Festschrift Hermann Eichler, Wien 1977, S. 119–144.

Ute Gerhard: Gleichheit ohne Angleichung, Frauen im Recht, München 1990

Max Kaser: Römisches Privatrecht, 16. Aufl. München 1992.

Martin Luther: Vom ehelichen Leben, II, Jena 1522.

Maunz-Dürig-Herzog: Kommentar zu Art. 3 Abs. 2 GG.

Renate Möhrmann (Hrsg.): Frauenemanzipation im deutschen Vormärz, Texte und Dokumente, Stuttgart 1978.

Jörg Paul Müller: Die Grundrechte der Schweizerischen Bundesverfassung, 2. Aufl. 1991.

Rosemarie Nave-Herz: Die Geschichte der Frauenbewegung in Deutschland, Bonn 1988.

Platon: Der Staat, Dt. Übersetzung von Otto Apelt, 5. Aufl., Leipzig 1920.

Jean Jacques Rousseau: Emile oder Über die Erziehung, Neuausgabe Stuttgart 1963.

Walter Staengel: Die elterliche Gewalt der Mutter im deutschen Rechtskreis seit 1794, Diss. Tübingen 1966.

Ursula Vogel: Patriarchalische Herrschaft, bürgerliches Recht, bürgerliche Utopie. Eigentumsrechte der Frauen in Deutschland und England. In: *Kocka Jürgen* (Hrsg.): Bürgertum im 19. Jahrhundert, Bd. l, München 1988, S. 406–438.

Susanne Weber-Will: Die rechtliche Stellung der Frau im Privatrecht des Preußischen Allgemeinen Landrechts von 1794, Frankfurt a. M. 1983.

Fritz Zagelmeier: Die rechtliche Stellung der Frau im römischen Familienrecht, Diss. Erlangen 1928.

Teil II: Die Rechtsstellung der Frauen im bürgerlichen Recht seit dem Spätmittelalter

Inhaltsübersicht

II. Die Rechtsstellung der Frauen im bürgerlichen Recht seit dem Spätmittelalter*

Einleitung

Welche rechtliche Stellung die Frau im Laufe der Jahrhunderte eingenommen hat, läßt sich anhand der verschiedenen Rechtsgebiete verfolgen; unter dem Gesichtspunkt, welchen Einfluß dabei das römische Recht hatte, ist jedoch vor allem das bürgerliche Recht von Interesse. Daher wird im folgenden vor allem das Zivilrecht Gegenstand der Untersuchung sein; neben der allgemeinen Geschäftsfähigkeit der Frau ist das Familienrecht, das die Stellung der Frau innerhalb der Ehe und Familie regelt, dabei von entscheidender Bedeutung. Dies ergibt sich zum einen daraus, daß sich zwar in anderen Rechtsgebieten die Stellung der Frau entscheidend gewandelt hat, daß dies aber in der Regel nicht auf Impulse aus dem römischen Recht zurückzuführen ist. So wirkten sich beispielsweise auf die Berufstätigkeit von Frauen und die damit im Zusammenhang stehenden rechtlichen Fragen zwar die vielfältigsten wirtschaftlichen, sozialen und gesellschaftlichen Gegebenheiten aus; ein Einfluß des römischen Rechts ist jedoch kaum nachzuweisen. Zum anderen stellt gerade das bürgerliche Recht, und dabei vor allem das Familienrecht, ein sehr typisches Beispiel für eine ursprünglich stark untergeordnete Stellung der Frau dar, die sich zwar zum Teil sehr verbessert hat, die aber auch durch alte Rechtstraditionen über Jahrhunderte bewahrt werden konnte. Derartige Unterschiede in der Rechtsstellung zwischen den Geschlechtern sind in anderen Rechtsgebieten nicht so deutlich geworden; so gab es beispielsweise im Strafrecht eine grundsätzliche Gleichbehandlung von Frauen und Männern.

Da die rechtliche Stellung der Frau im Mittelpunkt steht, was einen Vergleich mit der rechtlichen Stellung des Mannes erfordert, geht die Untersuchung von Verhältnissen aus, die theoretisch eine Gleichberechtigung möglich machen würden. Das bedeutet, daß Frauen, die als Sklavinnen oder Hörige in Abhängigkeitsverhältnissen standen, nicht berücksichtigt werden; hier existierten zusätzliche Gewaltverhältnisse, die Frauen und Männer gleichermaßen betrafen, und von daher für die spezifische Stellung der Frau ohne Bedeutung waren.

Zweck der Arbeit soll es sein, einen allgemeinen Überblick über die Entwicklung des rechtlichen Status von Frauen zu geben und darzustellen, ob und in welcher Form das römische Recht dabei von Bedeutung war. Dabei müssen viele Detailfragen außer Betracht bleiben, weil sie den Rahmen der Untersuchung sprengen würden. Am Beginn werden kurz das römische Recht und das

---

* Diemut Majer in Zusammenarbeit mit Andrea Suhr.

germanische Recht unter dem Gesichtspunkt der Rechtsstellung von Frauen dargestellt; welches Recht sich in einzelnen Fragen im gemeinen Recht durchgesetzt hat, wird im folgenden dargestellt. Die weitere Rechtsentwicklung ist von den privatrechtlichen Kodifikationen des 18. und 19. Jahrhunderts geprägt; hier sollen drei sehr typische Gesetzeswerke untersucht werden, nämlich das Allgemeine Landrecht für die Preußischen Staaten von 1794 (ALR), der Code civil von 1804 (CC) und das Allgemeine Bürgerliche Gesetzbuch von 1811 (ABGB).

Sechste Vorlesung: Das gemeine Recht des Spätmittelalters

1. Das römische Recht

a) Allgemeine Rechtsstellung der Frau, insbesondere der Ehefrau

In bezug auf die Rechtsstellung der Frau im römischen Recht sind das klassische und das spätere römische Recht, das im Justinianischen Recht besonders deutlich ausgeprägt war, zu unterscheiden.

Im klassischen römischen Recht war die Ehefrau in bezug auf ihre Person und ihr Vermögen permanent Gewaltverhältnissen unterworfen: als Kind stand sie unter der *patria potestas*, also der väterlichen Gewalt, als Ehefrau unter der *manus*, der ehemännlichen Gewalt und als unverheiratete Frau – auch als Witwe[1] – unter der *tutela*, der vormundschaftlichen Gewalt eines männlichen Verwandten[2]. Mit diesem absoluten Herrschaftsrecht des Mannes, das einem Eigentumsrecht über die Frau entsprach, sollte der feste Zusammenhalt des in sich geschlossenen Familienverbandes gewährleistet bleiben.[3]

Während die *patria potestas* in der weiteren Entwicklung des römischen Rechts nahezu unverändert blieb[4], verloren *manus* und *tutela* zunehmend an Bedeutung und fielen schließlich ganz weg.

Das Gewaltverhältnis innerhalb der Ehe veränderte sich dadurch, daß zusätzlich zur Manus-Ehe, die für die Ehefrau die vollständige Rechtlosigkeit bedeutete, die manusfreie Ehe gewohnheitsrechtlich möglich wurde[5]. Die manusfreie Ehe wurde die Regel, die Manus-Ehe die Ausnahme, die unter Justinian schließlich gar nicht mehr vorgesehen war[6]. Die manusfreie Ehe folgte dem Grundsatz, daß sich durch die Eheschließung an der Rechtsstellung und Geschäftsfähigkeit der Ehegatten nichts änderte; der rechtliche Status der Frau, den sie vor der Ehe hatte, blieb unverändert[7]. Dies bedeutete zunächst,

---

1 Staengel: Die elterliche Gewalt der Mutter …, S. 5.

2 Zagelmeier: Die rechtliche Stellung der Frau …, S. 9; Damm: Stellung der Ehefrau und Mutter …, S. 27.

3 Staengel: Die elterliche Gewalt der Mutter …, S. 5; Zagelmeier: Die rechtliche Stellung der Frau …, S 18: „Das Eindringen staatlichen Gesetzes in das Haus und die Familie lag als mit dem Grundgedanken der römischen Familienverfassung unvereinbar nicht im Sinne des römischen Rechtes".

4 siehe hierzu Ziff. 1d dieser Vorlesung.

5 Wie Zagelmeier betont, war das in großem Maße auf „das immer stärker werdende Bestreben der Frauen, sich von den Fesseln der Manus zu befreien und eine größere Selbständigkeit zu bekommen", zurückzuführen (Zagelmeier: Die rechtliche Stellung der Frau …, S. 25).

6 Zagelmeier: Die rechtliche Stellung der Frau …, S. 35; Kroj: Die Abhängigkeit der Frau …, S. 119; Kaser: Römisches Privatrecht I, S. 268.

7 „War sie filia familias, so blieb sie unter der väterlichen Gewalt, stand sie unter der Vormundschaft ihrer Agnaten, so blieb sie in der Geschlechtsvormundschaft, und war sie sui iuris, so änderte sich eben daran auch nichts" (Zagelmeier: Die rechtliche Stellung der Frau …, S. 36).

daß zwar die ehemännliche Gewalt aufgehoben war, die Frau damit jedoch noch keine gleichberechtigte rechtliche Stellung erhielt, da sie in der Regel unter *patria potestas* oder *tutela* stand und auch nach der Eheschließung blieb. Eine wirklich freiere Stellung der Frau trat erst ein, als die Geschlechtsvormundschaft ihre Bedeutung verlor[8].

Die *tutela* war ein wesentlich schwächeres Gewaltverhältnis als die *manus* oder die *patria potestas*, da sie keine persönliche Mitwirkung begründete, sondern sich nur auf eine Einwilligung des Tutors bei rechtlichen Handlungen des Mündels beschränkte. Auch war der Schutzaspekt stärker ausgeprägt als bei den eigentlichen Herrschaftsrechten[9]. Im Laufe der Entwicklung des römischen Rechts verlor die tutela zunehmend an Bedeutung bis sie schließlich vollständig abgeschafft wurde[10]. Erst dadurch „war die vollkommene persönliche Unabhängikeit der Frau in ihrem Tun und Lassen hergestellt"[11].

Eine Einschränkung der rechtlichen Handlungsfähigkeit stellte das S. C. Velleianum dar, das vom römischen Recht unter Nero beschlossen worden war und ein Interzessionsverbot für Frauen festlegte[12]. Der überwiegend genannte Grund dafür, nämlich der Schutz der Frau vor finanziellen Risiken, die sie aufgrund „ihrer Unerfahrenheit und leicht beweglichen Gutmütigkeit" eingehen konnte, ist nicht schlüssig. Frauen, die ihre Vermögensgeschäfte selbst wahrnahmen, waren geschäftlich erfahren genug, um auch Interzessionen eingehen zu können, und Frauen, denen diese Erfahrung fehlte, weil sie ihre Vermögensangelegenheiten dem Ehemann ubertragen hatten, wurden überhaupt nicht rechtsgeschäftlich tätig, gingen also auch keine Interzessionen ein. Der wirkliche Grund für das S. C. Velleianum war daher wohl eher, daß die Freiheit und Selbständigkeit der römischen Frauen eingeschränkt werden sollte[13]. Dazu kam, daß im römischen Geschaftsleben Bürgschaften eine erhebliche Bedeutung hatten[14], so daß „es sich um bedeutsame Geschäfte handelte, die die Römer nicht an Frauen aus der Hand geben wollten"[15].

Die rechtliche Stellung der Frau stellte sich also gegen Ende der römischen Weltherrschaft völlig anders dar als im klassischen römischen Recht. Die Frau hatte, wenn sie aus der *patria potestas* entlassen war, grundsätzlich die volle rechtliche Handlungsfähigkeit; dies galt auch für die Ehefrau. Sie konnte – abgesehen vom S. C. Velleianum – selbständig Rechtsgeschäfte abschließen,

---

8 Zagelmeier: Die rechtliche Stellung der Frau ..., S. 38.
9 Zagelmeier: Die rechtliche Stellung der Frau ..., S. 50; Damm: Stellung der Ehefrau und Mutter ..., S. 28; Kaser: Römisches Privatrecht I, S. 312.
10 Zagelmeier: Die rechtliche Stellung der Frau ..., S 58; Weber: Ehefrau und Mutter ..., S. 165; Kaser: Römisches Privatrecht I, S. 312; Kroj: Die Abhängigkeit der Frau ..., S. 119.
11 Zagelmeier: Die rechtliche Stellung der Frau, S. 83.
12 Medicus: Senatus Consultum Velleianum, S. 1.
13 Kroj: Die Abhängigkeit der Frau ..., S. 131 f; Vogt: Senatus Consultum Velleianum, S. 6 ff.
14 Medicus: Senatus Consultum Velleianum, S. 28.
15 Kroj: Die Abhängigkeit der Frau ..., S. 133.

erwerbstätig sein und ihr Vermögen selbständig verwalten und nutzen. Allerdings ging ein Teil des Vermögens in das Eigentum ihres Mannes über[16]. Eine weitere, noch entscheidendere Einschränkung bestand in bezug auf ihre Kinder; hier blieb die Mutter weitgehend rechtlos[17].

b) Pflichten und Rechte der Ehefrau und des Ehemannes

Während die Manus-Ehe vom absoluten Gehorsam der Ehefrau gegenüber dem Ehemann geprägt war, erstreckte sich die gleichberechtigte Stellung der Ehefrau in der manusfreien Ehe auch auf die ehelichen Rechte und Pflichten. So war sie z. B. nicht einmal zu häuslichen Diensten verpflichtet[18].

c) Das eheliche Güterrecht

Bei Bestehen der Manus-Ehe bestand als Folge dieses Gewaltverhältnisses eine vollständige rechtliche Abhängigkeit der Frau, auch in vermögensrechtlicher Hinsicht[19]. Mit der Herausbildung der Ehe ohne *manus* wurde das Mannes- und Frauenvermögen völlig getrennt[20]; das bedeutete, daß sich durch die Eheschließung an den vermögensrechtlichen Verhältnissen der Ehegatten nichts änderte. Stand die Frau unter der *patria potestas* des Vaters, stand ihm ihr Vermögen zu; war sie *sui iuris*, konnte sie über ihr Vermögen selbst verfügen. Der Ehemann hatte jedenfalls keinerlei Rechte in bezug auf das Frauenvermögen[21]. Hierin wurde die gleichberechtigte Stellung der Frau besonders deutlich[22].

---

16 die sogenannte dos; siehe hierzu 2.1.3.

17 Weber: Ehefrau und Mutter …, S. 165; siehe hierzu Ziff. 1d dieser Vorlesung.

18 Gerhard: Rechtsstellung der Frau …, S. 450.

19 Zagelmeier: Die rechtliche Stellung der Frau …, S. 450.

20 Lt. Zagelmeier war das römische Recht selbst die Ursache dafür, daß sich hier die Gütertrennung herausgebildet hatte: „Der Gedanke einer der Lebensgemeinschaft entsprechenden Gütergemeinschaft ist (…) dem römischen Recht fremd", da die Struktur der römischen Familie „nur eine Über- und Unterordnung, aber kein Nebeneinander" kannte, so daß „für einen Gemeinschaftsgedanken kein Raum ist". (Zagelmeier: Die rechtliche Stellung der Frau …, S. 59).

21 „Beide Theile sind, was ihr Vermögen betrifft, nicht nur in Bezug auf dritte Personen, sondern auch in Beziehung zu einander, gerade so anzusehen, wie wenn keine nähere Verbindung unter ihnen obwaltete, sondern jeder unabhängig für sich da stände" (Göschen: Vorlesungen über das gemeine Civilrecht, S. 461); ebenso Zagelmeier: Die rechtliche Stellung der Frau …, S. 39; Puchta: Pandekten, S. 578; Coing: Europäisches Privatrecht I, S. 238.

22 Eine Benachteiligung der Frau bestand in der Rechtsvermutung, daß Vermögen, das die Frau nicht nachweislich als ihr Eigentum bezeichnen konnte, als Eigentum des Mannes galt. Dies wurde von der römischen Gerichtspraxis entwickelt und, wie Weber betont, in die modernen Gesetzgebungswerke vielfach übernommen (Weber: Ehefrau und Mutter …, S. 167 f).

Die einzige vermögensrechtlich bedeutsame Auswirkung der Eheschließung war die sog. *dos*[23]. Aus der Stellung, die der Mann als absolutes Familienoberhaupt einnahm, ergab sich, daß er auch allein den finanziellen Aufwand zu tragen hatte. Dies änderte sich auch nicht mit der manusfreien Ehe, die der Frau – sofern sie *sui iuris* war – ermöglichte, ihr Vermögen vollständig für sich zu behalten. Um jedoch einen gewissen Ausgleich für die finanziellen Aufwendungen des Mannes zu erreichen, wurde es Sitte, daß bei der Eheschließung dem Mann ein bestimmter Vermögenswert als sog. dos übertragen wurde. Die dos mußte nicht unbedingt von der Frau selbst geleistet werden, aber auch wenn sie vom Vater oder Verwandten aufgebracht wurde, galt sie als Leistung der Frau[24]. Die gewohnheitsrechtliche Leistung der dos wurde später rechtlich festgeschrieben[25]. Auch entwickelte sich dadurch, daß der Frau – bzw. ihren Erben – bei Auflösung der Ehe ein Rückübereignungsrecht zugestanden wurde, ein weiterer Zweck der *dos,* nämlich die finanzielle Absicherung der geschiedenen oder verwitweten Frau und ihrer Abkömmlinge[26]. Während bestehender Ehe war der Mann Eigentümer der dos und konnte nach klassischem römischen Recht frei darüber verfügen: durch das Justinianische Recht bekam die Frau bestimmte Sicherungsrechte über das Dosvermögen[27]. Dies ergab sich aus der Tendenz des Justinianischen Rechts, den Zweck der *dos* weniger als Beitrag zu den ehelichen Lasten, sondern zunehmend als finanzielle Absicherung der Frau zu sehen[28].

Somit war die Frau zwar verpflichtet, ihrem Ehemann einen Teil ihres Vermögens als *dos* zu überlassen, über ihr sonstiges Vermögen konnte sie jedoch grundsätzlich frei verfügen. Dadurch, daß sie ihr eigenes Vermögen behielt, bestand auch nach der Eheschließung in der Regel keinerlei finanzielle Abhängigkeit vom Ehemann. Diese Unabhängigkeit der Frau wurde dadurch verstärkt, daß sie sicher sein konnte, auch nach Beendigung der Ehe durch die *dos* finanziell unabhängig leben zu können.

---

23 „eine Gabe von seiten der Frau kommend um der Ehe willen" (Zagelmeier: Die rechtliche Stellung der Frau ..., S. 58).

24 Zagelmeier: Die rechtliche Stellung der Frau ..., S. 60; die Tatsache, daß sie einen Teil der finanziellen Lasten des Mannes ausgleichen konnte, wirkte sich auf die rechtliche Stellung der Frau innterhalb der Ehe ebenso aus wie auf ihr Selbstbewußtsein (Kroj: Die Abhängigkeit der Frau ..., S. 121).

25 Zagelmeier: Die rechtliche Stellung der Frau ..., S. 59; Kaser: Römisches Privatrecht II, S. 186.

26 Zagelmeier: Die rechtliche Stellung der Frau ..., S. 64; Kaser: Römisches Privatrecht II, S. 185; Coing: Europäisches Privatrecht I, S. 238.

27 Zagelmeier: Die rechtliche Stellung der Frau ..., S. 68 f; Gerhard: Gleichheit ohne Angleichung, S. 155; Coing: Europäisches Privatrecht I, S. 238.

28 Zagelmeier: Die rechtliche Stellung der Frau ..., S. 79.

d) Rechtliche Beziehung zu den Abkömmlingen

Ebenso wie die Abkömmlinge unter der *patria potestas* stand die Mutter im klassischen römischen Recht unter der *manus* des Mannes; da sie somit eine ähnlich untergeordnete Stellung wie die Kinder hatte, standen ihr auch keinerlei Gewaltrechte ihnen gegenüber zu[29]. Auch die Abschaffung der Manusehe brachte der Mutter in dieser Hinsicht keine rechtliche Verbesserung. Da ein wesentliches Merkmal der manusfreien Ehe war, daß sich an den rechtlichen Verhältnissen, wie sie vor der Eheschließung gewesen waren, nichts änderte, blieb die Frau der väterlichen Familie zugehörig und war daher mit ihren Abkömmlingen nicht einmal verwandt[30].

Somit änderte auch die rechtliche Gleichstellung der Frau, wie sie sich aus der zunehmenden Beseitigung der *manus* und der *tutela* ergab, nichts daran, daß die *patria potestas* als Gewalt- und Herrschaftsrecht des Mannes über die Kinder in nahezu unveränderter Form fortbestand[31]. Allerdings ließ die weitere Entwicklung des römischen Rechts auch das Rechtsinstitut der *patria potestas* nicht völlig unberührt. „Nicht, daß die *patria potestas* ihren egoistischen Zug, den Charakter eines einseitien, eigennützigen und eigensüchtigen Herrschaftsrechts eingebüßt hatte, aber seit man das Übermaß in dem Umfange der Gewalt fühlte, war man bestrebt, Beschränkunen in der Ausübung aufzurichten"[32], wie z. B. die Beendigung der *patria potestas* durch Emanzipation. Einschränkungen der väterlichen Gewalt kamen jedoch nur den Kindern zugute; die Rechte der Mutter in bezug auf sie waren weiterhin so gut wie nicht vorhanden[33].

Eine Verbesserung ihrer Stellung wurde der Mutter unter Justinian dadurch eröffnet, daß sie nach dem Tode des Vaters Vormund der Kinder werden konnte, wobei die Vormundschaft auch die Vermögensverwaltung einschloß. Dies galt jedoch nur, sofern der Mann nichts anderes bestimmt hatte und sie sich nicht wiederverheiratete[34].

---

29 „Sie war rechtlich nur die Schwester ihrer Kinder, weil sie mit diesen derselben hausherrlichen Gewalt unterlag" (Sohm/Mitteis/Wenger: Institutionen, S. 510); ebenso Staengel: Die elterliche Gewalt der Mutter …, S. 4.

30 „Es ergibt sich das merkwürdige (…) Bild, daß Vater und Kinder auf der einen, die Mutter auf der anderen Seite rechtlich zwei getrennten Familien angehörten" (Zagelmeier: Die rechtliche Stellung der Frau …, S. 35 f.); ebenso Staengel: Die elterliche Gewalt der Mutter …, S. 7; Bartsch: Rechtsstellung der Frau …, S. 26.

31 Staengel: Die elterliche Gewalt der Mutter …, S. 13; Zangelmeier: Die rechtliche Stellung der Frau …, S. 16; Weber: Ehefrau und Mutter …, S. 169.

32 Bartsch: Rechtsstellung der Frau …, S. 29 f.

33 Bartsch: Rechtsstellung der Frau …, S. 31.

34 Staengel: Die elterliche Gewalt der Mutter …, S. 6; Bartsch: Rechtsstellung der Frau …, S. 37; Kaser: Römisches Privatrecht II, S. 163; Weber: Ehefrau und Mutter …, S. 193.

2. Das germanische Recht vor der Rezeption des römischen Rechts

a) Allgemeine Rechtsstellung der Frau, insbesondere der Ehefrau

Die Stellung der Frau nach ursprünglichem germanisch-mittelalterlichen Recht war vergleichbar mit dem altrömischen Recht; die Frau unterstand vollständig männlichen Gewaltrechten[35], die sich aufspalteten in
– die Geschlechtsvormundschaft über unverheiratete Frauen,
– die Muntgewalt über die Ehefrau,
– die väterliche Gewalt über die Abkömmlinge[36].

Die männlichen Gewaltrechte entstanden aus mangelnden Wehrhaftigkeit der Frauen, da sie nicht berechtigt waren, Waffen zu tragen und somit in altgermanischer Zeit ihr Recht nicht selbst vertreten konnten. Sie wurden daher einem männlichen Vormund unterstellt, der dieses Recht für sie wahrnahm und als Gegenleistung für diesen Schutz über ihre Person und ihr Vermögen verfügen konnte[37].

Bedingt durch die Auflösung des Zusammenhangs zwischen Wehr- und Gerichtsfähigkeit, aber auch durch gesellschaftliche Umgestaltungen entwickelte sich die Geschlechtsvormundschaft immer mehr zu einem überflüssigen Rechtsinstitut[38] und wurde daher für unverheiratete Frauen und Witwen langsam gelockert und schließlich weitgehend beseitigt[39].

Die ehemännliche Munt war vergleichbar mit der altrömischen *manus*, da sie ebenso wie diese ein absolutes Eigentums- und Verfügungsrecht des Mannes über seine Frau darstellte[40]. Anders als die *manus* wurde die Munt jedoch nicht allmählich beseitigt: es fand – bei grundsätzlicher Beibehaltung der ehemännlichen Gewalt – lediglich eine Umwandlung statt einem reinen Herrschaftsrecht zu einem Rechtsinstitut, das vorrangig dem Schutz der Frau die-

---

35 „Der Kernpunkt für die Rechtsstellung der Frau (...) ist die über sie in frühgermanischer Zeit verhängte Vormundschaft. Daraus ergibt sich eine umfassende Abhängigkeit der Frau. Ihre rechtliche Handlungs- und Geschäftsunfähigkeit führte zu wirtschaftlicher, ja existentieller Abhängigkeit vom Mann, die sich nach innen wie nach außen manifestierte" (Kroj: Die Abhängigkeit der Frau ..., S. 39).

36 Floßmann: Die Gleichberechtigung der Geschlechter ..., S. 123.

37 „Er trug für sie den Ger zur Fehde und zum Gericht, er vertrat sie sowohl als Klägerin wie als Beklagte, er rächte die ihr zugefügten Beleidigungen und trieb Geldbußen ein. Als Entgelt für diese Mühewaltung war aber das Mündel sowohl persönlich wie vermögensrechtlich von ihm abhängig" (Weber: Ehefrau und Mutter ..., S. 210 f).

38 Damm: Stellung der Ehefrau und Mutter ..., S. 31; Floßmann: Die Gleichberechtigung der Geschlechter ..., S. 123.

39 Kraut: Die Vormundschaft ... I, S. 100; Bartsch: Die Rechtsstellung der Frau ..., S. 87; Floßmann: Die Gleichberechtigung der Geschlechter ..., S. 123.

40 Staengel: Die elterliche Gewalt der Mutter ..., S. 7; Weber: Ehefrau und Mutter ..., S. 204 f, Kroj: Die Abhängigkeit der Frau ..., S. 6.

nen sollte[41]. Damit wurde nach Ansicht Krojs jedoch nur versucht, die untergeordnete Stellung der Ehefrau zu rechtfertigen. Selbst wenn man den Schutzcharakter der Munt in den Vordergrund stellte, war das zunächst in keiner Weise begrenzte Herrschafts- und Machtpotential des Mannes über die Frau das prägende Element[42].

Im Spätmittelalter stellte sich die Stellung der Frau, noch unbeeinflußt vom römischen Recht, also so dar, daß die Geschlechtsvormundschaft für ledige Frauen und Witwen weitgehend abgeschafft war, so daß sie selbständig Geschäfte abschließen konnten. Die Ehefrau war dagegen weiterhin der ehemännlichen Gewalt und Vormundschaft unterworfen. Daraus ergab sich weiterhin eine stark ausgeprägte Gehorsamspflicht der Ehefrau, allerdings auch eine Verpflichtung des Ehemannes zum Schutz der Frau.

b) Das eheliche Güterrecht

Als Folge der bestehenden ehemännlichen Gewalt verlor die Frau mit der Eheschließung auch jedes Recht an ihrem Vermögen. Eine gewisse Besserstellung trat erst ein, als das absolute Verfügungsrecht des Mannes dadurch eingeschränkt wurde, daß er für bestimmte rechtliche Handlungen, insbesondere für Veräußerungen, der Zustimmung seiner Ehefrau bedurfte[43]. Damit wurde erstmals ein Gemeinschaftseigentum an den Vermögenswerten, verbunden mit einem Mitspracherecht der Ehefrau anerkannt[44], auch wenn dies für die Frau praktisch wohl kaum Bedeutung hatte.

c) Rechtliche Beziehung zu den Abkömmlingen

Die väterliche Gewalt wandelte sich im germanischen Recht zunehmend zu einem Rechtsverhältnis, bei dem nicht mehr die Interessen des Vaters, sondern der Schutz und die Unterstützung der Kinder im Vordergrund standen[45].

---

41 Staengel: Die elterliche Gewalt der Mutter …, S. 9; Weber: Ehefrau und Mutter …, S. 215.

42 Kroj: Die Abhängigkeit der Frau …, S. 12; ähnlich Weber: Ehefrau und Mutter …, S. 215: „Die ungebrochene persönliche und vermögensrechtliche Herrschaft des Mannes behauptet sich bis in die neuere Zeit dadurch nur um so fester, daß sie (…) ihre Roheit soweit abzustreifen weiß, daß die Munt nicht mehr als eigentumsartige Gewalt, sondern als Schutz- und Vertretungsverhältnis aufgefaßt wird".

43 Staengel: Die elterliche Gewalt der Mutter …, S. 9; Bartsch: Rechtsstellung der Frau …, S. 93; Floßmann: Die Gleichberechtigung der Geschlechter …, S. 125.

44 „Unbeschadet des persönlichen Mundialrechts des Mannes besteht also eine vermögensrechtliche Gemeinschaft zwischen den Ehegatten, sie bilden miteinander eine rechtliche Einheit, die ihre Geschlossenheit zunächst den Kindern gegenüber äußert; was die Kinder erwerben, fällt nicht wie im römischen Recht allein dem Vater zu, es gehört zur ehelichen Errungenschaft beider Eltern" (Bartsch: Rechtsstellung der Frau …, S. 95).

45 Dernburg: Preußisches Privatrecht III, S. 158; Koch: Preußisches gemeines Privatrecht, S. 552.

Damit verbunden war, daß auch der Frau eine stärkere Mitbeteiligung an der Erziehung zugestanden wurde[46]. Hier war die germanische gegenüber der römischen Frau also wesentlich besser gestellt.

Dies zeigte sich noch deutlicher nach dem Tod des Mannes. Die Verwaltung des Kindesvermögens wurde zwar von einem Vormund wahrgenommen, der Mutter stand jedoch die Sorge für die Kinder zu. Außerdem wurde ihr durch das sog. Beisitzrecht die Nutznießung an dem Vermögen der Kinder übertragen. Daraus entwickelte sich eine der Vormundschaft sehr ähnliche Rechtsposition[47].

Diese verbesserte Rechtsstellung der Witwe wirkte sich wiederum positiv auf das mütterliche Recht während der Ehe aus[48], so daß faktisch schon fast eine elterliche Gewalt bestand[49]. Eine rechtliche Anerkennung dieser mütterlichen Rechte wurde jedoch nicht erreicht. Stattdessen trat durch den Einfluß des römischen Rechts mit seiner ausgeprägten väterlichen Vorrangstellung eine vollständige Beseitigung der gemeinsamen elterlichen Gewalt ein[50]. Offen bleibt, ob es ohne die Rezeption des römischen Rechts zu einer auch rechtlichen Gleichstellung der Mutter gekommen wäre[51].

3. Das gemeine Recht als Kombination von rezipiertem römischen und traditionellem germanischen Recht

a) Allgemeine Rechtsstellung der Frau, insbesondere der Ehefrau

Im großen und ganzen blieb das Familienrecht im Gegensatz zu anderen Rechtsgebieten vom römischen Recht weitgehend unbeeinflußt, so daß hier fast ausschließlich deutsch-rechtliche Traditionen erhalten blieben. Als Grund dafür sieht Bartsch die unterschiedliche Rechtsentwicklung, die eine Rezeption weitgehend unmöglich machte: Im römischen Recht wurde mit der Abschaffung der Manusehe die Stellung der Frau in der Außenwirkung verbessert, innerhalb der Familie blieb die väterliche Gewalt aber uneingeschränkt

---

46 Fleischhauer: Die rechtliche Stellung der Ehefrau ..., S. 38.

47 Staengel: Die elterliche Gewalt der Mutter ..., S. 10; Floßmann: Die Gleichberechtigung der Geschlechter ..., S. 127.

48 „So erreichte das deutsche Recht im Mittelalter tatsächlich die Verwirklichung einer vollständigen Gleichstellung der Eltern gegenüber den Kindern" (Staengel: Die elterliche Gewalt der Mutter ..., S. 11).

49 Thieme: Die Rechtsstellung der Frau ..., S. 365.

50 Thieme: Die Rechtsstellung der Frau ..., S. 365; Hübner: Grundzüge ..., S. 704 f; siehe dazu Ziff. 3d dieser Vorlesung.

51 „Sicher ist jedoch, daß in der weit ausgebildeten tatsächlichen Gewaltstellung der Frau ein Ausgangspunkt vorhanden war, der geeignet war, in seiner Fortentwicklung der Frau auch rechtlich gegenüber ihren Kindern einen Platz einzuräumen, wie ihn der Vater von jeher innehatte" (Staengel: Die elterliche Gewalt der Mutter ..., S. 11).

bestehen. Im deutschen Recht war die Ehefrau zwar in internen Angelegenheiten dem Mann zum Teil gleichgestellt, nach außen unterstand sie jedoch weiterhin der Vormundschaft ihres Mannes[52].

Der Einfluß des römischen Rechts zeigte sich oft nur rein äußerlich, d. h. in der Übernahme römisch-rechtlicher Begriffe für deutsche Rechtssysteme, selbst wenn sie (wie z. B. der Begriff der potestas maritalis) im manusfreien römischen Recht gar keine Bedeutung mehr hatten[53].

Dort, wo sich das römische Recht auch qualitativ auswirkte, wurde die Rechtsentwicklung des Mittelalters, die der Frau eine Verbesserung ihrer Stellung brachte, gestoppt und teilweise wieder rückgängig gemacht. Im Familienrecht bedeutete das, daß römisch-rechtliche Prinzipien, die einem ehemännlichen Vorrang entsprachen, aufgenommen wurden und so die Unterordnung der Frau verstärkt wurde. Ein Beispiel dafür ist das S. C. Velleianum, das „zu einem tragenden Rechtsprinzip des gemeinen Rechts aufgewertet" wurde[54]. Die Übernahme des S. C. Velleianum ins deutsche gemeine Recht wurde mit dem rechtlichen Schutz von Frauen begründet. Da zunächst für alle Frauen, später zumindest für die verheirateten Frauen die Geschäftsfähigkeit erheblich eingeschränkt war, kann dies nicht der eigentliche Grund gewesen sein. Es sollte wohl vielmehr die untergeordnete Stellung der Frau manifestiert werden[55].

Die Geschäftsfähigkeit von Frauen im gemeinen Recht wurde durch den römisch-rechtlichen Grundsatz, daß Frauen voll geschäftsfähig seien, beeinflußt[56]. Dies führte dazu, daß die Geschlechtsvormundschaft über unverheiratete Frauen im wesentlichen abgeschafft und auch in den Territorien, wo sie gewohnheitsrechtlich weiter galt, doch nur noch in abgeschwächter Form angewandt wurde[57]. Ein Rückschritt in dieser Entwicklung, d. h. ein Wiedererstarken der Geschlechtsvormundschaft war im 17. Jahrhundert zu beobachten[58]. Diese konnte jedoch nicht mehr mit einer Wehrunfähigkeit der Frau beründet werden; man stützte sich nun „auf die Thesen von der mangelnden Geistesschärfe des weiblichen Geschlechts, von dessen Unbedachtsamkeit und unzulänglicher Einsicht in die schwierigen Verhältnisse des Rechtsverkehrs"[59]. Dies stellte jedoch nur eine relativ kurzfristige Phase dar; die Geschlechtsvor-

---

52 Bartsch: Rechtsstellung der Frau …, S. 113.
53 Weber: Ehefrau und Mutter …, S. 241; Kroj: Die Abhängigkeit der Frau …, S. 126.
54 Floßmann: Die Gleichberechtigung der Geschlechter …, S. 129 f.
55 Kroj: Die Abhängigkeit der Frau …, S. 133 f; Bartsch: Rechtsstellung der Frau …, S. 114.
56 Dernburg: Preußisches Privatrecht III, S. 78; Stobbe/Lehmann: Deutsches Privatrecht, S. 181; Stryk: Specimen …, Nr. 21 zu D 1,6.
57 Coing: Europäisches Privatrecht I, S. 198 f.
58 Thieme führt das auf den beginnenden Einfluß des römischen Rechts zurück, „das zwar keine Geschlechtsvormundschaft kannte, dessen Regeln für die cura impuberum nun aber auf die cura sexus übertragen wurden" (Thieme: Die Rechtsstellung der Frau …, S. 368).
59 Weber-Will: Die rechtliche Stellung der Frau …, S. 223; ebenso Floßmann: Die Gleichberechtigung der Geschlechter …, S. 131; Kraut: Die Stellung der Frau …, S. 17.

mundschaft über unverheiratete Frauen wurde im Laufe der weiteren Rechtsentwicklung schließlich vollständig beseitigt[60].

Ehefrauen wurden von dieser Verbesserung der rechtlichen Handlungsfähigkeit jedoch weitgehend ausgenommen, da ihre Geschäftsfähigkeit durch
die *tutela mariti* weiterhin stark eingeschränkt wurde. Bei der *tutela mariti*
handelte es sich um ein Rechtsinstitut, das nicht dem römischen Recht entsprach, sondern aus dem mittelalterlichen Gewohnheitsrecht in vielen Territorien beibehalten wurde. Das bedeutete für die Ehefrau, das sie keinerlei Verfügungsrecht über ihr Eigentum hatte und sich nicht ohne Einwilligung ihres
Mannes rechtlich verpflichten konnte. Über das Eigentum und Vermögen der
Frau verfügte der Ehemann; ihm standen auch die Früchte des Vermögens zu.
Der Ehemann hatte dabei nicht die Stellung eines Vormunds, der im Interesse
eines anderen handelt; durch die *tutela mariti*, wie sie sich im gemeinen Recht
darstellte, wurden seine eigenen Interessen gewahrt, so daß er bei der Herrschaft über das Eigentum und Vermögen der Frau völlig frei war.[61]

Der Einfluß des römischen Rechts machte sich somit vor allem für unverheiratete Frauen positiv bemerkbar; innerhalb der Ehe galten eher germanische Rechtstraditionen weiter. Somit begründete sich im gemeinen Recht eine
Unterscheidung der rechtlichen Stellung der Frau nach ihrem Familienstand,
die für die weitere Rechtsentwicklung prägend war.

b) Pflichten und Rechte der Ehefrau und des Ehemannes

Obwohl die manusfreie römische Ehe von einer gleichberechtigten Stellung
der Ehegatten ausging, wurde die übergeordnete Stellung des Mannes innerhalb der Ehe aus dem römischen Recht heraus begründet, und zwar aus der
starken väterlichen Gewalt. Diese väterliche Vorrangstellung wurde von deutschen Juristen so interpretiert, daß er eine übergeordnete Stellung innerhalb
der Ehe einnehme; dies wurde als „ius mariti" übernommen und durch eine
Gehorsamspflicht der Frau, die mit einer Schutzpflicht des Mannes korres-
pondierte, ergänzt[62].

Daneben machte sich der kirchliche Einfluß stark bemerkbar, da auch in
biblischen Texten die patriarchalische Struktur der Ehe hervorgehoben
wurde[63]. Daraus ergab sich also auch die Stellung des Mannes als Haupt der
Familie und die Gehorsamspflicht derFrau[64].

---

60 „Wobei Gründe der Erleichterung des Rechtsverkehrs und der Rechtssicherheit vermutlich
    eine ebenso maßgebende Rolle spielten wie die sich verändernden sozialen Gegenheiten"
    (Weber-Will: Die rechtliche Stellung der Frau …, S. 224).
61 Coing: Europäisches Privatrecht I, S. 235 f; Mevius, Commentarii …, 7, Art. 4, Nr. 10.
62 Kroj: Die Abhängigkeit der Frau …, S.120; Weber: Ehefrau und Mutter …, S. 169.
63 Kolosser 3,18; Petrus 3,1.
64 Coing: Europäisches Privatrecht I, S. 234.

c) Das eheliche Güterrecht

Am wenigsten hat sich das römische Recht im ehelichen Güterrecht durchgesetzt; es wurde nur in wenigen deutschen Gebieten angewandt. Der Grund dafür liegt darin, daß das Dotalsystem dem in Deutschland vorherrschenden Bild der Unterordnung der Ehefrau völlig widersprach. Durch die mit dem Dotalsystem verbundene strikte Gütertrennung war die finanzielle Unabhängigkeit der Frau gesichert, was gleichzeitig die volle Geschäftsfähigkeit für sie bedeutete[65]. Ein Güterrechtssystem, das nicht ein gemeinsames, sondern zwei voneinander getrennte Vermögen vorsah, entsprach außerdem nicht der deutschen Rechtsstradition[66].

Bei den deutschrechtlichen Gütergemeinschaftssystemen gab es mehrere Formen, die territorial unterschiedlich Anwendung fanden[67]; die wesentlichen waren: die allgemeine Gütergemeinschaft, bei der das gesamte Vermögen und Eigentum der Ehegatten zusammengefaßt wurde, die Errungenschaftsgemeinschaft, die nur die während der Ehe erworbenen Güter beinhaltete, die Fahrnisgemeinschaft, die außer den während der Ehe erworbenen auch die beweglichen Güter, die die Ehegatten bei der Eheschließung besaßen, umfaßte, sowie die Verwaltungsgemeinschaft, bei denen lediglich die Verwaltung des Eigentums und Vermögens in einer Hand, und zwar der des Mannes, erfolgte[68]. Gemeinsam war allen diesen Systemen, daß das Vermögen der Frau dem Mann unterstellt wurde; die Frau hatte keinerlei Verfügungsgewalt darüber. Die finanziellen Lasten des Haushalts wurden aus dem gemeinschaftlichen Vermögen getragen, so daß auch die Frau dazu beitrug; im Unterschied zum römischen Recht gab ihr das jedoch keine gleichberechtigte Stellung[69].

Die Zulässigkeit dieser Güterrechtssysteme im gemeinen Recht wurde aus dem römischen Recht abgeleitet. Zwar sah das römische Recht innerhalb der Ehe die Gütertrennung vor, es kannte jedoch grundsätzlich das Institut der

---

65 Kroj: Die Abhängigkeit der Frau …, S. 125.

66 „Es bringt auch die Gefahr einer Zerreißung der Familieneinheit und widerspricht dem deutschen Rechtsgefühl, das für die innige Zusammengehörigkeit der Ehegatten auch auf dem Gebiet des ehelichen Güterrechts einen Ausdruck verlagt" (Bartsch: Rechtsstellung der Frau …, S. 121).

67 „Vor der Kodifikation haben allein im Gebiete des Deutschen Reiches von 1871 weit über 100 verschiedene Systeme des Güterrechts gegolten" (Coing: Europäisches Privatrecht II, S. 312).

68 Coing: Europäisches Privatrecht I, S. 242.

69 Kroj: Die Abhängigkeit der Frau …, S. 126; hier zeigt sich deutlich die Verknüpfung der rechtlichen Stellung der Ehefrau mit dem jeweils angewandten Güterrechtssystem: „In allen Geltungsgebieten mit gemeinem Recht und römisch-rechtlichen Einflüssen, in denen das sogenannte Dotalsystem, d. h. Gütertrennung oder eigenes Vermögen der Ehefrau vorherrschte, muß auch eine größere Selbständigkeit der Frau angenommen werden, dagegen unter der Wirkung der deutsch-rechtlichen Gütergemeinschaft eine stärkere Bevormundung und Abhängigkeit der Frau" (Gerhard: Verhältnisse und Verhinderungen, S. 183); vgl. auch Eichhorn: Deutsches Privatrecht, S. 775.

Gütergemeinschaft, das nun im gemeinen Recht einfach auf die Ehe angewandt wurde[70].

d) Rechtliche Beziehung zu den Abkömmlingen

Nachdem im Mittelalter der Frau zwar noch keine mütterliche Gewalt, aber
doch zunehmend Mitwirkungsrechte bei der väterlichen Gewalt zugestanden
hatten, stellte die Rezeption des römischen Rechts in dieser Hinsicht einen
Rückschritt dar[71], da sich die rechtlichen Beziehungen zu den Abkömmlingen
im gemeinen Recht an der *patria potestas* orientierten[72]. Allerdings wurde auch
hier das römische Recht nicht vollständig übernommen[73], so daß die unterschiedlichsten Ausgestaltungen entstanden. Grundsätzlich war aber eine fehlende Beteiligung der Mutter an der väterlichen Gewalt festzustellen[74].

In der Weiterentwicklung des gemeinen Rechts bildete sich dann eine
Unterscheidung zwischen ausschließlich dem Vater zustehenden sowie
gemeinschaftlichen Rechten und Pflichten heraus. Gemeinsam stand den
Eltern z. B. das Erziehungsrecht, das Züchtigungsrecht, das Recht, vom Kind
häusliche Dienstleistungen zu verlangen, das Recht auf Herausgabe des Kindes
gegen Dritte, das Recht, in Notlagen vom Kind Unterhalt zu bekommen
sowie das Recht der Zustimmung zur Eheschließung des Kindes zu[75]. Auch
bei den gemeinsamen Rechten hatte der Vater jedoch das ausschlaggebende
Entscheidungsrecht[76].

Darin, daß überhaupt erstmals gemeinschaftliche Rechte beider Elternteile
festgelegt wurden, kann man die erstmalige rechtliche Anerkennung mütterli-

---

70 „Wenn auch für die Gütergemeinschaft auf das Recht der societas zurückgegriffen wird, so
   ist man sich doch darüber im klaren, daß es sich um eine societas besonderer Art handelt.
   Dies zeigt sich besonders darin, daß die Verwaltung des gemeinsamen Gutes allein beim
   Mann liegt" (Coing: Europäisches Privatrecht I, S. 242); vgl. Weyer: Commentarius …,
   Thesis 19, § 2).

71 Weber-Will: Die rechtliche Stellung der Frau …, S. 113; Thieme: Die Rechtsstellung der
   Frau …, S. 365; Hübner: Grundzüge …, S. 704 f; Floßmann: Die Gleichberechtigung der
   Geschlechter …, S. 129 f; Fleischhauer: Die rechtliche Stellung der Ehefrau …, S. 38 f;
   Staengel: Die elterliche Gewalt der Mutter …, S. 14.

72 „So unvermeidbar aber die Gegensätzlichkeit war, das rezipierte römische Recht wurde doch
   in seiner umwälzenden Neuheit für das überlegenere und bessere gehalten, so daß man von
   einer patria potestas in Deutschland redete" (Staengel: Die elterliche Gewalt der Mutter …,
   S. 14); vgl. auch Bartsch: Rechtsstellung der Frau …, S. 112 f.

73 So stellte sich die väterliche Gewalt nicht in dem Maße wie die patria potestas ein Herrschaftsrecht dar, sondern beinhaltete vor allem das Sorgerecht für die Person und das Vermögen des Kindes (Coing: Europäisches Privatrecht II, S. 321).

74 Weber-Will: Die rechtliche Stellung der Frau …, S. 113; Bartsch: Rechtsstellung der Frau
   …, S. 122; Kraut: Die Vormundschaft … II, S. 690.

75 Staengel: Die elterliche Gewalt der Mutter …, S. 15 ff.

76 „Gerade in Erziehungsangelegenheiten wirkte sich dies praktisch so aus, daß die Mutter
   durch das Vorrecht des Vaters in die Rolle einer Ratgeberin zurückversetzt wurde" (Staengel:
   Die elterliche Gewalt der Mutter …, S. 21).

cher Befugnisse sehen, auch wenn die Mutter diese wegen der Entscheidungsgewalt des Vaters nicht geltend machen konnte[77].

Die Rechtsstellung der Mutter nach dem Tode des Mannes orientierte sich
stark am römischen Recht. Die väterlichen Gewaltrechte wurden nicht auf die
Mutter übertragen, sondern es wurde ein Vormund bestellt. Als Vormund kam
jedoch vorrangig die Mutter in Frage. Dem stand nicht entgegen, daß nach
römischem Recht eigentlich nur Männer Vormund sein durften; im gemeinen
Recht war die Bestellung von Frauen zur Vormundschaft gewohnheitsrechtlich möglich[78].

Wenn nicht die Mutter, sondern eine dritte Person Vormund wurde, stand
der Mutter zumindest das Erziehungsrecht zu[79].

4. Besondere Entwicklungen in einzelnen Ländern

In Italien machte sich das Personalitätsprinzip stark bemerkbar, das die individuelle Rechtsgeltung nach der jeweiligen Abstammung vorsah. Da somit für
einen Großteil der Bevölkerung römisches Recht galt, blieb sein Einfluß in
Italien stark. Allerdings setzten sich vor allem im Familienrecht stärkere Unter-
ordnungsverhältnisse für die Frauen durch. So wurde die Geschlechtsvormundschaft zum gemeinen Recht. Auch im ehelichen Güterrecht wurde
zunächst das römische Recht überhaupt nicht berücksichtigt; später setzte sich
jedoch das römische Dotalsystem durch[80].

In Spanien wurde das römische Eherecht weitgehend übernommen. So
wurde die Geschlechtsvormundschaft grundsätzlich schon sehr früh abgeschafft; die Frau konnte selbständig Rechtsgeschäfte abschließen, vor Gericht
auftreten und nach dem Tode ihres Mannes Vormund der Kinder werden.
Neben diesem auf römischen Rechtsgrundsätzen beruhenden geschriebenem
Recht existierten aber vielfach germanische Gewohnheitsrechte weiter, die an
patriarchalischen Strukturen festhielten, so daß z. B. territorial weiterhin die
lebenslängliche Geschlechtsvormundschaft galt, im Laufe der Zeit allerdings
nur noch für Ehefrauen[81].

---

77 So Staengel (Die elterliche Gewalt der Mutter ..., S. 23): „Die mangelnde Durchsetzbarkeit
    eines Rechts ist kein Kriterium für das Fehlen des Rechts schlechthin".

78 Staengel: Die elterliche Gewalt der Mutter ..., S. 26 f.

79 „Auch hier ist wieder auf die nur faktische Befugnis der Mutter im römischen Recht hinzu-
    weisen, die sich aber gemeinrechtlich zu einem wirklichen Recht entwickelt hatte" (Staengel:
    Die elterliche Gewalt der Mutter ..., S. 32); vgl. auch Bartsch: Rechtsstellung der Frau ...,
    S. 36.

80 „Aber das große Maß an vermögensrechtlicher Selbständigkeit, welches das Dotalsystem der
    Antike (...) den Frauen gesichert hatte, blieb nach wie vor – und zwar bis in das 19. Jahr-
    hundert – vollständig paralysiert durch die Zurücksetzung der Frauen im Erbrecht und
    durch die Ehevormundschaft" (Weber: Ehefrau und Mutter ..., S. 245); zur gesamten Ent-
    wicklung in Italien: Weber: Ehefrau und Mutter ..., S. 243 ff.

81 Weber: Ehefrau und Mutter ..., S. 246 f.

Auch in Frankreich hatte das römische Recht (droit écrit) nur wenig Einfluß; bestimmend blieben die von fränkischen Rechtsanschauungen beinflußten Gewohnheitsrechte (droit coutumier). Eine Beeinflussung durch römisches Recht zeigte sich allerdings daran, daß bereits sehr früh die Geschlechtsvormundschaft für ledige und verwitwete Frauen aufgehoben wurde. Die Frau blieb dagegen unter der Vormundschaft ihres Mannes[82].

---

82 Weber: Ehefrau und Mutter …, S. 247 f.

Siebente Vorlesung: Die Kodifikationen des bürgerlichen Rechts

1. Grundsätzliche Rechtsentwicklung durch die Kodifikationen

a) Allgemeine Rechtsstellung der Frau, insbesondere der Ehefrau

Inwieweit die Aufklärung und der damit verbundene Einfluß von naturrechtlichen Lehren die Stellung der Frau verbessert hat, ist umstritten. Während Floßmann durch die naturrechtlich beeinflußten Privatrechtskodifikationen die Gleichberechtigung zu einem großen Maße verwirklicht sieht[83], gibt es doch viele kritische Stimmen[84], denen im Ergebnis zuzustimmen ist. Zwar brachten die Kodifikationen der Aufklärungszeit den Frauen allgemein eine verbesserte Rechtsstellung; von dieser positiven Entwicklung waren die Ehefrauen jedoch weitgehend ausgenommen[85].

Die humanistischen und aufklärerischen Einflüsse, die Abhängigkeitsverhältnisse zunehmend in Frage stellten, wirkten sich also positiv bei der vollständigen Abschaffung der Geschlechtsvormundschaft über unverheiratete Frauen aus[86]. Zwar galt damit auch das Institut der ehelichen Vormundschaft als überholt, es wurde jedoch nicht beseitigt, sondern lediglich ersetzt durch Regelungen, die die übergeordnete Stellun des Ehemannes festlegten[87], z. B. II 1 §§ 184, 188, 189, 195, 196 ALR[88], art. 213, 215, 217 CC[89], § 91 ABGB[90].

---

83 Floßmann: Die Gleichberechtigung der Geschlechter ..., S. 134. Sie begründet das damit, daß durch die grundsätzliche Anerkennung der Tatsache, daß alle Menschen von Natur aus gleich und frei seien und durch das Prinzip, daß alle Rechte nur als Ausfluß von Pflichten anzusehen seien, erstmals eine bewußte Auseinandersetzung der Rolle von Mann und Frau in der Familie stattgefunden habe (Floßmann: Die Gleichberechtigung der Geschlechter ..., S. 132).

84 „Insbesondere die Entwicklung des bürgerlichen Familienrechts wurde zum Vehikel überholter, patriarchalischer Interessen und institutionalisierten einen Patriarchalismus eigener Art. Mit dem Familienrecht wurde ein ‚Sonderrecht' für (Ehe-)Frauen geschaffen, das der allgemeinen Beanspruchung der Menschenrechte und den sich verallgemeinernden Prinzipien bürgerlichen Rechts zuwiderlief und die Anerkennung der Frau als Rechtsperson verhinderte" (Gerhard: Verhältnisse und Verhinderungen, S. 154); ähnlich Coing: Europäisches Privatrecht II, S. 91, 305; Vogel: Patriarchale Herrschaft ..., S. 410.

85 Dies zeigt sich besonders deutlich beim ALR, das die grundsätzliche Gleichberechtigung der Geschlechter festlegte (I 1 § 24 ALR), die Geschlechtsvormundschaft über unverheiratete Frauen aufhob (I 5 § 23 ALR), aber gleichzeitig die eheliche Vormundschaft des Mannes über die Ehefrau beibehielt (II 1 §§ 188, 189, 196).

86 Floßmann: Die Gleichberechtigung der Geschlechter ..., S. 132.

87 Gerhard: Rechtsstellung der Frau ..., S. 461; darin zeigt sich die mangelnde Bereitschaft „das traditionelle Leitbild von Ehe und Familie aufzugeben bzw. es an veränderte Umstände anzupassen" (Kroj: Die Abhängigkeit der Frau ..., S. 263); vgl. auch Conrad: Rechtsstellung der Ehefrau ..., S. 270.

88 § 184: Der Mann ist das Haupt der ehelichen Gesellschaft; und sein Entschluß gibt in gemeinschaftlichen Angelegenheiten den Ausschlag".
§ 188: „Der Mann ist schuldig und befugt, die Person, die Ehre und das Vermögen seiner Frau, in und außer Gerichten zu verteidigen."

Die Lebenswirklichkeit im 19. Jahrhundert entsprach den diesen Vorschriften zugrundeliegenden Rollenvorstellungen (der Mann ist für den Unterhalt
der Familie verantwortlich und ist vor allem außerhalb des Hauses tätig, die
Frau nimmt die im Haus zu erledigenden Aufgaben wahr) jedoch allein schon
deshalb immer weniger, weil die Erwerbstätigkeit von Frauen zunahm. Diese
Diskrepanz zwischen gesellschaftlicher Realität und gesetzlichen Vorschriften
wurde versucht, in vielfältigster Weise zu rechtfertigen; dies reichte von der
These, die Frau sei grundsätzlich minderwertig, bis zu der Behauptung, die
untergeordnete Stellung der Frau als Hausfrau und Mutter sei naturgegeben[91].

b) Pflichten und Rechte der Ehefrau und des Ehemannes

Die Entwicklung der rein vormundschaftlichen Gewaltverhältnisse zu kombi-
nierten Gewalt-/Schutzverhältnissen setzte sich auch bei den Privatrechtskodifikationen fort. Die leitende Vorrangstellung des Mannes innerhalb der Familie wurde zwar beibehalten, jedoch durch seine Schutz- und Sorgepflichten für
Frau und Kinder gerechtfertigt[92]. Überhaupt betonten die Kodifikationen –
wohl beeinflußt durch die Naturrechtslehre – in starkem Maße die Pflichten.
Dadurch änderte sich jedoch im Vergleich zum gemeinen Recht faktisch
wenig: Der Mann blieb das Familienoberhaupt, das die Entscheidungsgewalt
hatte. Die Frau hatte ihm gegenüber eine Gehorsamspflicht und eine Verpflichtung zur Führung des Haushalts; Wohnsitz, Name und Stand richteten
sich nach dem Mann. Dafür stand der Frau gegenüber dem Mann ein
Anspruch auf standesgemäßen Unterhalt zu[93].

c) Rechtliche Beziehungen zu den Abkömmlingen

Durch die Kodifikationen wurde die starke väterliche Gewalt, die sich aus der
Rezeption des römischen Rechts in Deutschland ergeben hatte, wieder einge-

---

§ 189: „In der Regel kann daher die Frau ohne Zuziehung und Einwilligung des Mannes
mit Anderen keine Prozesse führen".
§ 195: „Wider den Willen des Mannes darf sie für sich selbst kein besonderes Gewerbe treiben".
§ 196: „Ohne des Mannes Einwilligung kann die Frau keine Verbindung eingehen, wodurch
die Rechte auf ihre Person gekränkt werden".
89 Art. 213: „Le mari doit protection à sa femme, la femme obéissance à son mari".
Art. 215: „La femme ne peut ester en jugement sans l' autorisation de son mari (…)".
Art. 217: „La femme (…) ne peut donner, aliéner, hypothéquer, aquérir, à titre gratuit ou
onéreux, sans le concours de mari dans l' acte, ou son consentement par écrit."
90 „Der Mann ist das Haupt der Familie. In dieser Eigenschaft steht ihm vorzüglich das Recht
zu, das Hauswesen zu leiten (…)".
91 Kroj: Die Anhängigkeit der Frau …, S. 262 f.
92 Floßmann: Die Gleichberechtigung der Geschlechter …, S. 125.
93 Coing: Europäisches Privatrecht II, S. 310 f; Weber: Ehefrau und Mutter …, S. 332 f.

schränkt, wenn sie auch immer noch vorherrschend war[94]. Diese Einschränkung bestand vor allem in einer im Vergleich zum Mittelalter noch verstärkten Schutzfunktion für das Kind; damit trat das Recht des Vaters zurück. Dies verstärkte auch das Recht der Mutter, so daß sich gemeinsame elterliche Rechte herausbildeten, die allerdings vorrangig dem Vater zustanden[95]. Beim Tod des Vaters oder wenn er die elterliche Gewalt aus anderen Gründen nicht ausüben konnte, ging die Ausübungsbefugnis häufig auf die Mutter über. Auch wurde der Mutter – im Rahmen der grundlegenden Entscheidungen des Vaters – eine Mitwirkung bei der Erziehung zugestanden[96].

2. Das Allgemeine Landrecht für die Preußischen Staaten von 1794

a) Allgemeine Rechtsstellung der Frau, insbesondere der Ehefrau

Das ALR war das einzige der Kodifikationen, das eine Gleichberechtigung von Mann und Frau gesetzlich festlegte[97]. Außerdem stellte es unverheiratete Frauen in bezug auf ihre Geschäftsfähigkeit grundsätzlich den Männern gleich[98]. Der Hinweis auf mögliche Ausnahmen und die Betonung der Rechte unverheirateter Frauen deuten allerdings nicht unbedingt auf eine wirklich gewollte Gleichberechtigung hin[99].

Die Stellung der unverheirateten Frau war nach dem ALR zwar dem Mann relativ gleich; ihre Geschäftsfähigkeit blieb jedoch zum Teil immer noch eingeschränkt, und zwar zum einen durch die in einigen Provinzen weiterhin geltende Geschlechtsvormundchaft, zum anderen durch das ALR selbst. Es sah beispielsweise für einige Rechtshandlungen die Notwendigkeit eines männlichen Beistands vor[100] und schränkte die rechtliche Handlungsfähigkeit von Frauen auch für Bürgschaften u. a. ein[101]. Sie konnte außerdem weder öffentli-

---

94 Thieme: Die Rechtsstellung der Frau …, S. 365 f.
95 Floßmann: Die Gleichberechtigung der Geschlechter …, S. 133 f.
96 Coing: Europäisches Privatrecht II, S. 322.
97 I 1 § 24 ALR: „Die Rechte beider Geschlechter sind einander gleich, so weit nicht durch besondere Gesetze oder rechtsgültige Willenserklärungen, Ausnahmen bestimmt worden".
98 I 5 § 23 ALR: „Unverheiratete Frauenspersonen werden, dafern die Provinzialgesetze keine Ausnahme machen, bei Schließung der Verträge den Mannspersonen gleich geachtet".
99 Kroj: Die Abhängigkeit der Frau …, S. 154 f; Weber-Will: Die rechtliche Stellung der Frau …, S. 281 ff; Vogel: Patriarchale Herrschaft …, S. 412.
100 Hierin ist ein Überbleibsel der Geschlechtsvormundschaft zu sehen; vgl. Weber-Will: Die rechtliche Stellung der Frau …, S. 220; Dernburg: Preußisches Privatrecht I, S. 92 f.
101 Im ALR waren zwar die Beschränkungen des S.C. Vellejanum nicht mehr vorgesehen, die Bürgschaften von Frauen unterstanden jedoch Sonderregelungen, wie z. B. das Erfordernis einer gerichtlichen Belehrung über die Folgen einer Bürgschaft. Hierin ist eine Fortführung der römisch- und gemeinrechtlichen Einschränkungen zu sehen (Weber-Will: Die rechtliche Stellung der Frau …, S. 230 ff).

che Ämter noch Vormundschaften übernehmen. Bis 1875 durfte sie vor Gericht auch nicht als Zeugin auftreten. Auch unterstand die ledige Frau, selbst wenn sie volljährig war, grundsätzlich weiterhin der väterlichen Gewalt, so daß die Zustimmung des Vaters zu Rechtsgeschäften in der Regel erforderlich war und ein Nießbrauchsrecht des Vaters am Vermögen der Tochter bestand[102].

Ebenso wie die untergeordnete Rechtsstellung der verheirateten Frau wurden auch bei der ledigen diese rechtlichen Einschränkungen mit „der Schwäche und dem Leichtsinn des weiblichen Geschlechts" begründet[103]. Eine Verbesserung dieses Rechtszustandes brachte erst die Verordnung betreffend das Alter der Großjährigkeit von 1875, die für das gesamte Deutsche Reich festlegte, daß unverheiratete Frauen und Witwen die uneingeschränkte Geschäftsfähigkeit besaßen[104].

Für die Ehefrau hatte die in I 1 § 24 ALR[105] festgelegte Gleichberechtigung keinerlei Auswirkungen. Ihre Geschäftsfähigkeit wurde dadurch, daß sie in der Regel für rechtliche Handlungen die Zustimmung des Ehemannes benötigte[106], ziemlich stark eingeschränkt. Dies wurde mit dem notwendigen Schutz der Ehefrau vor den „Gefahren privatrechtlicher Selbständigkeit" begründet[107]. Daß dieses Argument nicht der eigentliche Grund sein kann, ergibt sich aus der Tatsache, daß unverheiratete und verheiratete Frauen rechtlich unterschiedlich behandelt wurden. Würde tatsächlich die „Schwäche und Schutzbedürftigkeit" der Frauen der Grund für die eingeschränkte Geschäftsfähigkeit sein, so mußten gerade die unverheirateten – und damit in der Regel jüngeren und rechtlich unerfahreneren – dadurch geschützt werden. Daß jedoch diese den Männern weitgehend gleichgestellt wurden und die rechtlichen Beschränkungen vor allem die Ehefrauen trafen, macht deutlich, daß die eherechtlichen Regelungen vor allem dazu dienten, die patriarchalischen Strukturen innerhalb der Ehe aufrechtzuerhalten[108].

Eine Besonderheit des ALR war, daß es trotz weitgehender rechtlicher Abhängigkeit der Ehefrau vom Ehemann einige – vor allem im Vergleich zum

---

102 Allerdings bestand nach II 2 § 230 ALR die Möglichkeit, daß die volljährige Tochter aus der väterlichen Gewalt entlassen werden konnte.
103 Gerhard: Rechtsstellung der Frau …, S. 460.
104 Gerhard: Gleichheit ohne Angleichung, S. 159.
105 Siehe Fn. 97.
106 II 1 § 196 ALR (siehe Fn. 88).
107 Fleichhauer: Die rechtliche Stellung der Ehefrau …, S. 29.
108 Vogel: Patriarchale Herrschaft …, S. 413 f.; vgl. auch I 5 § 22 ALR: „Von den Verträgen der Kinder, die noch in väterlicher Gewalt sind, ingleichen der verheiratheten Frauenspersonen, sind nähere Bestimmungen gehörigen Orts festgesetzt"; nach Fleichhauers Ansicht deutet die Gleichstellung von Ehefrauen und den unter väterlicher Gewalt stehenden Kindern darauf hin, daß auch das ALR hinsichtlich der rechtlichen Beziehungen zwischen Ehemann und Ehefrau noch weitgehend von den vormundschaftlichen Instituten des früheren deutschen Familienrechts geprägt war (Fleischhauer: Die rechtliche Stellung der Ehefrau …, S. 5).

Code civil – relativ liberale Ausnahmen zuließ. So entfiel beispielsweise ein Einwilligungserfordernis des Mannes bei Geschäften, die der Frau lediglich einen rechtlichen Vorteil brachten. Außerdem stand ihr die volle Geschäftsfähigkeit zu, wenn der Ehemann abwesend oder aus anderen Gründen verhindert war[109]. Selbständig rechtlich handeln konnte sie auch im Rahmen der sog. Schlüsselgewalt, d. h. sie konnte innerhalb ihrer Haushaltsführung kleinere Rechtsgeschäfte tätigen[110]. Auch hatte sie die Möglichkeit, sich in einem Ehevertrag Vermögen vorzubehalten, über das sie dann selbständig verfügen konnte[111].

b) Pflichten und Rechte der Ehefrau und des Ehemannes

Auch anhand der im ALR geregelten Rechte und Pflichten der Ehegatten läßt sich belegen, daß trotz des Gleichberechtigungsgrundsatzes des I 1 § 24 ALR[112] die Rechtsstellung der Geschlechter doch sehr unterschiedlich bewertet wurde. So wurden zwar gemeinschaftliche Rechte und Pflichten festgelegt, aber auch solche, die nur für den Mann oder nur für die Frau galten. Gemeinschaftliche Pflichten bezogen sich auf das gemeinsame Zusammenleben[113], den wechselseitigen Beistand und die Erfüllung der ehelichen Pflicht[114]. Daß es daneben noch geschlechtsbezogene Pflichten gab, die eine untergeordnete Stellung der Frau zur Folge hatten, läßt sich durch die Lehre Christian Wolffs begründen, der das ALR hier folgte[115]. Danach sollten die Ehegatten grundsätzlich gleichberechtigt sein; eine Abweichung von diesem Grundsatz mußte durch eine entsprechende Vereinbarung zwischen ihnen geregelt sein. Hierbei konnte es sich um eine ausdrückliche oder stillschweigende Vereinbarung handeln, wobei Schweigen „Einverständnis zu einer Regelung nach der Übung" bedeutete. Die Ehefrau stimmte also mit der Eheschließung stillschweigend

---

109 II 1 § 202 ALR (das sog. Notverwaltungsrecht): „Wenn der Mann sich entfernt hat, ohne wegen Besorgung seiner Angelegenheiten Verfügungen zu treffen, (…): so ist die Frau berechtigt, Alles zu thun, was zu einer ordentlichen und gewöhnlichen Vermögensverwaltung erforderlich ist."

110 Dies ergab sich aus II 1 § 194 ALR („Sie ist schuldig, dem Hauswesen des Mannes (…) vorzustehen"); dies war ein Rechtsinstitut, das sich ausschließlich aus der deutschen Rechtstradition ergab (Fleischhauer: Die rechtliche Stellung der Ehefrau …, S. 24).

111 II 1 § 205 ALR: „Durch die Vollziehung der Ehe geht das Vermögen der Frau in die Verwaltung des Mannes über, in so fern diese Verwaltung der Frau durch Gesetze oder Verträge nicht ausdrücklich vorbehalten worden."

112 siehe Fn. 97.

113 Diese Pflicht traf allerdings vor allem die Frau, da sie gleichzeitig verpflichtet war, dem Mann an seinen jeweiligen Wohnsitz zu folgen (Weber-Will: Die rechtliche Stellung der Frau …, S. 166).

114 II 1 §§ 174, 175, 178 ALR.

115 Conrad: Rechtsstellung der Ehefrau …, S. 261; Gerhard: Rechtsstellung der Frau …, S. 449.

der rechtlichen Gewohnheit zu, daß der Mann innerhalb der Ehe die herausgehobene Stellung einnahm[116]. Damit wurde die traditionelle Rollenverteilung innerhalb der Ehe fortgeführt; der Mann übernahm die leitende Rolle und die rechtlichen Außenbeziehungenr die Frau war für die internen häuslichen Angelegenheiten zuständig[117].

Das Entscheidungsrecht des Mannes in familiaren Angelegenheiten war zwar einerseits weniger als Gewaltrecht sondern eher in einem partnerschaftlichen Verhältnis zu sehen; zunächst sollte eine gemeinsame Beratung beider Ehegatten erfolgen und nur in Streitfällen der Mann entscheiden[118]. Andererseits wurde dem Mann durch das ALR selbst die Entscheidung über Detailfragen zugestanden[119], so daß er allein dadurch „eine grundsätzlich unkontrollierte Machtposition"[120] erhielt.

c) Das eheliche Güterrecht

Das ALR unterschied zwei grundlegende Modelle der güterrechtlichen Beziehungen zwischen den Ehegatten: die sog. Verwaltungsgemeinschaft und die echte Gütergemeinschaft[121]. Bei der Verwaltungsgemeinschaft bestand zwar im Prinzip Gütertrennung; die Verwaltung und Nutzniessung des Vermögens der Frau stand jedoch dem Mann zu – zum Teil beschränkt durch das Zustimmungserfordernis der Frau, zum Teil völlig frei[122]. Davon ausgenommen waren nur persönliche Gebrauchsgegenstände[123] sowie das durch vertragliche Vereinbarung der Frau vorbehaltene Gut[124]. Die echte Gütergemeinschaft faßte das Eigentum und Vermögen beider Ehegatten zusammen. Die Ehefrau hatte als Miteigentümerin zwar einen Anspruch auf den Vermögenszuwachs, der von ihr oder ihren Erben bei Auflösung der Ehe geltend gemacht werden

---

116 Wolff: Grundsätze des Natur- und Völkerrechts …, S. 638.
117 Weber-Will: Die rechtliche Stellung der Frau …, S. 165; durch die Verpflichtung zur Haushaltsführung und die erforderliche Zustimmung des Ehemannes zur Aufnahme einer Erwerbstätigkeit war es der Frau praktisch unmöglich, erwerbstätig zu werden (Dörner: Industrialisierung und Familienrecht. S. 45 f; Vogel: Patriarchale Herrschaft …, S. 414).
118 Weber-Will, Die rechtliche Stellung der Frau …, S. 165.
119 Z. B. II 2 § 68 ALR: „Wie lange sie aber dem Kinde die Brust reichen solle, hängt von der Bestimmung des Vaters ab."
120 Dörner: Industralisierung und Familienrecht, S. 44.
121 Beide Formen sind direkt zurückzuführen auf germanisch-mittelalterliches Recht; das römische Recht, das die individuellen Eigentumsrechte betonte, blieb hier ohne Einfluß (Vogel: Patriarchale Herrschaft …, S. 416; Hauser: Die geistigen Grundlagen des Eherechts …, S. 121).
122 II 1 §§ 205, 231, 232, 233, 247, 254, 255 ALR.
123 II 1 § 206 ALR: „Zum gesetzlich vorbehaltenen Vermögen gehört, was nach seiner Beschaffenheit zum Gebrauch der Frau gewidmet ist."
124 II 1 § 208 ALR: „Was außerdem vorbehaltenes Vermögen sein soll, muß durch Verträge dazu ausdrücklich bestimmt werden."

konnte. Während bestehender Ehe hatte sie aber so gut wie keine Verfügungs-rechte[125].

Die Bezeichnung „Gemeinschaft" war für beide vermögensrechtlichen Beziehungen eigentlich unzutreffend, da diese eine gemeinsame Entscheidung und Verantwortung voraussetzen würde, während hier allein der Ehemann die Entscheidungs- und Verfügungsbefugnis hatte. Argumentiert wurde wie so oft mit der angeblichen Schutzbedürftigkeit der Frau. Diese stand aber im Wider-spruch zu rechtlichen Handlungsspielräumen, die der Ehefrau durch das ALR eingeräumt wurden, wie z. B. der Schlüsselgewalt und dem Notverwaltungs-recht. In dieser widersprüchlichen Beurteilung der Frau und ihrer angenom-menen Fähigkeit oder Unfähigkeit zu rechtlichem Handeln ist die Ambivalenz liberal-bürgerlicher Vorstellungen zu erkennen. Einerseits sollten dem Indivi-duum möglichst weitgehende Freiheits- und Handlungsrechte gewährt wer-den, andererseits sollte die patriarchale Struktur der Ehe unverändert beibehal-ten werden[126].

Einen – zumindest theoretischen – Ansatzpunkt zu einer größeren rechtli-chen Selbständigkeit der Ehefrau bot die ihr eingeräumte Möglichkeit, sich durch Ehevertrag einen Teil ihres Vermögens als Vorbehaltsgut zu sichern[127], das sie eigenverantwortlich verwalten konnte; innerhalb dieses Rahmens war sie auch berechtigt, selbständig Prozesse zu führen. Dieses hatte jedoch in der Praxis nur wenig Auswirkungen auf die rechtliche Stellung der Frau und konnte die patriarchalischen Strukturen in der Ehe nicht aufbrechen[128]. Um überhaupt einen derartigen Ehevertrag durchsetzen zu können, mußte die Frau bzw. ihre Eltern in einer entsprechend guten Verhandlungsposition sein, was wohl nur bei entsprechend begüterten Familien der Fall war[129]. Außerdem schränkte das ALR selbst das Recht der Frau gleich wieder ein. So wurde bei-spielsweise im Zweifel angenommen, es handele sich um nicht vorbehaltenes und damit der Verwaltung des Mannes unterstehendes Eigentum. Weiterhin stand die Frau bei der Verwaltung ihres Vorbehaltsguts unter der Aufsicht des Mannes, der gem. II 1 § 224 ALR[130] unter Umständen auch in die Vermö-

---

125 Vogel: Patriarchale Herrschaft …, S. 415 f.

126 Vogel: Patriarchale Herrschaft …, S. 416 f.

127 II 1 § 205 ALR (siehe Fn. 111); als Grund dafür ist wohl die steigende Berufstätigkeit der Frauen zu sehen, deren ökonomische Bedeutung durch die Möglichkeit des Eigentumser-werbs anerkannt wurde (Gerhard: Verhältnisse und Verhinderungen, S. 163).

128 Die Tatsache, daß nur wenig Eheverträge mit der Regelung des vorbehaltenen Eigentums und Vermögens abgeschlossen wurden, was angesichts der untergeordneten Stellung der Frau und ihrer damit verbunden Schwierigkeiten, einen solchen Vertrag durchzusetzen, nicht verwunderlich ist, führte bei der Schaffung des BGB sogar zu vollständigen Ableh-nung dieser Möglichkeit (Gerhard: Verhältnisse und Verhinderungen, S. 167; Planck: Die rechtliche Stellung der Frau …, S. 25 f).

129 Dörner: Industrialisierung und Familienrecht, S. 48; Weber-Will: Die rechtliche Stellung der Frau …, S. 108; Gerhard: Verhältnisse und Verhinderungen, S. 165.

130 „Macht die Frau in Ansehung des gesetzlich vorbehaltenen Vermögens sich eines unwirth-

gensverwaltung eingreifen konnte. Auch zeigte die Auslegung der entsprechenden Vorschriften durch die Gerichte eindeutig „ein Wiederaufleben und Erstarken patriarchaler Vorrechte"[131].

d) Rechtliche Beziehungen zu den Abkömmlingen

Das ALR unterschied zwischen der väterlichen Gewalt, die vor allem die Verwaltung des Kindesvermögens und die gesetzliche Vertretung betraf, und gemeinschaftlichen Rechten und Pflichten beider Elternteile[132]. Eine gemeinsame Verpflichtung der Eltern bestand in der Pflege und Erziehung der Kinder[133]. Dabei wurden die Aufgaben jedoch unterschiedlich verteilt: der Mutter stand vorrangig die körperliche Pflege zu[134]. Der Vater konnte die Kinder, soweit sie das 4. Lebensjahr noch nicht vollendet hatten, der Pflege der Mutter nicht entziehen[135]; dies gab ihr während dieser Zeit ein verstärktes Elternrecht. Der Umkehrschluß aus § 70 gab jedoch dem Mann gerade das Recht, ältere Kinder dem Einflußbereich der Mutter zu entziehen, so daß das Elternrecht der Mutter hier wieder stark eingeschränkt war[136]. Vor allem aber durch den Vorrang der väterlichen Gewalt[137] wurde ein Erstarken der gemeinschaftlichen Rechte zu einer elterlichen Gewalt verhindert[138].

Wenn dem Vater die väterliche Gewalt abgesprochen wurde oder er sie zeitweise nicht ausüben konnte, mußte ebenso ein Vormund bestellt werden wie beim Tod des Vaters. Die Mutter übernahm also nicht automatisch die väterliche Gewalt, konnte jedoch zum Vormund bestellt werden[139]. Wurde ein Drit-

---

schaftlichen Betragens verdächtig, so ist der Mann befugt, Maaßregeln zu dessen Verhütung zu treffen."

131 Gerhard: Verhältnisse und Verhinderungen, S. 166.

132 z. B. das Recht auf Ehrfurcht und Gehorsam der Kinder sowie das Recht, von den Kindern Mitarbeit bei den häuslichen Dienstleistungen zu verlangen (II 2 §§ 61, 121).

133 II 2 § 64 ALR.

134 II 2 § 66 ALR.

135 II 2 § 70 ALR.

136 Staengel: Die elterliche Gewalt der Mutter …, S. 48; Weber-Will: Die rechtliche Stellung der Frau …, S. 118; Gerhard: Rechtsstellung der Frau, S. 454. Dies zeigt sich auch nach der Scheidung: kleinere Kinder blieben in der Regel bei der Mutter, während Kinder, die das 4. Lebensjahr vollendet hatte, häufig dem Vater zugesprochen wurden, siehe Schwenzer: Familienrecht im Wandel, S. 102.

137 II 2 §§ 62 („Vorzüglich aber stehen sie unter väterlicher Gewalt"), 74 ALR („Die Anordnung der Art, wie das Kind erzogen werden soll, kommt hauptsächlich dem Vater zu").

138 „Die sogenannten elerlichen Rechte und Pflichten räumten nach allem der Frau nur eine schwache, von der Willkür des Ehemannes abhängigen Rechtsstellung ein" (Weber-Will: Die rechtliche Stellung der Frau …, S. 129); ebenso Fleischhauer: Die rechtliche Stellung der Ehefrau …, S. 43.

139 Dann stand sie jedoch unter der Aufsicht der behördlichen Obervormundschaft (Staengel: Die elterliche Gewalt der Mutter …, S. 73); zum ganzen Staengel: Die elterliche Gewalt der Mutter …, S. 57 ff.

ter Vormund, waren die Rechte der Mutter wiederum stark eingeschränkt; der Vormund verwaltete das Vermögen der Kinder, war ihr gesetzlicher Vertreter und beaufsichtigte die Erziehung der Mutter[140].

3. Der Code civil von 1804

a) Allgemeine Rechtsstellung der Frau, insbesondere der Ehefrau

In Frankreich wurde im Verlauf der Französischen Revolution ein liberales Recht geschaffen, das sog. droit intermédiaire. Dies brachte in bezug auf die Rechtsstellung der Frau einige Verbesserungen; im Familienrecht zeigten sich Ansätze zu einer gleichberechtigten Behandlung der Ehefrauen. Der Code civil stellte gerade in diesen Punkten einen großen Rückschritt dar[141].

Auch wenn es im CC nicht ausdrücklich erwähnt wurde, waren unverheiratete, volljährige Frauen hinsichtlich ihrer Geschäfts- und Prozeßfähigkeit den Männern grundsätzlich gleichgestellt; Sonderregelungen sahen jedoch z. B. vor, das eine Frau nicht die Vormundschaft über fremde Kinder übernehmen durfte und von der Mitgliedschaft im Familienrat – mit Ausnahme der Mutter – ausgeschlossen war[142]. Reine Sonderbestimmungen gab es im CC hinsichtlich der Bürgschaft von Frauen[143]; damit waren die auf römisch-rechtlichen Traditionen beruhenden Einschränkungen in diesem Punkt beseitigt.

Gänzlich anders stellte sich die rechtliche Situation der Ehefrau dar. Nach französischem Recht wurde ihre Geschäftsfähigkeit durch die sog. *incapacité de la femme mariée* vollständig eingeschränkt. Diese besagte, daß die Ehefrau für alle Verpflichtungs- und Verfügungsgeschäfte sowie für die Führung von Zivilprozessen der Zustimmung ihres Mannes bedurfte, ansonsten waren diese vernichtbar[144]. Dies galt selbst dann, wenn die Ehegatten Gütertrennung vereinbart hatten und die Frau somit eigenes Vermögen hatte; sie durfte ohne Einwilligung des Mannes darüber nicht verfügen[145]. Durch diese Regelungen sollte die Entscheidungsgewalt des Ehemannes sowie eine einheitliche Führung der Geschäfte sichergestellt werden[146], als Argument wurde außerdem –

---

140 Weber: Ehefrau und Mutter …, S. 340.
141 Gerhard: Rechtsstellung der Frau …, S. 461 f. In Frankreich zeigte sich lt. Gerhard besonders deutlich die patriarchale Reaktion auf die revolutionären Neuerungen: man „versuchte nach der Auflösung der ständischen Ordnung, nach der grundsätzlichen Infragestellung hergebrachter Ungleichheiten in der Französischen Revolution und im Zusammenhang gesellschaftlicher Anomie wenigstens im Privatbereich, in der Familie, neue Halterungen und Stützen zu gewinnen" (Gerhard: Rechtsstellung der Frau …, S. 466).
142 Art. 442 CC.
143 Weber-Will: Die rechtliche Stellung der Frau …, S. 218, 241.
144 Art. 215, 217 CC (siehe Fn. 89).
145 Gerhard: Gleichheit ohne Angleichung, S. 162.
146 Coing: Europäisches Privatrecht II, S. 311.

genau wie im deutschen Recht – die angebliche rechtliche Unerfahrenheit der Frauen angeführt[147].

Die stark untergeordnete Rechtsstellung der Ehefrau durch den Code civil verbesserte sich erst durch gesetzliche Bestimmungen von 1938 und 1942; die Gleichberechtigung der Frau wurde 1946 durch die französische Verfassung anerkannt[148].

b) Pflichten und Rechte der Ehefrau und des Ehemannes

Der CC war geprägt durch die ehemännliche Gewalt, die *puissance maritale*; diese durfte durch vertragliche Regelungen nicht eingeschränkt werden[149]. Daraus folgten zum einen gegenseitige Rechte und Pflichten, z. B. zu Treue[150], Hilfe und Beistand[151], zum anderen einseitige Rechte und Pflichten, wobei die Pflichten vor allem die Frau betrafen[152].

Zur Frage des absoluten Gehorsams, wie er der Ehefrau nach art. 213 CC[153] vorgeschrieben war[154], entwickelte sich vom Beginn der 70er Jahre des 19. Jahrhunderts an eine differenziertere Rechtsprechung, die die ehemännliche Gewalt wenigstens etwas einschränkte: So wurde beispielsweise von den Gerichten entschieden, daß der Ehemann seine Rechte nicht mißbräuchlich ausüben dürfe; die Würde der Ehefrau wurde als Grenze der männlichen Rechte angesehen. Auch konnte die Ehefrau nicht mehr in jedem Fall gezwungen werden, in der Wohnung des Mannes zu leben[155].

c) Das eheliche Güterrecht

Auch im ehelichen Güterrecht zeigte sich die untergeordnete Stellung, die der Frau durch den CC zugewiesen wurde. Zwar konnten die Ehegatten bei der

---

147 Vgl. auch Weber: Ehefrau und Mutter ..., S. 321 f.
148 Conrad: Rechtsstellung der Ehefrau ..., S. 270.
149 Art. 1388 CC: „Les époux ne peuvent déroger ni aux droits résultant de la puissance marita-le sur la personne de la femme (…).“
150 Ob es sich hierbei wirklich um eine gemeinsame Pflicht handelte, kann bezweifelt werden, da nur die Untreue der Frau als Scheidungsgrund galt (Weber: Ehefrau und Mutter ..., S. 321).
151 Art. 212.
152 Weber-Will: Die rechtliche Stellung der Frau ..., S. 171 f z. B. wirkte sich die Gehorsams-pflicht der Frau gegenüber der Schutzpflicht des Mannes in der Praxis entscheidender aus (Dörner: Industrialisierungs und Familienrecht, s. 143).
153 siehe Fn. 89.
154 „Setzte das ALR immerhin gemeinsame Beratungen der Eheleute in gemeinschaftlichen Angelegenheiten voraus, statuierte der Code eine ganz strikte Gehorsamspflicht der Frau“ (Weber-Will: Die rechtliche Stellung der Frau ..., S. 182).
155 Dörner: Industrialisierung und Familienrecht, S. 160 f.

Eheschließung den Güterstand völlig frei vereinbaren[156], aber auch, wenn sie sich auf die Gütertrennung geeinigt hatten, war es nach art. 1388 CC[157] ausgeschlossen, daß der Mann auf seine ehemännliche Gewalt verzichtete, so daß auch dann die Frau bei der Verfügung über ihr eigenes Vermögen stets die Einwilligung ihres Mannes benötigte[158].

Obwohl also der CC den Ehegatten hinsichtlich ihrer vermögensrechtlichen Beziehungen die größtmögliche Freiheit zugestand und damit auch das System der Gütertrennung, das eigenes Vermögen der Frau vorsah, möglich war, brachte dies den Frauen in ihrer Rechtsstellung überhaupt keinen Vorteil[159].

d) Rechtliche Beziehungen zu den Abkömmlingen

Art. 372 CC schrieb zwar die elterliche Gewalt fest[160]. Die Rechte, die der Mutter somit eigentlich mit zustanden, durfte sie jedoch während der bestehenden Ehe nicht ausüben, ausübungsberechtigt war allein der Vater[161]. Die Rechte der Frau kamen erst zum Tragen, wenn der Vater an der Ausübung der elterlichen Gewalt verhindert war. Dann erfolgte automatisch eine Übertragung der Ausübungsbefugnis an die Mutter; gleiches galt, wenn der Vater verstarb[162].

Dadurch, daß der Mutter während der Ehe theoretisch und nach Beendigung der Ehe praktisch die elterliche Gewalt zustand, war sie nach dem CC in einer besseren Rechtsposition als beispielsweise nach dem ALR[163].

---

156 Nur wenn vertraglich nichts geregelt wurde, galt gem. Art. 1400 CC als gesetzlicher Güterstand die ,communauté' (Fahrnisgemeinschaft). Diese stellte eine Form der Gütergemeinschaft dar.

157 Siehe Fn. 149.

158 Weber-Will: Die rechtliche Stellung der Frau …, S. 173; Weber: Ehefrau und Mutter …, S. 328; Gerhard: Gleichheit ohne Angleichung, S. 162.

159 „Das gesetzliche Güterrecht des Code civil wird also (…) im Gegensatz zum römischen Dotalrecht charakteristisch bestimmt durch die Ausdehnung der Ehevogtei von der Person auf das Vermögen der Gattin. Dabei sind die zur Sicherung ihres Vermögens und ihrer persönlichen Freiheit getroffenen Schutzmaßregeln ebenso ungenügend wie bei den meisten Systemen des Mittelalters" (Weber: Ehefrau und Mutter …, S. 330).

160 Die elterliche Gewalt des CC orientierte sich an den germanischen Rechtstraditionen, „weil sie nicht, wie die römische patria potestas ledigleich im Interesse des Vaters eingeführt ist, sondern wesentlich in dem der minderjährigen Kinder, als ein Schutzrecht derselben" (Barazetti: Französisches Civilrecht …, S. 42); ebenso Staengel: Die elterliche Gewalt der Mutter …, S. 75).

161 Art. 373 CC: „Le père seul exerce cette autorité durant le mariage."

162 Staengel: Die elterliche Gewalt der Mutter …, S. 84 ff.; allerdings konnte der Mann testamentarisch verfügen, daß der Frau ein Vormundschaftsbeistand zugeordnet wurde (Staengel: Die elterliche Gewalt der Mutter …, S. 90); auch konnte der Familienrat die Ausübung der elterlichen Gewalt durch die Mutter verhindern oder einschränken (Weber: Ehefrau und Mutter …, S. 322).

163 Weber-Will: Die rechtliche Stellung der Frau …, S. 182.

4. Das österreichische Allgemeine Bürgerliche Gesetzbuch von 1811

a) Allgemeine Rechtsstellung der Frau, insbesondere der Ehefrau

Das ABGB ist unter den Kodifikationen im Hinblick auf die Rechtsstellung der Frau als das wohl fortschrittlichste Werk zu sehen. Alle Frauen – auch die verheirateten – besaßen grundsätzlich die volle Geschäfts- und Prozeßfähigkeit; diese begann mit der Volljährigkeit, die automatisch die Entlassung aus der väterlichen Gewalt bedeutete[164]. Allerdings waren sie von bestimmten Rechtshandlungen ausgeschlossen, konnten also z. B. nicht Vormund fremder Kinder werden oder bestimmte privatrechtliche Zeugentätigkeiten wahrnehmen[165]. Für die Übernahme von Bürgschaften durch Frauen sah das ABGB keine Sonderregelungen vor[166].

Damit machte das ABGB keine Trennung zwischen verheirateten und unverheirateten Frauen, so daß die Ehefrau hier am weitaus besten gestellt war. Dies wurde noch verstärkt durch die gesetzlich vorgesehene Gütertrennung, die ihr ermöglichte, ihr eigenes Vermögen selbst zu verwalten[167].

b) Pflichten und Rechte der Ehefrau und des Ehemannes

Aus der Festlegung der Rechte und Pflichten in der Ehe ergab sich im ABGB ebenso wie im ALR und im CC die übergeordnete Rolle des Ehemannes[168]. Allerdings wurde diese Machtstellung des Mannes nicht als Herrschaftsrecht angesehen. Stattdessen wurde eine gemeinschaftliche Führung des Haushalts, die gemeinsame Absprachen erforderte, angenommen, bei der jedoch in Zweifelsfällen dem Mann die Entscheidung zustand, da er dazu aufgrund seiner vernünftigeren Beurteilungsfähigkeit als geeigneter angesehen wurde[169]. In dieser Auffassung wird der Einfluß Kants sehr deutlich[170].

---

164 § 251 ABGB.
165 Weber-Will: Die rechtliche Stellung der Frau ..., S. 218.
166 § 1349 ABGB legte fest: „Fremde Verbindlichkeiten kann ohne Unterschied des Geschlechtes jedermann auf sich nehmen, dem die freye Verwaltung seines Vermögens zusteht."
167 Siehe Ziff. 4c dieser Vorlesung.
168 Z. B. § 91 ABGB (siehe Fn. 90); § 92 ABGB: „(..) Sie ist verbunden, dem Manne in seinen Wohnsitz zu folgen, in der Haushaltung und Erwerbung nach Kräften beyzustehen, und, so weit es die häusliche Ordnung erfordert, die von ihm getroffenen Maßregeln sowohl selbst zu befolgen, als befolgen zu machen."
169 Zeiller: Commentar ..., S. 249 f. Anders sieht es Weber, die auch im ABGB eine deutlich untergeordnete Stellung der Frau sieht: Sie nahm „rechtlich etwa die Stellung einer Haushälterin ein, die für die Ausführung der Anordnungen des Hausherrn verantwortlich, dabei aber ganz unselbständig ist" (Weber: Ehefrau und Mutter ..., S. 343).
170 Conrad: Rechtsstellung der Ehefrau ..., S. 264; Weber-Will: Die rechtliche Stellung der Frau ..., S. 185.

c) Das eheliche Güterrecht

Das ABGB sah zwar verschiedene mögliche Formen der güterrechtlichen Beziehungen der Ehegatten vor; gesetzlicher Güterstand war jedoch die Gütertrennung[171]. Damit lehnte sich das österreichische Güterrecht stark an das römische Dotalrecht an[172]. § 1238[173] legte allerdings die rechtliche Vermutung fest, daß die Frau ihrem Mann mit der Eheschließung die Verwaltung und Nutznießung ihres Vermögens übertragen hatte; diese Vermutung konnte durch eine anderslautende Erklärung jedoch jederzeit widerlegt werden[174].

Ebenso wie das römische Güterrecht die *dos* kannte, wurde auch nach dem ABGB von der Frau ein Teil ihres Vermögens als Beitrag zu den familiären Kosten an den Mann übertragen[175]. Der Mann durfte darüber grundsätzlich frei verfügen; nach Beendigung der Ehe stand es aber – wie die *dos* – der Frau bzw. ihren Erben zu[176].

d) Rechtliche Beziehungen zu den Abkömmlingen

Ganz im Gegensatz zu den anderen Bestimmungen des ABGB, die sich in bezug auf die Rechtsstellung der Frau inner- und außerhalb der Ehe stark am römischen Recht orientierten, war das Eltern-Kind-Verhältnis vom germanischen Recht geprägt[177].

Ähnlich wie das ALR unterschied das ABGB eine väterliche und eine elterliche Gewalt. Elterliche Gewaltrechte, die beiden Elternteilen zustanden, waren das Recht der Erziehung[178] sowie das Recht auf Ehrfurcht und Gehor-

---

171 § 1237 ABGB: „Haben Eheleute über die Verwendung ihres Vermögens keine besondere Uebereinkunft getroffen: so behält jeder Ehegatte sein voriges Eigenthumsrecht, und auf das, was ein jeder Theil während der Ehe erwirbt (…), hat der andere keinen Anspruch. (…)"

172 „und war deshalb im Gegensatz zu allen deutschrechtlichen Systemen durch den Satz bestimmt: daß die Eheschließung an sich keinen Einfluß auf das Vermögen der Gatten ausübt" (Weber: Ehefrau und Mutter …, S. 344).

173 „So lange die Ehegattin nicht widersprochen hat, gilt die rechtliche Vermuthung, daß sie dem Manne als ihrem gesetzmäßigen Vertreter die Verwaltung ihres freyen Vermögens anvertraut habe."

174 Weber-Will: Die rechtliche Stellung der Frau …, S. 187; Weber: Ehefrau und Mutter …, S. 344.

175 § 1218 ABGB: „Unter Heirathsgut versteht man dasjenige Vermögen, welches von der Ehegattin (…) dem Manne zur Erleichterung des mit der ehelichen Gesellschaft verbundenen Aufwands übergeben oder zugesichert wird."

176 § 1229 ABGB.

177 „Es statuierte daher ein Gewaltverhältnis von vormundschaftlichem und fürsorglichem Charakter, das den Eltern nicht um ihrer selbst willen, sondern im Interesse der Kinder gegeben ist" (Staengel: Die elterliche Gewalt der Mutter …, S. 93).

178 Dabei war die Mutter vorrangig für die Pflege der Kinder zuständig (§ 141 Satz 2 ABGB).

sam[179]. Hinsichtlich der gemeinschaftlichen Rechte war die Mutter jedoch stark eingeschränkt, da dem Vater die vorrangige väterliche Gewalt zustand[180].

Wenn der Vater zu Lebzeiten die väterliche Gewalt nicht ausüben konnte, übernahm nicht automatisch die Mutter diese Rechte; es mußte ein Vormund bestellt werden, wobei auch die Mutter für dieses Amt in Frage kam[181]. Beim Tode des Vaters mußte ebenfalls ein Vormund bestellt werden; hier konnte die Mutter gem. § 198 ABGB erst nach dem Großvater väterlicherseits berücksichtigt werden.

5. Das Bürgerliche Gesetzbuch von 1900

a) Allgemeine Rechtsstellung der Frau, insbesondere der Ehefrau

Die bereits die vorhergehende Rechtsentwicklung prägende Widersprüchlichkeit, da einerseits allgemein die Rechtsfähigkeit erweitert wurde, andererseits für Ehefrauen diese Erweiterung aber nicht galt, war auch im BGB zu erkennen, das zwar allen Menschen die Rechtsfähigkeit zugestand, das aber durch das Familienrecht erhebliche Einschränkungen für die verheirateten Frauen vorsah.

So wurde mit der Schaffung des BGB zwar den Frauen die volle Geschäftsfähigkeit zugestanden[182]; dies galt für verheiratete Frauen jedoch nicht in vollem Maße[183]. Einschränkungen ergaben sich vor allem aus dem ehelichen Güterrecht, das die Verwaltung des Vermögens dem Mann übertrug[184], aber auch aus einzelnen Regelungen des BGB, wie z. B. aus § 1358 I[185]. Diese Regelung,

---

179 §§ 139, 144 ABGB: „Alle anderen Rechtsbeziehungen sind besondere Rechte des Vaters, von denen die Mutter ausgeschlossen ist. Hierzu gehört einmal das Recht, die minderjährigen Kinder zu vertreten (§ 152 AGGB), zu anderen das Recht der Vermögensverwaltung (§ 149 ABGB), der Berufswahl (§ 148 ABGB) und der Ehebewilligung (§§ 153, 49 ABGB)" (Staengel: Die elterliche Gewalt der Mutter …, S. 101).

180 § 147 ABGB; „Die der Mutter im Bereich der Erziehung zukommende Rechtsstellung wurde dadurch empfindlich geschält, daß dem Vater bei Meinungsverschiedenheiten der Eltern ein Letztentscheidungsrecht zukam" (Weber-Will: Die rechtliche Stellung der Frau …, S. 190).

181 Staengel: Die elterliche Gewalt der Mutter …, S. 103.

182 „Die Frauen sind ebenso wie die Männer berechtigt und im Stande, ihr Vermögen durchaus selbständig zu verwalten, durch Rechtsgeschäfte aller Art Rechte zu erwerben und Verbindlichkeiten einzugehen" (Planck: Die rechtliche Stellung der Frau …, S. 5).

183 „Sie behält (…) auch in der Ehe im Prinzip unbeschränkte Geschäfts- und Prozeßfähigkeit. Gebrauch davon machen kann sie freilich (…) nur insoweit, als dadurch die Rechte des Mannes an ihrer Person und vor allem an ihrem Vermögen ungekränkt bleiben" (Weber: Ehefrau und Mutter …, S. 414).

184 Siehe Ziff. 4c dieser Vorlesung.

185 „Hat sich die Frau einem Dritten gegenüber zu einer von ihr in Person bewirkenden Leistung verpflichtet, so kann der Mann das Rechtsverhältniß ohne Einhaltung einer Kündigungsfrist kündigen, wenn er auf seinen Antrag vom Vormundschaftsgericht dazu ermäch-

die dem Mann das Recht gab, gegen den Willen seiner Frau ihr Arbeitsverhältnis zu kündigen, wurde – wie so oft – mit einem Schutz der Frau gerechtfertigt[186]. Aber auch die im Laufe der Jahrhunderte immer wieder als Argument angeführte Unfähigkeit der Frau, rechtlich und wirtschaftlich selbstfindig zu handeln, fand sich im BGB wieder[187].

Diese Argumente dienten im BGB, ebenso wie während der vorherigen Rechtsentwicklung, nur dazu, die patriarchalischen Strukturen innerhalb der Ehe aufrechtzuerhalten. Das BGB ist also vollständig in der Tradition des gemeinen Rechts und der Privatrechtskodifikationen zu sehen: die unverheiratete Frau war dem Mann weitgehend gleichgestellt, innerhalb der Ehe blieb das Unterordnungsverhältnis zum Mann jedoch bestehen[188].

b) Pflichten und Rechte der Ehefrau und des Ehemannes

Die Verteilung von Rechten und Pflichten der Ehegatten im BGB ähnelte sehr dem ALR: Der Ehemann hatte die Entscheidungsbefugnis[189] und mußte für den Unterhalt seiner Frau sorgen[190]. Die Frau war verpflichtet, den Haushalt zu führen sowie im Geschäft des Mannes mitzuarbeiten[191]. „Innerhalb ihres häuslichen Wirkungskreises" stand ihr die Schlüsselgewalt zu, allerdings nur

---

     tigt worden ist. Das Vormundschaftsgericht hat die Ermächtigung zu ertheilen, wenn sich ergibt, daß die Thätigkeit der Frau die ehelichen Interessen beeinträchtigt".

186 „In erster Linie handelt es sich um eine Vorschrift im Interesse der Frau. Wenn die Frau eine Verpflichtung dieser Art eingegangen ist und nachher einsieht, daß die Erfüllung unmöglich ist, ohne Verletzung ihrer ehelichen Pflichten, so ist sie in einem unlösbaren Conflict" (Planck: Die rechtliche Stellung der Frau …, S. 13).

187 § 1357 I: „Die Frau ist berechtigt, innerhalb ihres häuslichen Wirkungskreises die Geschäfte des Mannes für ihn zu besorgen und ihn zu vertreten. (…)".
    § 1357 II: „Der Mann kann das Recht der Frau beschränken oder ausschließen (…)".
    Dazu Planck: „Bei aller Achtung vor den Frauen wird man doch als möglich anerkennen müssen, daß es Frauen giebt, die verschwenderisch sind, die nicht zu wirthschaften verstehen, die leichtsinnig sind, die Geschäfte auf Credit, welche innerhalb ihres häuslichen Wirkungskreises liegen, in solchem Umfang eingehen, daß der Mann ruiniert wird. Eine Beschränkung muß also dem Mann zu Gebote stehen" (Planck: Die rechtliche Stellung der Frau …, S. 12 f).

188 „Damit blieb die Ehefrau trotz ihrer grundsätzlichen Anerkennung als Rechtsperson und möglicher rechtlicher Handlungsfähigkeit (…) mit ihrer Arbeit, ihrem Eigentum und ihrem Körper, ihrer Sexualität ihrem Ehemann unterworfen, stand gesetzlich und faktisch unter männlicher Gewalt" (Gerhard: Gleichheit ohne Angleichung, S. 164).

189 § 1354 I BGB: „Dem Manne steht die Entscheidung in allen das gemeinschaftliche Leben betreffenden Angelegenheiten zu; er bestimmt insbesondere Wohnort und Wohnung".

190 § 1360 I BGB: „Der Mann hat der Frau nach Maßgabe seiner Lebensstellung, seines Vermögens und seiner Erwerbsfähigkeit Unterhalt zu gewähren".

191 § 1356 BGB: „Die Ehefrau ist (…) berechtigt und verpflichtet, das gemeinschaftliche Hauswesen zu leiten.
    Zu Arbeiten im Hauswesen und im Geschäft des Mannes ist die Frau verpflichtet, soweit eine solche Tätigkeit nach den Verhältnissen, in denen die Ehegatten leben, üblich ist".

unter der Kontrolle ihres Mannes[192]. Somit war auch im BGB das traditionelle Ehebild verwirklicht: „Der Mann steht im Berufsleben, sorgt für die materielle Basis der Familie und trifft die Entscheidungen, die Frau bleibt dagegen auf den innerfamiliären Bereich und die Rolle der untergeordneten Mitarbeiterin beschränkt".[193]

Bei der Betrachtung des ehemännlichen Entscheidungsrechts nach § 1354 BGB[194] ist einerseits festzustellen, daß es ganz in der Rechtstradition des deutschen Familienrechts stand. Die Entscheidungsmacht des Ehemannes griff selbst in die persönlichen Angelegenheiten der Ehefrau ein[195]. Argumentiert wurde damit, daß ein Gemeinschaftsleben ohne die Möglichkeit einer letztendlichen Entscheidung nicht funktionieren könne[196] und daß es der natürlichen Ordnung entspreche, wenn diese Entscheidungsgewalt dem Mann zustehe[197].

Zwar stellte sich diese Entscheidungsgewalt nicht mehr unbeschränkt dar; das BGB selbst gestand der Frau ein Weigerungsrecht zu, wenn der Ehemann sein Recht mißbräuchlich ausübte[198]. Auch sollte es sich bei dem Entscheidungsrecht nicht um ein „einseitiges Bestimmungsrecht" handeln; es sollten die Interessen beider Ehegatten berücksichtigt werden, und nur bei Meinungsverschiedenheiten sollte der Mann entscheiden[199]. Diese Einschränkungen dürfen jedoch nicht darüber hinwegtäuschen, daß die Regelung des § 1354 BGB weiterhin ein Herrschaftsrecht des Mannes, darstellte[200], das mit einer untergeordneten Stellung der Ehefrau verbunden war.

---

192 § 1357 BGB: „Die Frau ist berechtigt, innerhalb ihres häuslichen Wirkungskreises die Geschäfte des Mannes für ihn zu besorgen und ihn zu vertreten. (…).
     Der Mann kann das Recht der Frau beschränken oder ausschließen. (…)".

193 Dörner: Industrialisierung und Familienrecht, S. 98 f.

194 siehe Fn. 189.

195 Endemann: Lehrbuch des Bürgerlichen Rechts, S. 296; „Man fragt sich, was da noch bleibt, um als Frau freiheitlich selbst darüber zu bestimmen … Nichts!" (Damm: Stellung der Ehefrau und Mutter …, S. 22 f).

196 Endemann: Lehrbuch des Bürgerlichen Rechts, S. 295; Planck: Die rechtliche Stellung der Frau …, S. 11.

197 „(…) und da steht das Bürgerliche Gesetzbuch auf dem Standpunkt der christlichen und deutschen Auffassung der Ehe, nach welcher der Mann das Haupt der Ehe ist. Im Anschluß an diese Auffassung giebt das Bürgerliche Gesetzbuch rechtlich dem Manne die Entscheidung in diesen Angelegenheiten". (Planck: Die rechtliche Stellung der Frau …, S. 11).

198 § 1354 II BGB: „Die Frau ist nicht verpflichtet, der Entscheidung des Mannes Folge zu leisten, wenn sich die Entscheidung als Mißbrauch seines Rechts darstellt".

199 Fleischhauer: Die rechtliche Stellung der Ehefrau …, S. 13.

200 Weber, sieht darin die „Verkörperung des alten Mundialprinzips: der Mann soll herrschen, eben weil er der Mann ist". (Weber: Ehefrau und Mutter …, S. 437).

c) Das eheliche Güterrecht

Die deutsche Frauenbewegung setzte sich in der Diskussion um das BGB am Ende des 19. Jahrhunderts dafür ein, das aus dem römischen Recht stammende Dotalsystem, d. h. Gütertrennung und selbständige Verfügungsgewalt der Frau über ihr Vermögen und Eigentum, zu verankern[201]. Es setzte sich jedoch der gesetzliche Güterstand der Verwaltungsgemeinschaft durch, der dem Ehemann die Verwaltung und Nutznießung des Vermögens zugestand[202]; dabei handelte es sich um ein ausschließlich deutschrechtliches Güterrechtssystem, das die überkommene patriarchalische Eheauffassung bestätigte[203].

Gegen das Dotalsystem wurde argumentiert, daß es „der Auffassung und dem Rechtsbewußtsein des deutschen Volkes verhältnismäßig am wenigsten entspricht"[204]. Schließlich ging man davon aus, daß die Frau im Geschäftsleben zu unerfahren sei, um über ihr Vermögen selbst verfügen zu können, daß der Mann sowieso für den Unterhalt der Familie verantwortlich sei und daß die Verwaltung des Vermögens in der Hand des Ehemannes seiner „natürlichen Vorrangstellung" entspreche[205]. Auch wurde auf die angeblichen Schwierigkeiten verwiesen, die eine getrennte Vermögensverwaltung, verbunden mit einem beiderseitigen Beitrag zu den Kosten der Haushaltsführung, mit sich bringen würde[206].

Somit mußten die Gesetzgeber des BGB sich nur noch für eines der deutschrechtlichen Güterrechtssysteme entscheiden. Dabei wurde auch die echte Gütergemeinschaft, die der Frau jedes Recht an einem eigenen Vermögen versagt, in Betracht gezogen, da sie die völlige Lebensgemeinschaft auch auf vermögensrechtlicher Ebene verwirkliche[207]. Diese wurde jedoch deshalb nicht als gesetzlicher Güterstand ins BGB übernommen, weil bei der echten Gütergemeinschaft die Frau keine Möglichkeit habe, ihre vermögensrechtlichen Interessen durchzusetzen; sie habe keinerlei Einflußmöglichkeiten auf das Vermögen und die Vermögensverwaltung des Mannes[208]. Hier zeigt sich, daß es trotz der im Laufe der Rechtsentwicklung fast unverändert beibehaltenen unterge-

---

201 Gerhard: Gleichheit ohne Angleichung, S. 156.
202 § 1363 BGB.
203 Weber: Ehefrau und Mutter …, S. 458.
204 Planck: Die rechtliche Stellung der Frau …, S. 17; siehe auch Mugdan: Materialien …, S. 80.
205 Mungdan: Materialien …, S. 86, 148.
206 „Es muß berücksichtigt werden, einerseits das Bedürfniß und andererseits die Vermögensverhältnisse und Einkünfte jedes der Gatten. Dazu kommt, daß es sich nicht um eine einmalige Feststellung handelt, sondern je nach dem Wechsel der Bedürfnisse und des Vermögens immer von neuem (…) eine neue Feststellung erfolgen muß". Diese Berechnung würde „eine beständige Ursache von Zank und Streit sein und zur Störung des ehelichen Friedens beitragen". (Planck: Die rechtliche Stellung der Frau …, S. 24).
207 Planck: Die rechtliche Stellung der Frau …, S. 17.
208 Mungdan: Materialien …, S. 81, 84; Planck: Die rechtliche Stellung der Frau …, S. 18.

ordneten Stellung der Ehefrau nicht mehr denk- und durchsetzbar war, ihre Interessen und Rechte völlig zu übergehen.

So entschied man sich für das System der Verwaltungsgemeinschaft, das zwar die Verwaltung und Nutznießung dem Mann übertrug, aber das substantielle Vermögen der Frau unberührt ließ[209].

Nicht der Verwaltung und Nutznießung des Mannes unterstand das sog. Vorbehaltsgut der Frau; hierzu gehörte neben dem vertraglich vereinbarten[210] auch das ihr durch BGB zugestandene Vorbehaltsgut[211]. In der Tatsache, daß die Ehefrau über ihren Verdienst frei verfügen kann, ist doch ein – wenn auch nur geringer – Einfluß der römisch-rechtlichen Gütertrennung erkennbar. Damit sollte der wachsenden Selbständigkeit der Ehefrau Rechnung getragen werden[212].

d) Rechtliche Beziehungen zu den Kindern

Die Gewaltrechte gegenüber den Kindern hatten sich in ihrer Struktur von einem väterlichen Herrschaftsrecht zu einer frei gestalteten Vormundschaft, die vor allem dem Schutz und der Fürsorge der Kinder dienen sollte, entwickelt.

§ 1626 BGB sprach zwar von der elterlichen Gewalt[213]; es bestand jedoch keine gleichberechtigte Stellung von Vater und Mutter. Vielmehr unterschied das BGB im folgenden zwischen der elterlichen Gewalt des Vaters[214] und der elterlichen Gewalt der Mutter[215]; „schon aus dieser Aufteilung ergibt sich, daß das BG nicht an ein gemeinschaftliches Wirken beider Elternteile gedacht hatte"[216].

Außer der Personensorge, die sie neben dem Vater ausübte, legte das BGB keine mütterlichen Gewaltrechte fest; insbesondere die Verwaltung und Nutznießung des Kindesvermögens sowie die gesetzliche Vertretung stand allein

---

209 Die Verwaltungsgemeinschaft ermöglichte es, „den Schutz der weiblichen Vermögenssubstanz mit einem Maximum an Dispositionsbefugnis des Ehemannes zu verbinden" (Dörner: Industrialisierung und Familienrecht, S. 103); siehe auch Planck: Die rechtliche Stellung der Frau …, S. 18.

210 § 1368 BGB.

211 § 1366 BGB: „Vorbehaltsgut sind die ausschließlich zum persönlichen Gebrauche der Frau bestimmten Sachen, insbesondere Kleider, Schmucksachen und Arbeitsgeräthe".
      § 1367 BGB: „Vorbehaltsgut ist, was die Frau durch ihre Arbeit oder durch den selbständigen Gebrauch eines Erwerbsgeschäfts erwirbt".

212 Dörner: Industrialisierung und Familienrecht, S. 105.

213 „Das Kind steht, solange es minderjährig ist, unter elterlicher Gewalt".

214 § 1627 ff BGB.

215 § 1684 ff BGB.

216 Staengel: Die elterliche Gewalt der Mutter …, S. 154.

dem Vater zu. Auch wurde dem Vater das Entscheidungsrecht bei elterlichen Meinungsverschiedenheiten zugestanden[217].

Die elterliche Gewalt stand dann der Mutter zu, wenn der Vater an ihrer Ausübung verhindert war, insbesondere auch beim Tod des Vaters. Wenn die Mutter die elterliche Gewalt wahrnahm, hatte sie zwar grundsätzlich die gleichen Rechte wie der Mann, es konnte ihr aber auch ein Beistand zugewiesen werden[218]. „Er berät, unterstützt und kontrolliert sie in allen Angelegenheiten, auch bedarf sie bei verschiedenen Rechtsgeschäften für die Kinder seiner Genehmigung"[219].

Auch wenn die verwitwete Mutter sich wiederverheiratete, wurde sie gegenüber dem Mann benachteiligt. Ein Witwer, der wieder heiratete, behielt die volle elterliche Gewalt sowie die Verfügungsgewalt über das Vermögen der Kinder; die Mutter verlor beides und konnte die Rechte nur dann wiederbekommen, wenn sie – mit Erlaubnis ihres zweiten Mannes und nur sofern die Großväter der Kinder nicht berücksichtigt werden konnten – zum Vormund bestellt wurde[220].

e) Weitere Entwicklung in bezug auf die Rechtsstellung der Frau

Mit dem Inkrafttreten des Grundgesetzes (GG) galt auch der Grundsatz der Gleichberechtigung von Mann und Frau[221], der natürlich auch das bürgerliche Familienrecht nicht unbeeinflußt lassen konnte. Um dem Gesetzgeber ausreichend Zeit für eine Anpassung des Familienrechts zu geben, blieb das bisherige Recht gem. Art. 117 I GG allerdings zunächst in Kraft; dies wurde jedoch bis zum 31. 3. 1953 befristet. Da es dem Bundestag nicht gelang, bis zu diesem Termin das Familienrecht entsprechend zu reformieren, galten ab 1. 4. 1953 alle dem Gleichberechtigungsgrundsatz des GG widersprechenden

---

217 § 1634 Satz 2 BGB: „Bei einer Meinungsverschiedenheit zwischen den Eltern geht die Meinung des Vaters vor".
Dazu Staengel (Die elterliche Gewalt der Mutter …, s. 163): „Nachdem (…) der Mutter hinsichtlich der Personensorge Rechte nicht nur der Zuständigkeit, sondern auch der Ausübung nach zugesprochen wurden, glaubte offenbar der Gesetzgeber, hiermit genug für die Anerkennung der mütterlichen Fähigkeiten ihren Kindern gegenüber getan zu haben und beschränkte diese Rechte sofort wieder durch die Einräumung einer väterlichen Vorrangstellung, kraft welcher letzten Endes doch stets nur das geschah, was der Vater bestimmte". Vgl. auch Weber: Ehefrau und Mutter …, S. 452.
218 § 1687 ff BGB.
219 Weber: Ehefrau und Mutter …, S. 447; diese Möglichkeit der Beistandschaft wird von Planck begrüßt, denn „vorsichtig war es gewiß bei einem so neuen Institute, wie es die elterliche Gewalt der Mutter ist. Es ist die Möglichkeit ins Auge zu fassen, daß Mütter auch leichtsinnig sind oder nicht im Stande, ordnungsgemäß für die Verwaltung des Vermögens zu sorgen" (Planck: Die rechtliche Stellung der Frau …, S. 28).
220 Weber: Ehefrau und Mutter …, S. 448.
221 Art. 3 II GG.

Regelungen des Familienrechts nicht mehr; mangels einer neuen gesetzlichen·
Grundlage mußten die Gerichte anhand von Art. 3 II GG im Einzelfall die
Entscheidungen treffen[222]. Erst am 1. 7. 1958 trat das Gesetz über die Gleichberechtigung von Mann und Frau auf dem Gebiete des bürgerlichen Rechts[223]
in Kraft. Die entscheidensten Änderungen in bezug auf die Rechtsstellung der
Ehefrau waren dabei die Streichung des § 1354 BGB[224], die grundsätzliche
Anerkennung des Rechts der Frau auf Aufnahme einer Erwerbstätigkeit[225]
sowie die Einführung der Zugewinngemeinschaft als gesetzlicher Güterstand[226].

Hinsichtlich der elterlichen Gewalt wurde zwar gesetzlich festgeschrieben,
daß grundsätzlich beide Elternteile die Entscheidungen treffen[227]; das Letztentscheidungsrecht des Mannes wurde jedoch – wenn auch eingeschränkt –·
beibehalten[228], ebenso wie die alleinige gesetzliche Vertretungsmacht[229]. Diese
beiden Vorschriften wurden jedoch vom Bundesverfassungsgericht am
29. 7. 1959 für verfassungswidrig und somit für nichtig erklärt[230].

Durch das 1. Gesetz zur Reform des Ehe- und Familienrechts vom
14. 6. 1976[231] wurden weitere für die Rechtsstellung der Frau bedeutsame
Bestimmungen geändert. Neben Änderungen im Scheidungsrecht und hinsichtlich des Ehenamens sind vor allem Änderungen über die Pflichten und
Rechte der Ehegatten wichtig. So ist nicht mehr die Frau allein, sondern beide
Ehegatten für die Führung des Haushalts verantwortlich[232], die Schlüsselgewalt der Ehefrau für Geschäfte innerhalb ihres häuslichen Wirkungsbereichs
wurde ersetzt durch ein gegenseitiges Recht der Ehegatten[233]. Grundsätzlich ist
zu sagen, daß durch das 1. Gesetz zur Reform des Ehe- und Familienrechts die
überkommene Vorstellung von der Rolle der Ehefrau als Hausfrau erstmalig
aufgegeben wurde[234].

---

222 Dölle: Familienrecht, S. 27.
223 BGBl. I 1957, 609.
224 siehe Fn.
225 § 1356 I S. 2 BGB: „Sie ist berechtigt, erwerbstätig zu sein, soweit dies mit ihren Pflichten
    in Ehe und Familie vereinbar ist".
226 §§ 1363 ff BGB.
227 § 1627 S. 2 BGB: „Bei Meinungsverschiedenheiten müssen sie versuchen, sich zu einigen".
228 § 1628 I BGB: „Können die Eltern sich nicht einigen, so entscheidet der Vater; er hat auf
    die Auffassung der Mutter Rücksicht zu nehmen".
229 § 1629 I BGB: „Die Vertretung des Kindes steht dem Vater zu (…)".
230 BVerfGE 10, 60.
231 BGBl. I 1976, 1421.
232 § 1356 I S. 1 BGB: „Die Ehegatten regeln die Haushaltsführung im gegenseitigen Einver-
    nehmen".
233 § 1357 I S. 1 BGB: „Jeder Ehegatte ist berechtigt, Geschäfte zur angemessenen Deckung
    des Lebensbedarfs der Familie mit Wirkung auch für den anderen Ehegatten zu besorgen".
234 Palandt: BGB, Einl. vor § 1297, Rnr. 3 m.

Achte Vorlesung: Zusammenfassung

Die Frage, ob und in welcher Weise das römische Recht Einfluß auf die Rechtsstellung der Frau hatte, läßt sich nur sehr differenziert beantworten.

Am stärksten war die Übernahme römisch-rechtlicher Grundsätze bei der Behandlung unverheirater Frauen zu beobachten. Dies führte dazu, daß die Geschlechtsvormundschaft über ledige Frauen abgeschafft wurde, was zu einer weitgehenden Gleichberechtigung auf dem Gebiet des bürgerlichen Rechts führte. Dies wurde jedoch nicht auf Ehefrauen ausgedehnt; sie unterstanden Sonderregelungen, die die ehemännliche Gewalt mehr oder weniger unverändert aufrechterhielten. Dies war zum Teil darauf zurückzufuhren, daß die ursprünglichen germanischen Rechtstraditionen, die eine starke Unterordnung der Ehefrau vorsahen, unbeeinflußt von römischen Rechtsgedanken beibehalten wurden, zum Teil wurde auch auf das klassische römische Recht zurückgegriffen, das – im Gegensatz zum späteren römischen Recht – ebenfalls von einem absoluten Herrschaftsrecht des Mannes geprägt war.

Somit trat im gemeinen Recht erstmals eine Unterscheidung hinsichtlich der rechtlichen Stellung nach dem Familienstand der Frau auf, die in den Privatrechtskodifikationen im wesentlich beibehalten wurde[235]. Dies galt auch noch für das 1900 in Kraft getretene BGB, das die Tradition des ALR im wesentlich fortführte und erst durch allmähliche Reformierungen eine gleichberechtigtere Stellung auch für Ehefrauen verwirklichte.

Der Grund dafür, daß die Ehefrau im Laufe der Jahrhunderte im wesentlichen in ihrer untergeordneten und abhängigen Stellung zum Mann blieb, ist wohl darin zu sehen, daß sich hier stets konservative und patriarchalische Vorstellungen bewahrt haben, die traditionelle Rollenbilder und überkommene Auffassungen von der Ehe aufrechterhielten. Rechtliche und gesellschaftliche Veränderungen die unter anderem auch die Gleichberechtigung der Geschlechter beinhalteten, konnten in diesen isolierten Bereich nicht eindringen.

Dies zeigt sich deutlich an den rechtlichen Beziehungen der Ehegatten untereinander. Im gemeinen Recht und zum Teil auch in den Kodifikationen war für die rechtlichen Handlungen, also die Außenbeziehungen, allein der Mann zuständig; die Ehefrau war in ihrer Geschäftsfähigkeit, ja zum Teil sogar in ihrer Rechtsfähigkeit weitgehend beschränkt. Die Aufgabenverteilung innerhalb der Ehe war genau vorgegeben und blieb im Laufe der Entwicklung nahezu unverändert gleich: der Ehemann hatte für den Unterhalt der Familie aufzukommen und traf die grundlegenden Entscheidungen als Familienober-

---

235 Eine Ausnahme stellt dabei das ABGB dar. Es bildete eine – in bezug auf die Rechtsstellung der Ehefrau positive – Kombination von Römischem Recht als ratio scripta und naturrechtlichen Vorstellungen, die sich z. B. in den „allgemeinen Grundsätzen der Gerechtigkeit" ausdrückten.

haupt, die Ehefrau war zur Führung des Haushalts und zur Pflege der Kinder verpflichtet, im übrigen war sie ihrem Mann Gehorsam schuldig.

Unter dem Gesichtspunkt, wie stark das römische Recht die Stellung der Frau beeinflußt hat, ist das eheliche Güterrecht sehr aufschlußreich. Abgesehen vom ABGB hat sich in diesem Bereich das römische Recht mit seiner Gütertrennung zwar so gut wie gar nicht durchgesetzt, dies macht jedoch besonders deutlich, wie stark die vermögensrechtliche und die allgemeine Stellung der Ehefrau voneinander abhängen. Das römische Recht sah Gütertrennung vor, die der Ehefrau eine weitgehende Unabhängigkeit und Selbständigkeit gab; dies wirkte sich auf ihre rechtliche Stellung in der Gesellschaft und zum Teil auch innerhalb der Familie[236] aus. Andere Güterrechtssysteme, die sich im gemeinen Recht und zum Teil in den Privatrechtskodifikationen durchsetzten, und die von einer vollständigen Vermögensübertragung an den Mann oder zumindest von einer Vermögensverwaltung durch den Mann ausgingen, die also die Frau vermögensrechtlich abhängig machten, korrespondierten dagegen mit einer untergeordneten Stellung der Ehefrau auch in anderen Bereichen.

Hinsichtlich der rechtlichen Beziehungen zu den Abkömmlingen ist festzustellen, daß, auch wenn die *patria potestas* nicht ohne Einfluß blieb, die absolute väterliche Gewalt sich im gemeinen Recht und in den Gesetzeswerken des bürgerlichen Rechts nicht durchgesetzt hat. Im Vordergrund standen hier immer die Interessen des Kindes, was dazu führte, daß auch die Mutter an der Sorge für das Kind und an der Erziehung mitbeteiligt wurde. Dies führte zwar zu keiner völlig gleichberechtigten elterlichen Gewalt, aber die Rechte der Mutter waren – wenn auch häufig erst nach dem Tode des Vaters – doch wesentlich weitgehender als im römischen Recht.

---

236 Eine Ausnahme stellen vor allem die fehlende Rechte der Mutter gegenüber ihren Abkömmlingen dar.

Literaturverzeichnis

Caesar Barazetti: Einführung in das Französische Civilrecht (Code Napoléon) das Badische Landrecht (sowie in das rheinische Recht überhaupt), Frankfurt/M. 1889.

Robert Bartsch: Die Rechtsstellung der Frau als Gattin und Mutter, Leipzig 1903.

Helmut Coing: Europäisches Privatrecht Bd. I, München 1985; Bd. II, München 1989.

Hermann Conrad: Die Rechtsstellung der Ehefrau in der Privatrechtsgesetzgebung der Aufklärungszeit, in: Josef Engel/Hans Martin Klinkenberg, Aus Mittelalter und Neuzeit (Festschrift für Gerhard Kallen), Bonn 1957, S. 253–270.

Christiana Damm: Die Stellung der Ehefrau und Mutter nach Urteilen des Reichsgerichts von 1879 bis 1914, Jur. Diss., Marburg 1983.

Heinrich Dernburg: Lehrbuch des Preußischen Privatrechts und der Privatrechtsnormen des Reichs, 1. Band, 2. Aufl., Halle 1879; 3. Band, Halle 1880.

Hans Dölle: Familienrecht, Bd. 1, Karlsruhe 1964.

Heinrich Dörner: Industrialisierung und Familienrecht, Berlin 1974.

Karl Friedrich Eichhorn: Einleitung in das deutsche Privatrecht, 5. Aufl., Göttingen 1845.

F. Endemann: Lehrbuch des Bürgerlichen Rechts, Bd. II, 2. Abt.: Familienrecht, 8./9. Aufl., Berlin 1908.

Friedrich Wilhelm Fleischhauer: Die rechtliche Stellung der Ehefrau nach dem Allgemeinen Landrecht für die Preußischen Staaten, Jur. Diss., Jena 1915.

Ursula Floßmann: Die Gleichberechtigung der Geschlechter in der Privatrechtsgeschichte, in: Rechtsgeschichte und Rechtsdogmatik, Festschrift Hermann Eichler, Wien 1977, S. 119–144.

Ute Gerhard: Verhältnisse und Verhinderungen. Frauenarbeit, Familien und Rechte der Frauen im 19. Jahrhundert, Frankfurt/M. 1978.

– Die Rechtsstellung der Frau in der bürgerlichen Gesellschaft des 19. Jahrhunderts. Frankreich und Deutschland im Vergleich, in: Jürgen Kocka, Bürgertum im 19. Jahrhundert, Bd. 1, München 1988, S. 439–468.

– Gleichheit ohne Angleichung, München 1990.

Johann Friedrich Ludwig Göschen: Vorlesungen über das gemeine Civilrecht, Bd. III, Göttingen 1839, in: Ute Gerhard, Verhältnisse und Verhinderungen. Frauenarbeit, Familie und Rechte der Frauen im 19. Jahrhundert, Frankfurt/M. 1978, S. 460 ff.

Hugo Hauser: Die geistigen Grundlagen des Eherechts an der Wende des 18. zum 19. Jahrhundert, in: Kleine Schriften zum Deutschen Privatrecht, Bd. 6.

Rudolf Hübner: Grundzüge des Deutschen Privatrechts, 5. Aufl., Leipzig 1930

Max Kaser: Das römische Privatrecht, 1. Abschnitt, München 1955; 2. Abschnitt, München 1975.

C. F. Koch: Lehrbuch des Preußischen gemeinen Privatrechts, Bd. II, Berlin 1846.

Antonie Kraut: Die Stellung der Frau im württembergischen Privatrecht, Jur. Diss., Tübingen 1934.

Wilhelm Theodor Kraut: Die Vormundschaft nach den Grundsätzen des Deutschen Rechts, Bd. I, Göttingen 1835; Bd. II, Göttingen 1847.

Karina Kroj: Die Abhängigkeit der Frau in Eherechtsnormen des Mittelalters und der Neuzeit als Ausdruck eines gesellschaftlichen Leitbilds von Ehe und Familie, Frankfurt/M. 1988.

Dieter Medicus: Zur Geschichte des Senatus Consultum Velleianum, Köln 1957.

David Mevius: Commentarii in ius Lubecense libri quinque, ad explicationem ejusdem solidam, pro docenda vera statutorum ratione, Francofurti et Lipsiae 1700.

B. Mugdan: Die gesammten Materialien zum Bürgerlichen Gesetzbuch für das Deutsche Reich, Bd. V, Berlin 1899.

Palandt: Bürgerliches Gesetzbuch, 42. Aufl., München 1983.

Gottlieb Planck: Die rechtliche Stellung der Frau nach dem bürgerlichen Gesetzbuche, 2. Aufl., Göttingen 1899.

G. F. Puchta: Pandekten, 7. Aufl., Leipzig 1853.

Ingeborg Schwenzer: Vom Status zur Realbeziehung – Familienrecht im Wandel, Baden-Baden 1987.

Rudolph Sohm / Ludwig Mitteis / Leopold Wenger: Institutionen. – Geschichte und System des Römischen Privatrechts, 17. Aufl., Berlin 1949.

Walter Staengel: Die elterliche Gewalt der Mutter im deutschen Rechtskreis seit 1794, Jur. Diss., Tübingen 1966.

Otto Stobbe / H. O. Lehmann: Handbuch des Deutschen Privatrechts, Bd. IV, 3. Aufl., Berlin 1900.

Samuel Stryk: Specimen usus moderni Pandectarum, 4 Bände, Francofurti u. Witebergae 1690–1712, Halae Magdeburgicae 1717–1745.

Hans Thieme: Die Rechtsstellung der Frau in Deutschland, in: Kleine Schriften zum deutschen Privatrecht, Bd. 11.

Ursula Vogel: Patriarchale Herrschaft, bürgerliches Recht, bürgerliche Utopie. Eigentumsrechte der Frauen in Deutschland und England, in: Jürgen Rocka, Bürgertum im 19. Jahrhundert, Bd. 1, München 1988, S. 406–438

Heinrich Vogt: Studien zum Senatus Consultum Velleianum, Bonn 1952.

Marianne Weber: Ehefrau und Mutter in der Rechtsentwicklung, Tübingen 1907.

Susanne Weber-Will: Die rechtliche Stellung der Frau im Privatrecht des Preußischen Allgemeinen Landrechts von 1794, Frankfurt/M. 1983.

Johann Moritz Weyer: Commentarius de communione bonorum inter coninges,

eorumque divisione inter liberos demortui coninges et superstitem paren-
tem, Lemgoviae 1739.

Christian Wolff: Grundsätze des Natur- und Völkerrechts, worin alle Verbindlichkeiten und alle Rechte aus der Natur des Menschen in einem beständi-
gen Zusammenhange hergeleitet werden, Halle 1754, Neudruck Meisen-
heim 1980.

Fritz Zagelmeier: Die rechtliche Stellung der Frau im römischen Familienrecht, Jur. Diss., Erlangen 1928.

Franz Edlen von Zeiller: Commentar über das allgemeine bürgerliche Gesetzbuch für die gesammten Deutschen Erbländer der österreichischen Monarchie, Bd. I, Wien u. Triest 1811.

Teil III: Die Konnexität von Freiheit und Gleichheit

Inhaltsübersicht

III. Die Konnexität von Freiheit und Gleichheit[1]

Vorbemerkung

1. Zum aktuellen Kontext der Ideengeschichte zu Freiheit und Gleichheit

„Liberté – Égalité – Fraternité", Freiheit – Gleichheit – Solidarität. Das Losungswort der Französischen Revolution ließe darauf schließen, die darin ausgedrückten politischen Ideen drückten eine kohärente Konzeption der politischen Gemeinschaft aus. Zudem sind die mit diesen Ideen verbundenen Farben – blau, weiß, rot – in der Nationalflagge Frankreichs zu einer scheinbar unauflöslichen Einheit verbunden. So läge es nahe zu behaupten, mit der aufklärerischen Verabschiedung der ständischen und der Inszenierung der bürgerlichen Gesellschaft könne *„Freiheit im Staat nicht mehr ohne Gleichheit gedacht werden"*, so jedenfalls *Christof Dipper*.[2] Ist dem aber wirklich so?

In parlamentarischen Debatten unserer Zeit wird gerade in Gleichstellungsfragen immer wieder die Unverträglichkeit einer Geschlechtergleichheit mit der Freiheit aller ins Feld geführt. In den Verfassungen sind zwar in der Regel Freiheit und Gleichheit beide verbürgt, ihre Konkretion im Verlauf eines Verfahrens vor den Verfassungsgerichten aber führt nicht selten zu einer Konfrontation einander entgegenstehender Normen. Zudem rufen die Verfechter v. a. der Freiheitsidee nach möglichst wenig Staat (politischer Liberalismus), während die Anhänger der Gleichheitsidee einen starken und viel Staat fordern, der gleichmäßig Leistungen verteilt, welche in sozialen Verteilungskämpfen zu erringen sind. Weiter ist zu fragen, ob nicht die Umweltsituation ein Überdenken der Vereinbarkeit von Freiheit und Gleichheit nahelegen würde, ist es doch so, daß die Inanspruchnahme von übermäßiger Freiheit durch einige (i. d. R. leider immer noch von vielen) Umweltschäden verursacht, die dann doch „demokratisch" alle gleichmäßig treffen.[3] Schließlich legt es schon allein das Bevölkerungswachstum nahe, danach zu fragen, ob und wie einer unbeschränkten Anzahl freier Menschen auf der Welt ein gleiches Überleben gewährleistet werden kann.

---

1 Von Michael W. Hebeisen, Hrsg. Diemut Majer.
2 Christof Dipper: Artikel „Freiheit", in: Geschichtliche Grundbegriffe – Historisches Lexikon zur politisch-sozialen Sprache in Deutschland, hrsg. von Otto Brunner u. a., Stuttgart 1979, Bd. 2, S. 487.
3 Vgl. dazu Ulrich Beck: Risikogesellschaft – Auf dem Weg in eine andere Moderne, Frankfurt am Main 1986, passim.

2. Zur historischen Dimension der Konnexität von Freiheit und Gleichheit

Die Frage nach der Konnexität der Ideen von Freiheit und Gleichheit ist keine leicht zu nehmende, eine, die durch politischen Pragmatismus ohne weiteres zu einem Ausgleich geführt werden kann. Vielmehr geht es um die Frage nach der Konsistenz der politischen Entwicklung der letzten 200 Jahre. Es läßt sich feststellen, daß die infragestehenden Ideen je eine verschiedene begriffliche und konzeptionelle Entwicklungen erfahren haben, die nicht koordiniert, gleichläufig, sondern verschoben und z. T. gegenläufig verliefen. Dabei ist immer der konkrete historische Hintergrund mitzuberücksichtigen, vor dem sich Freiheits- und Gleichheitspostulate gewandelt haben. U. a. ist danach zu fragen, ob die errungenen, Freiheit und Gleichheit betreffenden, Rechte auch in der jetzigen Situation noch aktuell sind. In der Regel waren die geforderten und errungenen Rechte nicht einmal allgemeinverträglich: die ständischen Vorrechte mußten zum Wohlergehen der Nation aufgegeben werden, diejenigen der Kleinstaaten zu Gunsten des deutschen Einheitsstaates, die „Souveränität" des Nationalstaates zu einem guten Teil für eine funktionierende kontinentale Gemeinschaft; schließlich müßten die in Anspruch genommenen Rechte mit den Ordnungsansprüchen der Staatengemeinschaft verträglich bleiben. Die Referenzgröße zur Beurteilung der Gleichheit spielt in diesem Prozeß also ersichtlich eine wichtige Rolle.

Zur Zeit der Aufklärung war die Freiheit diejenige Kraft, die mobilisierte, die überhaupt erst so etwas wie politische Öffentlichkeit herzustellen vermochte. Die Perspektiven eröffnende Freiheitsidee degenerierte aber zusehends zu einem tragenden Argument derer, die eine Abwehrhaltung einnahmen, dies gerade auch gegen Postulate sozialer Gleichheit. Dahingegen avancierte die Gleichheitsidee von der einst in kleinen sozialen Klassen wirksamen Legitimierung von Vorrechten gegenüber anderen Ständen zu einem unschlagbaren Argument für und gegen alles und jedes: Gleichheit ist heute jedenfalls eine der wirkungsmächtigsten Ideen, gerade auch in der politischen Auseinandersetzung.[4] Es geht nachfolgend darum, die traditionelle Begrifflichkeit interdisziplinär zu durchdringen, um die Stoßrichtung der verschiedenen Konzepte von Freiheit und Gleichheit genauer auszumachen und zu qualifizieren, um sodann Möglichkeiten aufzuzeigen, wie ein Lernen aus der (Ideen-) Geschichte möglich werden könnte. Letztlich geht es um die bedrängende Frage einer jeden Zeit: Können wir eine Gemeinschaft von Freien und Gleichen bilden? Oder, wenn man Freiheit versteht als Frei-Sein zu menschlicher Größe: *„Can we be equal and excellent too"*?[5]

---

4 Vgl. die Darstellung der Kraft des Gleichheitsarguments bei Peter Westen: Speaking of Equality – An Analysis of the Rhetorical Force of „Equality" in Moral and Legal Discourse, Princeton 1990.

5 John W. Gardner: Excellence – Can We Be Equal and Excellent too? New York/London 1984.

Neunte Vorlesung: Die Freiheitsideen von 1789 bis 1848/1849

1. Freiheit als Ordnungsfunktion und als Sicherheit gegen die territorialen Gewalten

Zuerst und paradoxerweise hatte sich die *Freiheit* im Staat durchzusetzen gegen die *Freiheiten* der gesellschaftlichen Schichten, gegen die Prärogativen (Vorrechte) der Stände. Die absolute Monarchie konnte insofern als Befreiung empfunden werden, als zusammen mit der konstitutionellen Freiheit, die der relativ zentralisierte Staat zu verbürgen vermochte, ständische Willkür durchbrochen werden konnte. Umgekehrt waren in Frankreich die Stände gerade angetreten, um der königlichen Willkür Schranken zu setzen, diese äußerstenfalls zu einer rationalen Herrschaftsform zu zwingen. Die nachzuvollziehende Geschichte der Freiheitsidee beginnt also da, wo ständische Freiheiten als Überbleibsel der feudalistischen Ordung aufgehen in der sogenannten bürgerlichen Gesellschaft. Der ideengeschichtlich bedeutsame Umschwung setzt da ein, wo die Freiheiten, als Bündel von Vorrechten verstanden, einem abstrakten Begriff von Freiheit Platz machen müssen.

Verschieden von den ständischen Freiheiten, müßen mindestens zwei konkurrierende Begriffe von Freiheit diesen entgegengesetzt werden: die naturrechtliche Freiheit, die der Legitimation fürstenstaatlicher Herrschaft diente, und die bürgerliche, liberale, oder auch politische Freiheit. Erstere war eng mit den gesellschaftsvertraglichen Theorien von *Jean Bodin, Thomas Hobbes* und *Christian Wolff* verbunden und begründet keine Abwehrrechte gegen staatliche Herrschaftsansprüche, sondern bindet diese Herrschaftsgewalt an die Sätze des Naturrechts, an das Gemeinwohl als Staatszweck mithin. Letztere *(libertas civilis)* geht eine Verbindung ein mit dem in Entstehung begriffenen Gesetzesbegriff und verknüpft so Freiheit zunehmend mit regelmäßiger Gesetzmäßigkeit. Auf diesem Wege wird mit dem Erstarken des politischen Liberalismus eine staatsfreie Sphäre behauptet, es wird der staatliche Herrschaftsanspruch erstmals theoretisch wirksam beschränkt und eine staatsfreie, d. h. vor allem: eine von staatlicher Willkür, eine von Staatsraison freie Sphäre bürgerlicher Entfaltung postuliert.[6]

Zu behaupten, naturrechtliche und politische Freiheit stünden den ständischen Freiheiten unversöhnlich entgegen, mißachtete nun aber die historische Realität: Vielmehr ist man zur Zeit der Französischen Revolution konfrontiert mit einem eigenartigen Konglomerat von miteinander verflochtenen Freiheitsbegriffen. Die Teilweise Vereinbarkeit von „Freiheiten" und „Freiheit" läßt sich nur erklären mit der noch unvollständig ausgebildeten Trennung von Herr-

---

6 Vgl. als Ergebnis dieses Prozesses die 1792 entstandene, aber erst 1851 veröffentlichte Schrift Wilhelm von Humboldts: Ideen zu einem Versuch, die Grenzen der Wirksamkeit des Staates zu bestimmen.

schaft und *dominium* (Eigentum des Herrschenden), mit der noch unvollkommenen republikanischen Institution des Amtes. In unserem Zusammenhang wichtiger erscheint die tendenzielle Unvereinbarkeit der infragestehenden Vorstellungen durch die unpersönliche Herrschaft des Gesetzes in Verbindung mit der Gleichheit vor dem Gesetz:

„Da der ständische Freiheitsbegriff Ungleichheit der Rechte impliziert, kommt es
zunächst darauf an, wie eng das Naturrecht Freiheits- und Gleichheitsbegriff verbindet. Sind beide gekoppelt, so kann natürliche Freiheit einen ständischen Freiheitsbegriff nicht enthalten. Da aber die natürliche Gleichheit durch den Gesellschaftsvertrag
aufgehoben wird, ist die Existenz von positiv-rechtlich begründeten Freiheiten durchaus möglich. Reduziert sich natürliche Freiheit auf Vertragsfreiheit und ist folglich
schon der status naturalis ein Stand der Ungleichheit, so sind sogar im Naturzustand
ständische 'natürliche Freiheiten' denkbar".[7]

Die Unvereinbarkeit von ständischen Freiheiten und bürgerlicher Freiheit
kommt erst da zustande, wo die Allgemeinheit des Gesetzes sich verbindet mit
der Gleichheit aller Bürger vor diesem Gesetz, wo Freiheit in Bezug tritt zur
Idee der Gleichheit. Freiheit ist dann zu verstehen als – und zu reduzieren auf
– die Herstellung von Rechtssicherheit mittels des Gesetzes, auf die Rationali-
sierung staatlicher Herrschaft also. Die Vorstellung von ständischen Freiheiten, von Vorrechten, muß erst zwingend zugunsten eines politischen Freiheitsbegriffs aufgegeben werden, sobald sich Gesetzesbegriff und Gleichheitsbegriff
verbinden zu dem Gedanken der Gleichheit aller Bürger vor dem als allgemein
vorauszusetzenden Gesetz.[8]

2. Freiheit gegen Willkür

Wie schon in der Englischen Glorious Revolution von 1688, so verstanden
sich auch die Vorkämpfer der Französischen Revolution als Freiheitskämpfer.
Der revolutionäre Aktivismus im Zeichen der Freiheit war unmittelbar gerichtet gegen Unfreiheit und Willkür, wie überhaupt Gerechtigkeitspostulate zumeist als Differenz zu als ungerecht empfundenen Zuständen zutagetreten.
Wichtig zu erkennen ist, daß gerade auch die Freiheitsidee gegen das Ancien
Régime gewandt war und in dieser Stoßrichtung mit den politischen Umständen der vorrevolutionären Zeit eng verknüpft ist. Konkret:

„Die Grenzen der Befreiungspraktiken werden durch die Bedingungen der zu über-
windenden Herrschaftspraxis mitbestimmt".[9]

---

7 Diethelm Klippel: Artikel „Freiheit", in: Geschichtliche Grundbegriffe – Historisches Lexikon
   zur politisch-sozialen Sprache in Deutschland, hrsg. von Otto Brunner u. a., Stuttgart 1979,
   Bd. 2, S. 486 mit Nachweisen.
8 Vgl. ebenda, S. 487.
9 Montserrat Galceran Huguet: Artikel „Freiheit", S. 163, Sp. 1.

Die Französische Revolution war nun nicht geprägt von einer einzigen Konfrontation zwischen zwei Positionen, sondern von mindestens vier politischen Konstellationen,[10] was dazu führt, daß die Zustände, wogegen sich das Freiheitspostulat wandte, nur ungenau bezeichnet werden können und schillernd bleiben. Immerhin müssen an dieser Stelle genannt werden: Freiheit versus verschiedene Einschränkungen und paradoxerweise auch Ausdehnungen des Wahlrechts (Wahlfreiheit); Freiheit von als ungerecht empfundenen Steuern und Abgaben (Zehntenfreiheit); Freiheit gegen die Leibeigenschaft in Zusammenhang mit der Schollenbindung; Befreiung von patriarchalen Vorrechten; etc. Schon ethymologisch hat „Freiheit" die Komponente von fehlender Unterdrückung; so bestimmt etwa das Grimmsche Wörterbuch:

„Der älteste und schönste Ausdruck für den Begriff der Freiheit war der sinnliche Freihals, ein Hals, der kein Joch auf sich trägt".[11]

Einen ganz charakteristischen, in Kontrast zu Bürgerkriegsverhältnissen geprägten Zug trägt die Freiheitsidee bei Thomas Hobbes, der Freiheit versteht als *„nach der eigentlichen Bedeutung des Wortes die Abwesenheit äußerer Hindernisse",*[12] Freiheit bedeute *„genau genommen das Fehlen von Widerstand".*[13] Nun ist für die Hobbessche Freiheit aber gerade bezeichnend, daß Freiheit des Untertanen im Ergebnis bedeutet, sich dem Leviathan freiwillig zu unterwerfen[14]. Die Idee der Freiheit hat bei *Hobbes* mithin nur legitimatorische Funktion und entbehrt jeder Sprengkraft, die ihr sonst innewohnt. Das 21. Kapitel des *Leviathan* handelt ausführlich *von der Freiheit der Untertanen* und begründet die Ansicht *Hobbes*, der Begriff der Freiheit dürfe nur auf Körper angewendet werden, was in einer quasi-physikalischen Behandlung des Problems der Herrschaft resultiert: Freiheit ist keine Frage des Willens, sondern eine solche der machtvollen Gewaltanwendung und -abwendung. So wird nicht nur Freiheit mit Zwang vereinbar, menschliches Wollen als Autonomie zudem auch verträglich mit gottgewollter Vorsehung. Die Freiheit besteht so im Zeichen der Gesellschaftsvertragstheorie von *Hobbes* nur insoweit, als sie vom Staat Leviathan gewährt wird, auch wenn nicht die nackte Staatsraison, sondern eine existentielle Machttheorie zur Anleitung dient: Freiheit ist beschränkt auf die durch die Gesetze nicht geregelte Sphäre.

„Denn nehmen wir Freiheit im eigentlichen Sinn als körperliche Freiheit, das heißt, Freiheit von Ketten und Gefangenschaft, so wäre es von den Menschen völlig wider-

---

10 Vgl. Charles Tilly: Die Europäischen Revolutionen, München 1993, S. 242 ff.
11 Jacob und Wilhelm Grimm: Deutsches Wörterbuch in 33 Bänden, Leipzig 1854 bis 1971, Bd. 4, S. 111.
12 Thomas Hobbes: Leviathan oder Stoff, Form und Gewalt eines kirchlichen und bürgerlichen Staates (1651, 1670), Frankfurt am Main 1991, S. 99.
13 Ebenda, S. 163, zu verstehen als Bescheidung in die offenstehenden Möglichkeiten.
14 Vgl. ebenda, S. 536 f.

sinnig, so, wie sie es tun, nach der Freiheit zu rufen, der sie sich offensichtlich erfreuen. Nehmen wir ferner Freiheit als Ausnahme vom Gesetz, so ist es von den Menschen nicht weniger widersinnig, so, wie sie es tun, eine Freiheit zu verlangen, auf Grund derer alle anderen Menschen Herrn ihres Lebens sein könnten. (...) Die Freiheit eines Untertanen ist daher auf die Dinge beschränkt, die der Souverän bei der Regelung ihrer Handlungen freigestellt hat".[15]

Freiheit zu fordern ist demnach unter der Herrschaft des Leviathan sinn- und zwecklos, Freiheit wird von *Hobbes* regelrecht *ad absurdum* geführt. Dabei ist immer der historische Kontext der hobbesschen Staatstheorie mitzubedenken: Ausgerichtet ist der Entwurf des Ruhe- und Ordnung gewährleistenden Leviathan auf die kriegerisch-tumultuösen Zustände im Vorfeld der Glorreichen Revolution: Der starke Staat ist designiert, die Lebensbedrohung durch kriegerische Horden abzuwenden.[16] Bürgerkriegsähnliche Unordnung auf einem bestimmten Territorium kann nun aber bedingt sein durch dynastische oder persönliche Interessen der Herrscher und ist somit nicht rational zu bewältigen. *Hobbes* hat es also seine gänzliche Verleugnung der Freiheitsidee gewißermaßen im Zeichen der Freiheit gegen unberechenbaren Schaden durch Krieg unternommen: Rationale Herrschaft ist allemal ein besserer Garant einer „Freiheit", als es unberechenbare und interessenbedingte kriegerische Auseinandersetzungen um die Herrschaft sind: Das ist die fortgeltende Lektion des *Leviathan* von *Hobbes.*[17]

Die Postulate die dem gegen Willkür gerichteten Begriff der Freiheit entspringen, sind nach und nach eingelöst worden, je nachdem mit zeitweiligen Rückschlägen. Die Ablösung der ständischen durch die bürgerliche Gesellschaft absorbierte eine ganze Reihe von so begründeten Postulaten, die Wahlrechtsreformen absorbierten in verschiedenen Schritten die Forderungen der bürgerlichen Freiheit, die politische Freiheit wurde zunehmend absorbiert durch Gleichheit vor dem Gesetz, Abgaben wurden gleichmäßiger erhoben, etc. So gesehen verlor der gegen Willkür gewandte Begriff der Freiheit immer mehr an Sprengkraft und überlebte bloß in gewandelter Gestalt als Forderung nach liberal/ökonomischer Freiheit (Gewerbefreiheit), welche verbunden mit der unabdingbaren Niederlassungsfreiheit von den Länder- und Bundesverfassungen des 19. Jahrhunderts meist explizit gewährt wurde.[18]

---

15 Ebenda, S. 165, die Staatsgesetze mit den Naturgesetzen ineinssetzend.
16 Vgl. die sensible historische Darstellung dieses Kontextes und seiner Implikationen in der hobbesschen Staatstheorie durch Hans-Dieter Metzger: Thomas Hobbes und die Englische Revolution, Stuttgart-Bad Cannstadt 1991.
17 Zur politischen Philosophie von Hobbes weiterführend Walter Euchner: Die Vertragstheoretiker und deren Kritiker, in: Pipers Handbuch der politischen Ideen, hrsg. von Iring Fetscher und Herfried Münkler, München-Zürich 1987, Bd. 3, S. 353 ff.
18 Vgl. die verfassungsrechtliche Verankerung des Grundsatzes in Artikel 31 der Schweizerischen Bundesverfassung als Handels- und Gewerbefreiheit.

3. Freiheit als Rationalitätsprinzip

Bestimmend für die geistesgeschichtliche Entwicklung wurde der Freiheitsbegriff nicht sosehr in der von den Freiheitskämpfern auf der Straße ausgerufenen Bedeutung, sondern in den von Philosophen in Studierstuben ausgedachten Formen. Und dies obschon die *Gebrüder Grimm* in ihrem Wörterbuch noch vermerken konnten: *„philosophische Erklärungen der Freiheit sprechen wenig an"*.[19] Als Willensfreiheit wurde die Freiheitsidee zur Grundlage eines philosophischen Verständnisses des Individuums, als Autonomie gewann Freiheit die begriffliche Festigkeit, um als Bezugsgröße für die vernunftbegründete praktische Philosophie des deutschen Idealismus zu dienen. Freiheit (Autonomie = Selbstgesetzgebung, Selbstbestimmung) war zwar weiterhin gegen Heteronomie (Fremdbestimmung) gerichtet, dies aber in gänzlich anderer Funktion, denn als Opposition zu herrschender Willkür. Nicht als politischer Begriff für die Gestaltung der Wirklichkeit muß dieses Freiheitskonzept begriffen werden, vielmehr als konstitutive Idee einer philosophischen Beschäftigung mit ebendieser Wirklichkeit politischer Sozietät. Damit wird eine Differenz zwischen der Realität und ihrer ideenmäßigen Bewältigung errichtet, welche den Begriff der Freiheit transformiert in ein Rationalitätsprinzip. Dabei hatte dieselbe Vernünftigkeit, die für das menschliche und gemeinschaftliche Handeln gefordert wurde, auch zu dienen als einende Methode einer philosophischen Disziplin.

a) Vordenker der Vernunftfreiheit (Spinoza, Leibniz, Voltaire, Locke, Montesquieu)

Nicht erst bei den gemeinhin als frühesten politisch-philosophische Theoretikern behandelten Autoren *John Locke* und *Montesquieu* wird der Freiheitsbegriff zu einem Vernunftprinzip, bereits bei den ersten Rationalisten erscheinen die Grundlagen der späteren Entwicklung vorgezeichnet. *Baruch de Spinoza* hat Freiheit aufgefaßt als Bewußtsein der Notwendigkeit: Menschliche Gestaltungsautonomie sollte mit der Einsicht in den notwendigen Ablauf von Prozeßen nach Naturgesetzen vereinbart werden, zum Zweck des besseren Verständnisses und der Beherrschung ebendieser Kausalgesetze.[20] Der Rationalismus erscheint hier freilich noch nicht konsequent durchgeführt, sondern hat noch einen strengen theologischen Bezug: Letzten Endes könne nur die göttliche Substanz wirklich frei sein, schließt *Spinoza* (*„Deus sive natura"*), die Freiheit des Menschen bestehe nur darin, sich durch Wissen und Weisheit zu

---

19 Vgl. a.a.O., Bd. 4, S. 111–113.
20 Vgl. Montserrat Galceran Huguet: Artikel „Freiheit", in: Europäische Enzyklopädie zu Philosophie und Wissenschaften, hrsg. von Hans Jörg Sandkühler, Hamburg 1990, Bd. 2, S. 167.

identifizieren mit der göttlichen Substanz, d.i. mit der konstitutiven Spontaneität des Ganzen.[21] Ähnlich wie *Spinoza* faßt auch *Gottfried Wilhelm Leibniz* Freiheit in erster Linie auf als ein Fehlen von Zwang, behauptet die Unmöglichkeit eines Verständnisses der Freiheit als bloße Beliebigkeit und faßt diese begrifflich als rationale Spontaneität. Konstitutiv mit Freiheit verbunden ist am deutlichsten bei *Leibniz* das Prinzip der Vervollkommnung des Menschen und der menschlichen Gemeinschaft, die teleologische Ausrichtung irdischen Daseins auf theologisch verstandene *felicitas* und *perfectio*.

„Gegenüber der einseitig mechanischen Weltanschauung, wie sie besonders durch Hobbes, Descartes und Spinoza in der Wissenschaft herrschend geworden war, betont Leibniz von antiker und christlicher Auffassung ausgehend das teleologische Moment mit Entschiedenheit; nur gelangt er dabei entsprechend seiner vermittelnden Natur nicht zu einer einseitigen Stellungnahme, sondern sucht Mechanismus und Teleologie zu vereinigen, indem er die mechanischen Vorgänge teleologisch erklärt: Der Mechanismus steht im Dienste der göttlichen Zwecke".[22]

Die Pflicht zur Vervollkommnung ist dem Staat nicht nur zur Wahrnehmung aufgegeben, sondern vorgegeben, d. h. vorausgesetzt: Freiheit erscheint begrenzt durch den Zweck des Staates, welcher für die Sinngebung menschlicher Gemeinschaft unabdingbar sei (*„Societas enim definiendae a fine"*). Charakterisieren diese Ausführungen die politische Freiheit, so tritt bei *Leibniz* erstmals die *persönliche Freiheit* deutlich heraus: Aspekte dieser persönlichen Freiheit sind die Gewissensfreiheit, die toleranzgeprägte Glaubensfreiheit und auch eine staatsfreie Sphäre in der Ausübung privatwirtschaftlicher Erwerbstätigkeit.[23] Wie *Leibniz*, so legt auch *Christian Wolff* seiner naturrechtlichen Staatsphilosophie die allgemeine Verpflichtung zur Vervollkommnung zugrunde: So wird denn explizit die Freiheit inhaltlich begrenzt durch diese Pflicht zur Vervollkommung des eigenen Selbst und zugleich der Allgemeinheit, was kennzeichnend ist für den Vernunftbegriff der Freiheit in der frühen Ausgestaltung durch die Rationalisten:

„Es stehet einem jeden frei, das zu thun, ohne welchem er seiner Verbindlichkeit kein Genüge leisten, oder dieselbe nicht erfüllen kann. Wie weit sich diese Freyheit

---

21 Zu Spinozas Staatslehre weiterführend L. Adelphe: De la notion de souveraineté dans la politique de Spinoza, Dissertation Universität Paris 1910; Menzel: Wandlungen in der Staatslehre Spinozas, Wien 1898; und J. E. Horn: Spinozas Staatslehre, 1851.

22 Erwin Ruck: Die Leibniz'sche Staatsidee aus den Quellen dargestellt, Tübingen 1909, S. 83.

23 Vgl. ebenda, S. 95. – Zur Staatsphilosophie von Leibniz weiterführend Hartmut Schiedermair: Das Phänomen der Macht und die Idee des Rechts bei Gottfried Wilhelm Leibniz, in: Studia Leibnitiana Supplementa, Bd. 7, Wiesbaden 1970; Karl Herrmann: Das Staatsdenken bei Leibniz, in: Schriften zur Rechtslehre und Politik, Bd. 1, Bonn 1958; Erwin Ruck: Die Leibniz'sche Staatsidee – Aus den Quellen dargestellt, Tübingen 1909; und Robert Zimmermann: Das Rechtsprinzip bei Leibniz – Ein Beitrag zur Geschichte der Rechtsphilosophie, Wien 1852.

erstrecket, muß man aus der Nothwendigkeit derjenigen Dinge beurtheilen, die zur Erfüllung der natürlichen Verbindlichkeit erfordert werden".[24]

Eine andere Wendung nimmt der rationalistische Freiheitsbegriff erst da, wo Freiheit reduziert wird auf das subjektive Vermögen zu handeln, mithin von den theologischen und teleologischen Komponenten obenbesprochener Autoren herausgelöst wird. Dies geschieht durch die englischen Empiristen und mehr noch durch die französischen Aufklärer, für die es weder eine Freiheit der Beliebigkeit noch eine Willensfreiheit gibt, sondern nurmehr Handlungsfreiheit. Diese wird bestimmt als das Vermögen (Können) des Individuums, das zu tun, was dessen (rationaler) Wille von ihm fordert, oder, wie es *François Marie Voltaire* ausdrückt:

„Worin besteht nun also die Freiheit? In dem Vermögen, das zu tun, was man will".[25]

In der liberalen Theorie von John Locke wird diese Tradition erweitert und die Freiheit auf Besitz und Eigentum bezogen: Der Mensch wird gesehen als Besitzer von Freiheit, Leben und Eigentum. Der Besitz der Freiheit kann jedoch auch umgekehrt werden: Freiheit zu besitzen. Die hier nur schlagwortartig bezeichnete Besitztheorie steht in einem engen Zusammenhang mit dem Verständnis von Arbeit als Erwerb von Besitz, *„die Freiheit des Liberalismus ist eine Freiheit der Arbeit und des Besitzes".*[26] In seinem *Second Treatise of Government* spricht Locke den Grundsatz jedes rationalistischen Freiheitsverständnisses aus: Es könne keine Freiheit ohne Gesetz gedacht werden, das Recht löse die Freiheit nicht ab, noch beschränke sie diese, vielmehr ermögliche das Rechtsgesetz Freiheit erst.[27]

„Wo es kein Gesetz gibt, da gibt es auch keine Freiheit".[28]

Das dabei angesprochene Gesetz ist erkenntlich das Vernunftgesetz, freies Handeln ist einsichtiges, eben: vernünftiges Handeln. Der zentrale Gesichtspunkt der Theorie von *Locke* ist nun, wie schon angesprochen, die freie Verfügung über das Eigentum nach freiem Willen innerhalb der Grenzen des Gesetzes der Vernunft.[29] Diese Freiheit aber kommt nicht jedem Menschen von Geburt an zu, sondern will erst bestätigt werden durch die Befähigung, Herr-

---

24 Christian Wolff: Grundsätze des Natur- und Völkerrechtes, hrsg. von Marcel Thomann, Hildesheim 1980, S. 45.

25 François Marie Voltaire: Dictionnaire philosophique, Artikel „Liberté", Leipzig 1965, S. 211.

26 Arno Baruzzi: Die Zukunft der Freiheit, Darmstadt 1993, S. 132.

27 John Locke: Zwei Abhandlungen über die Regierung (Two Treatises of Government, 1690), hrsg. und eingeleitet von Walter Euchner, Frankfurt am Main 1977, § 57.

28 Ebenda, S. 234.

29 Vgl. ebenda, § 59, S. 235.

schaft über seinen Willen auszuüben. Für die ausnahmslos unter der Herrschaft des bürgerlichen Gesetzes stehende bürgerliche Gesellschaft erscheint
nun das Eigentum an materiellen Gütern nurmehr als Konsequenz des Eigentums an der eigenen Person, also der Freiheit. Gleichzeitig wird dadurch der
Begriff des Eigentums ausgeweitet, indem er alle dem Menschen zustehenden
Rechte erfaßt und das Sacheigentum nur noch einen Teilgehalt bildet.[30] Die
Aufgabe der Freiheit, zu tun und zu lassen, wie man will, im Übergang von
der natürlichen zur staatlichen Gemeinschaft wird von *Locke* dadurch kom-
pensiert, daß der Staatszweck beschränkt ist auf die Erhaltung des Eigentums,
womit aber sämtliche Vorstellungen einer Pflicht zu ethischer Vervollkommnung entfallen. Allerdings ermöglicht die so gewonnene Neutralität des Staates in Bezug auf die Religion allgemeine Toleranz, was als entschiedener Fortschritt des politischen Denkens von *Locke* zu werten ist.[31]

Keiner hat deutlicher die unbedingte Verschränkung von allgemeinem Vernunftgesetz und Freiheit ausgesprochen, als *Charles-Louis de Secondat, Baron
de la Brède et de Montesquieu* in seinem Buch *De l'esprit des lois*. Zwar sei es
wahr, daß in den Demokratien das Volk anscheinend tue, was es wolle,

„mais la liberté politique ne consiste point à faire ce que l'on veut. Dans un État,
c'est-à-dire dans une société où il y a des lois, la liberté ne peut consister qu'à pouvoir
faire ce que l'on doit vouloir, et à n'être point contraint de faire ce que l'on ne doit pas
vouloir. Il faut se mettre dans l'esprit ce que c'est que l'indépendance, et ce que c'est
que la liberté. La liberté est le droit de faire tout ce que les lois permettent; et si un
citoyen pouvait faire ce qu'elles défendent, il n'aurait plus de liberté, parce que les
autres auraient tout de même ce pouvoir".[32]

Zudem hat *Montesquieu* durch die Bewußtmachung der kulturellen Unterschiede der Gesetze verschiedener Völker das Verständnis geweckt für die politische Autonomie eines demokratischen Gemeinwesens. Nicht ein universales
Naturrecht gibt mehr eine einzigrichtige Organisation menschlichen Zusammenlebens zwingend vor, vielmehr ist die beste Ordnung des politischen Gemeinwesens kontingent. *Montesquieu* hat damit ein Verständnis freiheitlicher
kollektiver Autonomie im Sinne von politischer Selbstbestimmung und
Souveränität in Szene gesetzt.[33]

---

30 Dazu ausführlicher Dieter Schwab: Artikel „Eigentum", in: Geschichtliche Grundbegriffe –
Historisches Lexikon dzur politisch-sozialen Sprache in Deutschland, hrsg. von Otto Brunner u. a., Stuttgart 1975, Bd. 2, S. 79 ff.
31 Vgl. John Locke: Epistola de tolerantia (1689, A Letter Concerning Toleration, Ein Brief
über Toleranz). – Zur politischen Philosophie Lockes allgemein Martin Seliger: Die Vertragstheoretiker und deren Kritiker, in: Pipers Handbuch der politischen Ideen, hrsg. von
Iring Fetscher und Herfried Münkler, München-Zürich 1987, Bd. 3, S. 381 ff.
32 Montesquieu: De l'esprit des lois (1748–1750), in: Oeuvres complètes, Paris 1964, S. 586
(Buch XI, Ziff. 3).
33 Ebenda, S. 53 ff (1. Buch). – In unserer Hinsicht vgl. besonders Thomas Chaimowicz: Freiheit und Gleichgewicht im Denken Montesquieus und Burkes – Ein analytischer Beitrag zur

b) Immanuel Kants Begriff und System der Freiheit

Am nachhaltigsten auf die Ideengeschichte der Freiheit eingewirkt hat wohl die Philosophie von *Immanuel Kant,* in der der Freiheitsbegriff erhoben ist zum Bezugspunkt eines ganzen Systems und welche die bleibende Unterscheidung zwischen Freiheit (negativ, Unabhängigkeit) und Autonomie (Selbstgesetzgebung) eingeführt hat. Die Kantsche Freiheitsidee ist transzendental, während die Freiheitsidee bei Christian Wolff sozialphilosphischen Ursprungs ist. Die Idee der Freiheit ist in der kantischen Philosophie die bestimmende Größe für den Bereich freien Handelns der Menschen und konstituiert dessen Differenz zur Naturgesetzmäßigkeit. Die Vernunft als Träger des menschlichen Wollens begründet mithin eine eigene Kausalität für menschliches vernünftiges Handeln, Unabhängigkeit ist *„Kausalität durch Freiheit".*

Bevor *Kant* den Begriff der Autonomie zu einem zentralen Bezugspunkt idealistischer Philosophie ausbaut, findet dieser in verschiedenen neuzeitlichen Schriften bereits breite Verwendung.[34] Die Philosophie des deutschen Idealismus ist gewissermaßen eine Philosophie der Freiheit, in der Formel *Kants*: *„Alle Philosophie ist Autonomie".*[35] Mehr noch: Vernunft/Rationalität wird für das idealistische Verständnis zu einem System der Freiheit/Autonomie. Freiheit im Sinne *Kants* hat keine Existenz, sondern regiert als formales Prinzip die philosophische Durchdringung des Bereichs menschlichen Handelns (praktische Philosophie), auch wenn die späteren deutschen Idealisten ihr eine ontologische Dimension zurückgeben.[36] Im Gegensatz zu negativer Freiheit als Unabhängigkeit bestimmt *Kant* als große Neuerung Freiheit als Autonomie positiv:

„Die positive Bestimmung der Freiheit bezieht sich auf das menschliche Vermögen, einen intersubjektiven, allgemeinen rationalen Bereich zu schaffen. Der Bereich des Allgemeinen erscheint dann nicht als Ergebnis irgendeines magischen oder mysteriösen Ursprungs, sondern als Wirkung des schöpferischen menschlichen Vermögens. Dieses Vermögen, begrenzt auf die moralische Welt, als solches aber in seinem Geltungsanspruch ausgedehnt auf die Gesamtheit des Lebens, ist das, was man Freiheit (Autonomie der Vernunft) nennt".[37]

Geschichte der Lehre vom Staat im 18. Jahrhundert, Wien 1985. – Zur politischen Philosophie Montesquieus allgemein Iring Fetscher: Politisches Denken im Frankreich des 28. Jahrhunderts vor der Revolution, in: Pipers Handbuch der politischen Ideen, hrsg. von dems. und Herfried Münkler, München-Zürich 1987, Bd. 3, S. 441.

34 Dazu Arno Baruzzi: Die Zukunft der Freiheit, S. 136 ff.

35 Immanuel Kant: Opus posthumus, hrsg. von der Preußischen Akademie der Wissenschaften, Berlin 1912 ff., Bd. 21, S. 106.

36 Vgl. dazu unten den nächstfolgenden Abschnitt, Ziff. 3c.

37 Montserrat Galceran Huguet: Artikel „Freiheit", S. 169. – Vgl. Andreas Gunkel: Spontaneität und moralische Autonomie – Kants Philosophie der Freiheit, Dissertation Universität Bern 1989.

Selbstgesetzgebung, Selbstbefragung, Selbstdurchdringung der Vernunft, Auf-Sich-Selbst-Angewiesen-Sein der menschlichen Vernunft gipfelt in der Idee der Freiheit. Eine diesem Gedanken gerecht werdende Aufarbeitung der politischen Philosophie Kants aber ist derzeit erst angebrochen.[38]

Als transzendentale Idee wird der Begriff der Freiheit von *Kant* eingesetzt zur Ermöglichung von Moralphilosophie überhaupt: *„Der Begriff der Freiheit ist der Schlüssel zur Erklärung der Autonomie des Willens".*[39] Freiheit muß als Autonomie des Willens jedes Menschen *vorausgesetzt* werden, weil ihre Erklärung subjektiv unmöglich ist.[40] Es gibt mithin immer eine unüberbrückbare Kluft zwischen den Sätzen der reinen Vernunft und den induktiv gewonnen Verallgemeinerungen der praktischen Vernunft, d. i. der Metaphysik der Sitten.[41]

„Aber alsdann würde die Vernunft alle ihre Grenze überschreiten, wenn sie es sich zu erklären unterfinge, wie reine Vernunft praktisch sein könne, welches völlig einerlei mit der Aufgabe sein würde, zu erklären, wie Freiheit möglich sei".[42]

Freiheit als philosophisches Grundprinzip ist damit im wesentlichen abgehoben von der in der Realität feststellbaren Freiheit, die kritische Philosophie *Kants* ist mithin zwar eine Philosophie der Freiheit, aber eine solche ohne revolutionäre Sprengkraft. Autonomie als ins Positive gewendete Unabhängigkeit ist denn nicht ein politisches Postulat, sondern ein idealistischer Grundsatz. Nichtsdestotrotz – und zugleich: umso mehr – lohnt es sich, den vierten Lehrsatz der *Kritik der praktischen Vernunft* seiner scharfen Formulierung wegen im Wortlaut zur Kenntnis zu nehmen:

„Die Autonomie des Willens ist das alleinige Princip aller moralischen Gesetze und der ihnen gemäßen Pflichten: alle Heteronomie der Willkür gründet dagegen nicht allein gar keine Verbindlichkeit, sondern ist vielmehr dem Princip derselben und der Sittlichkeit des Willens entgegen. In der Unabhängigkeit nämlich von aller Materie des Gesetzes (nämlich einem begehrten Objecte) und zugleich doch Bestimmung der

---

38 Vgl. die Neuinterpretation Kants bei Wolfgang Kersting: Wohlgeordnete Freiheit – Immanuel Kants Rechts- und Staatsphilosophie, Frankfurt am Main 1993, insbes. S. 364 ff.; und bei Ingeborg Maus: Zur Aufklärung der Demokratietheorie – Rechts- und demokratietheoretische Überlegungen im Anschluß an Kant, Frankfurt am Main 1992, passim, insbes. auch der Anhang über Die demokratische Theorie der Freiheitsrechte und ihre Konsequenzen für gerichtliche Kontrollen politischer Entscheidungen; neuestens auch bei Peter Unruh: Die Herrschaft der Vernunft – Zur Staatsphilosophie Immanuel Kants, Baden-Baden 1993.

39 Überschrift zum dritten Abschnitt der Prolegomena zu einer jeden künftigen Metaphysik, die als Wissenschaft wird auftreten können (1783): Übergang von der Metaphysik der Sitten zur Kritik der reinen praktischen Vernunft, hrsg. von der Preußischen Akademie der Wissenschaften, Bd. 4, S. 446.

40 Ebenda, S. 459.

41 Vgl. die Einleitung zum ersten Teil der Metaphysik der Sitten: Metaphysische Anfangsgründe der Rechtslehre (1797).

42 Immanuel Kant: Prolegomena, S. 458 f.

Willkür durch die bloße allgemeine gesetzgebende Form, deren eine Maxime fähig sein muß, besteht das alleinige Princip der Sittlichkeit. Jene Unabhängigkeit aber ist Freiheit im negativen, diese eigene Gesetzgebung aber der reinen und als solche praktischen Vernunft ist Freiheit im positiven Verstande. Also drückt das moralische Gesetz nichts anders aus, als die Autonomie der reinen praktischen Vernunft, d. i. der Freiheit, und diese ist selbst die formale Bedingung aller Maximen, unter der sie allein mit dem obersten praktischen Gesetze zusammenstimmen können".[43]

Freiheit bzw. Autonomie ist also derjenige Begriff, der es der Transzendentalphilosophie überhaupt erst ermöglicht, die Selbstbewegung des Denkens zu reflektieren, Freiheit ist zum Angelpunkt einer philosophischen Methode erhoben. Kennzeichnend ist ein spezifisches Verständnis von Begrifflichkeit: Die Idee der Freiheit wird in der Autonomie zum Begriff, oder: Autonomie ist der transzendentale Begriff von Freiheit.[44] Autonom, eigengesetzlich, sich-selbst-genügend sind die Attribute des Menschen und der politischen Gemeinschaft, welche durch eine Besinnung auf die Vernunftbegabung des Humanen gewonnen werden (*„animal rationabile"*). Freiheit im transzendentalphilosophischen Verständnis ist in ganz besonderem Maße die Aktualisierung menschlicher Vernunft, von Humanität.

Wie steht es nun mit dem Verhältnis von Freiheit und Gesetz in der politischen Philosophie *Kants*? Freiheit ist die *ratio essendi* und die *ratio cognoscendi* des moralischen Gesetzes, Autonomie bedeutet denn, daß Freiheit das Gesetz vernimmt und zugleich begründet:

„Freiheit ist Grund und Vernunft des Seinkönnens des moralischen Gesetzes, und das moralische Gesetz ist Grund wie Vernunft des Erkennenkönnens der Freiheit. (…) Wir können versuchen, in Kants transzendentaler Sprechweise vom Grund und von der Vernunft zu reden: Freiheit ist die Bedingung der Möglichkeit des Seins des moralischen Gesetzes und das moralische Gesetz ist die Bedingung der Möglichkeit der Erkenntnis der Freiheit".[45]

Autonomie als Selbstgesetzgebung der menschlichen Vernunft (der menschlichen Gemeinschaft) bedeutet das wechselseitige Abhängigkeitsverhältnis von Freiheit und Gesetz. *Kants* Verneinung eines Widerstandsrechts[46] gegen das allgemeine (rechtliche) Gesetz setzt allerdings einen unerwarteten, aber umso eindeutigeren Akzent: Das (moralische oder rechtliche) Gesetz erst ermöglicht die Erkenntnis dessen, was Freiheit ist und bedeutet. Vorauszusetzende Freiheit ist

---

43 Immanuel Kant: Kritik der praktischen Vernunft (1788), hrsg. von der Preußischen Akademie der Wissenschaften, Berlin 1913, S. 33.

44 Vgl. Arno Baruzzi: Die Zukunft der Freiheit, S. 165. – Vgl. die Wiederbelebung des Autonomiebegriffs für die Philosophie politischer Gemeinschaft durch Gerald Dworkin: The Theory and Practice of Autonomy, Cambridge 1988.

45 Arno Baruzzi: Die Zukunft der Freiheit, S. 176 f.

46 Vgl. Wolfgang Kersting: Wohlgeordnete Freiheit, S. 455 ff.

also in einem solchen Maße abstrakt (formal), daß sie Selbstgesetzgebung (Autonomie) und zugleich Selbsterkenntnis (Autognosie) begründet, Freiheit als Ermöglichung von Reflexion und Betätigung des Vernunftgesetzes.[47]

c) Die Freiheitsidee in der Entwicklung des deutschen Idealismus (Schiller, Fichte, Schelling, Hegel)

Die reine Durchführung der transzendentalen Freiheitsidee bei *Kant* ist einzigartig. Bei den weiteren Vertretern des deutschen Idealismus gehört Freiheit nicht mehr ausschließlich derjenigen Sphäre des Bewußtseins an, die von Naturgesetzlichkeit getrennt ist, sondern erfaßt die *Realität*.[48] Freiheit wird in der Folge als ein reales Prinzip wiederentdeckt, das die Welt regiert. Freiheit wird damit erst zum geschichtlichen Begriff. Gleichwohl hört Freiheit auf, Antrieb für gesellschaftliche Veränderungen (Revolutionen im Zeichen der Freiheit) zu sein und wird zum bloßen Bestimmungsprinzip des *Gegebenen*, zur Quelle von Sinn und Ordnung in der *Realität*.

Der Übergang von einem revolutionären, impulsiven und Veränderungen initiierenden zu einem idealisierenden Begriff der Freiheit läßt sich exemplarisch nachvollziehen im dramatischen Werk von *Friedrich von Schiller*, etwa in *Don Carlos – Infant von Spanien* und in *Wilhelm Tell*.[49] Der zu revolutionären Taten drängende und der die Geschichtlichkeit, die Institutionalisierung von Freiheit verklärende Freiheitsbegriff erscheinen hier in unmittelbare Nachbarschaft gestellt. In seiner staatsphilosophischen Schrift von 1793 macht Schiller allerdings unmißverständlich deutlich, warum eine revolutionäre Umgestaltung der Gesellschaft zum Scheitern verurteilt sei: Erst wenn der Mensch mittels ästhetischer Erziehung in den Stand der Harmonie gebracht sei, wenn das Volk zur „*Totalität des Charakters*" gefunden habe, seien die Menschen fähig und würdig, „*den Staat der Not mit dem Staat der Freiheit zu vertauschen*".[50] Zu diesem edukatorischen Zweck stellt *Schiller* nun die Ästhetik in den Dienst der Freiheit: künstlerische Phantasie, die Kunst des Möglichen, soll verbunden werden mit der Erkenntnis des Notwendigen, der Vernunft. Den harmonischen Zustand des Individuums, die Reife eines Volkes für den Staat der Freiheit nennt Schiller utopisch „*ästhetischen Staat*", oder: „*Staat des schönen Scheins*". Unmißverständlich wird immerhin, daß das Konzept der ästhetischen Erziehung als eine negative Antwort auf das Ereignis der Französischen Revolution gelesen werden muß.

---

47 Weiterführend zur politischen Philosophie Kants Iring Fetscher: Die politische Philosophie des „deutschen Idealismus", in: Pipers Handbuch der politischen Ideen, hrsg. von dems. und Herfried Münkler, München-Zürich 1986, Bd. 4, S. 153 ff.

48 Vgl. Montserrat Galceran Huguet: Artikel „Freiheit", S. 169.

49 1785, bzw. 1804. Ansätze schon in: Die Räuber, 1781.

50 Friedrich von Schiller: Über die ästhetische Erziehung des Menschen, in einer Reihe von Briefen (1795).

In der Wissenschaftslehre von *Johann Gottlieb Fichte* ist als Aufgabe der Freiheit bezeichnet, von der Sinnlichkeit zum Übersinnlichen überzuführen. Dies führt dazu, daß die erkenntnistheoretische Fundierung der kantischen kritischen Philosophie gänzlich entfällt und das Programm des transzendentalen Idealismus in dieser Hinsicht reiner durchgeführt erscheint. Die Vernunftforderungen *Kants* ersetzt *Fichte* durch den Willen zum Wissen, in einem zweiten Schritt durch den Glauben an die Freiheit. Es zeige sich,

„daß der Schritt zur Freiheit des Wissens und zugleich zum Wissen der Freiheit weitergehen muß zur Freiheit des Glaubens und dem Glauben an die Freiheit",[51]

resümiert *Arno Baruzzi*. Das Problem der Freiheit ist bei *Fichte* aufgehoben in der reinen Selbstgesetzlichkeit des Wissens (Wissensautonomie), und also muß die Freiheit des Menschen streng wissenschaftlich erweisbar sein. Der Hintergrund dieser Überzeugung liegt in der Auffassung der Gesellschaft als einer Zweckgemeinschaft: Zweck der Menschheit ist, daß *„sie im Erdenleben alle ihre Verhältnisse mit Freiheit nach der Vernunft einrichte".*[52] Philosophisch wird positive Freiheit (Autonomie im Sprachgebrauch Kants) gedacht als Spontaneität, deren Form von der intellektuellen Anschauung reflektiert wird. Daß ein solcher wissenstheoretischer Freiheitsbegriff keine Implikationen für die praktisch-politische Philosophie mehr hat, wird nirgends deutlicher als im *philosophischen Entwurf als Anhang zur Rechtslehre und Probe einer künftig zu liefernden Politik* von 1800, worin *Fichte* die ideale Organisation des Staates abhandelt mit Schwerpunkt auf staatswissenschaftliche und ökonomische Fragestellungen.[53] Die Freiheit spielt in seinen Überlegungen hier so gut wie keine Rolle mehr.

1809 erschienen die *„Philosophischen Untersuchungen über das Wesen der menschlichen Freiheit"* von *Friedrich Wilhelm Joseph von Schelling*, worin v. a. die Verbindung von Freiheit und Notwendigkeit thematisiert wird, dies im Anschluß an Baruch de Spinoza. Theoretisch zu fassen sei dieses Verhältnis nur als Totalität, es gelte die Beziehung zu fassen zwischen einer Freiheit, die Notwendigkeit sein soll, und einer Notwendigkeit, die Freiheit sein soll. Die Funktion der menschlichen Freiheit besteht in theologischer Hinsicht nach Schelling darin, daß die *„Möglichkeit des Guten und Bösen"* dahin gelöst wird, daß das Böse bloß noch als unrealistische Alternative zur freien Entscheidung des Menschen für Gott gesehen wird.[54]

---

51 Arno Baruzzi: Die Zukunft der Freiheit, S. 200.

52 Johann Gottlieb Fichte: Die Grundzüge des gegenwärtigen Zeitalters (1806); fortgesetzt in: Reden an die deutsche Nation, 1808.

53 Johann Gottlieb Fichte: Der geschloßene Handelsstaat (1800). – Weiterführend zur politischen Philosophie Fichtes Iring Fetscher: Die politische Philosophie des „deutschen Idealismus", in: Pipers Handbuch der politischen Ideen, hrsg. von dems. und Herfried Münkler, München–Zürich 1986, Bd. 4, S. 174 ff.

54 Weiterführend zur politischen Philosophie Schellings Iring Fetscher: Die politische Philoso-

In der Philosophie *Georg Wilhelm Friedrich Hegels* wird die positive Freiheit, als Autonomie, zur Erkenntnis der Notwendigkeit und zu deren Selbstbewußtsein. In der hegelschen Logik bedeutet Freiheit diejenige Einsicht, die dann entsteht, wenn die kausalen Abläufe in der Welt im Licht eines vereinheitlichenden Prinzips erblickt werden, und wenn der Zufall ausgeschaltet und ersetzt wird durch eine innere Notwendigkeit. Diese spezifische Notwendigkeit begründet die Bedeutung von Freiheit als Identität des Begriffs.

„Im Begriff hat sich daher das Reich der Freiheit eröffnet. Er ist das freie, weil die an und für sich seiende Identität, welche die Notwendigkeit der Substanz ausmacht, zugleich als aufgehoben oder als Gesetzt-sein ist, eben jene Identität ist".[55]

Die Freiheitsidee ist in dieser Fassung zum Begriffskonstrukt geworden, welches mehrere Aspekte in sich trägt: 1. Freiheit steht für die Vergegenständlichung von Gedanken, frei sein heißt für den Menschen, Mut zur Wahrheit und Glauben an die Macht der Gedanken zu haben. 2. Geschichtsphilosophisch spricht *Hegel* von einem *„Fortschritt im Bewußtsein der Freiheit"*, Freiheit ist mithin Ausdruck des Selbstbewußtseins, des Frei-Seins der menschlichen Gedanken von fremder Autorität. 3. Systematisch heißt Freiheit für *Hegel* Bei-Sich-Selbst-Sein und ist Zeugnis des Aufgehoben-Seins im selbsttätigen Prozeß des Weltgeistes, Freiheit also im dialektischen Sinne. In seiner Rechtsphilosophie faßt *Hegel* die Aspekte dahingehend zusammen, daß Recht Freiheit sei und Freiheit verwirkliche. Aber nicht nur das Recht, sondern auch die Moral, die Sittlichkeit und die Staatsraison sind *„Bestimmung und Daseyn der Freiheit"*.[56] Damit stellt sich das Problem, daß Recht zwar Freiheit realisiert, daß Recht aber immer äußerlich bleibt. Immerhin aber bleibt, daß im Recht die Freiheit auf den Begriff gebracht wird: Das Recht hat seinen Ursprung im menschlichen Willen und ist dennoch zwingend hingeordnet auf das abstrakte Recht im Sinne eines sich selbst vollziehenden Naturrechts, welches der Entwicklung des Weltgeistes folgt.

„Wenn Hegel vom Begriff der Freiheit wie umgekehrt von der Freiheit des Begriffes spricht, so können wir jetzt wagen, vom Recht als dem Begriff des Begriffs und was sich vielleicht noch vertrackter anhört, von der Freiheit der Freiheit sprechen. Mit dem Recht, der Rechtssetzung, letztlich dem positiven Recht realisiert und konkretisiert sich erst Freiheit. Den höchsten wie aber auch entscheidenden Fortschritt im Bewußtsein der Freiheit erreichen wir, wenn wir das Recht der Freiheit haben".[57]

---

phie des „deutschen Idealismus", in: Pipers Handbuch der politischen Ideen, hrsg. von dems. und Herfried Münkler, München-Zürich 1986, Bd. 4, S. 226 ff.

55   Vgl. Montserrat Galceran Huguet, Artikel „Freiheit", S. 171.

56   Georg Wilhelm Friedrich Hegel: Grundlinien der Philosophie des Rechts oder Naturrecht und Staatswissenschaft im Grundbegriffe (1833), in: Jubiläumsausgabe 1964, hrsg. von Hermann Glockner, Bd. 7, S. 80 (§ 30).

57   Arno Baruzzi: Die Zukunft der Freiheit, S. 222. – Weiterführend zur politischen Philosophie Hegels Iring Fetscher: Die politische Philosophie des „deutschen Idealismus", in: Pipers

Zehnte Vorlesung: Die Freiheitsideen von 1848/1849 bis 1918/1919

Als Konterpart zur letzten Vorlesung gilt es in der folgenden zunächst, die gegen den rationalistischen und idealistischen Freiheitsbegriff gerichteten konservativen Strömungen nachzuzeichnen. Der politische Konservatismus in Deutschland entstand als Theorierichtung erst in der Romantik, wenngleich er frühere Wurzeln hat: Er richtete sich entschieden gegen die Französische Revolution und damit auch gegen die in Entstehung begriffene bürgerliche Gesellschaft und alimentierte sich von Ideen des *ancien régime*.[58] Als Oberbegriff zu den spezifischen Ausprägungen des Konservatismus als reaktionären und als restaurativen bietet sich so die Bezeichnung „gegenrevolutionär" an. Für die Strömungen, denen es um eine Verteidigung oder Wiederbegründung ständischer Ideen ging, muß auf die Elfte Vorlesung verwiesen werden, da hier v. a. der Gleichheitsbegriff betroffen ist.

Des weiteren werden in dieser Vorlesung zwei Theorierichtungen besprochen, die idealistisches Gedankengut aus dem philosophischen Kontext herauslösen und es anwenden auf reale Verhältnisse: einmal in politischer und ökonomischer Hinsicht durch den Liberalismus, dann in sozialer Hinsicht durch den Sozialismus/Marxismus. Beiden Ideenlehren ist gemeinsam, daß in ihnen Freiheit nicht mehr als apriorische Idee und rechtfertigender Bezugspunkt thematisiert wird, sondern in direkten Anwendungsbezug tritt zur politischen, ökonomischen oder sozialen Sphäre. Damit wird ersichtlich, daß der spätere deutsche Idealismus mit seiner Ontologisierung der Freiheit durchaus auch im Zeichen dieser unterschiedlichen Anwendungsmöglichkeiten stand.

1. Die gegenrevolutionären, reaktionären und restaurativen Ideen

Dem Konservatismus stehen wir ganz besonders in der Diskussion des Freiheitsbegriffs in zwei zu unterscheidenden Varianten gegenüber: zunächst einer restaurativen Tendenz, die über eine pessimistische Anthropologie zu einem organischen Bild der nationalen politischen Gemeinschaft führt (dazu nachfolgend), dann aber auch einer fortschrittlicheren Tendenz, welche in der Monarchie den Träger der Aufklärung erblickt, und – in Umgehung der Revolution von „unten" – die Gesellschaft von „oben" zu einer (ständisch-)bürgerlichen reformieren will (dazu die nächstfolgende Ziff. 2).[59] Die erstbezeichnete

---

Handbuch der politischen Ideen, hrsg. von dems. und Herfried Münkler, München-Zürich 1986, Bd. 4, S. 199 ff und 232 ff.

58 Vgl. Iring Fetscher und Herfried Münkler (Hrsg.): Pipers Handbuch der politischen Ideen, München – Zürich 1986, Bd. 4: Von der Französischen Revolution bis zum europäischen Nationalismus, S. 235 ff.

59 Zur Universalgeschichte des Konservatismus vgl. Panajotis Kondylis: Konservatismus.

Richtung thematisiert Freiheit v. a. als tatsächliche Unfreiheit, letztere will ein vorgegebenes Verständnis von Freiheit Obrigkeitlich verordnen, damit aber eigentlich oktroyieren.

a) Überindividualismus als Grundhaltung: Organisches Staatsverständnis

Der Konservatismus beider Richtungen stellt die Freiheit der Person als Individuum ganz in den Dienst des Kollektivs, Persönlichkeitswerte werden bezogen auf Kollektivwerte, Sittlichkeit und Kultur erscheinen orientiert an Staat und Recht. Freiheit als den zentralen Wert der individualistischen Weltanschauung negiert der Konservatismus so und verkehrt sie tendenziell in Unfreiheit, *qua* Kollektivbindung der individuellen Freiheit. Für diese Position hat *Gustav Radbruch* den anschaulichen Begriff der überindividualistischen Auffassung geprägt.[60] Der Vorrang, den der Konservatismus der Gesamtheit vor der bürgerlichen Gesellschaft und vor der kulturellen Gemeinschaft einräumt, mündet leicht in einen nationalistischen Kollektivismus, was die nachfolgenden Ausführungen zur Geschichtsanschauung von *Heinrich von Treitschke* veranschaulichen werden. Zusammen mit der Verleugnung des Individualismus steht die konservative Anschauung nicht nur der rationalistischen Tradition der Freiheitsidee entgegen, sondern ersichtlich auch derjenigen des deutschen Idealismus.

b) Edmund Burkes Reflexionen über die Französische Revolution

Die in unserem Zusammenhang interessierende klassische Ideologie des Konservatismus entzündete sich an der Praxis der Freiheitskämpfer der Französischen Revolution, ist mithin im eigentlichen Sinne gegenrevolutionär. Initiiert wurde diese ideengeschichtlich wirkungsmächtige Strömung durch den Engländer *Edmund Burke*, in dessen *Betrachtungen über die Französische Revolution*.[61] Diese die kontinentale Verfassungsentwicklung radikal kritisierende, ereifernde Schrift wurde auf dem Kontinent einflußreich in der drei Jahre nach der Erstveröffentlichung von *Friedrich Gentz* getätigten deutschen Übersetzung.[62]

---

60 Gustav Radbruch: Rechtsphilosophie, Stuttgart, 8. Auflage 1973, S. 145 ff im Kontrast zu den anderen Grundauffassungen, S. 16 ff im einzelnen.

61 Edmund Burke: Reflections on the Revolution in France, and on the Proceedings on Certain Societies in London Relative to that Event, in a Letter Intended to Have Been Sent to a Gentleman in Paris (London 1790). – In unserer Hinsicht vgl. besonders Thomas Chaimowicz: Freiheit und Gleichgewicht im Denken Montesquieus und Burkes – Ein analytischer Beitrag zur Geschichte der Lehre vom Staat im 18. Jahrhundert, Wien 1985.

62 Betrachtungen über die französische Revolution, in der deutschen Übertragung und mit einer Einleitung von Friedrich Gentz (1793), bearbeitet und mit einem Nachwort versehen von Lore Iser, Einleitung von Dieter Henrich, Frankfurt am Main 1967.

Im Zentrum der geharnischten Kritik der französischen Verhältnisse steht die Absprechung der Legitimität der verfassunggebenden Versammlung: die Akte der *assemblée nationale* seien eine Anmaßung der Staatsgewalt gewesen. Gegen die revolutionäre Vorstellung von Repräsentation durch Wahl stellt *Burke* eine virtuelle „Repräsentation" in der Gestalt der Treuhand (*trust*), welche in der Kommunion der Interessen und in Sympathiegefühlen wie „Präferenzen" der Treuhänder („Repräsentanten") begründet liege:

„*The trustees are not actually chosen by the people. (…) The people can err in their choice; but common interest and common sentiment are rarely mistaken*".[63]

Diese Auffassung der Repräsentation durch Burke wird konstitutiv werden für die Theorie des kontinentalen Konstitutionalismus, welcher die „Nation" als doppelt repräsentiert versteht, einmal „pluralistisch" durch die gewählten Stände- und Volksvertreter, dann aber mit größerem Gewicht, weil „originär und notwendig geeint" durch den Fürsten. Für *Burke* gründet politische Ordnung in den konkreten historischen, d. h. „gewachsenen" Umständen und folgt nicht metaphysischen Prinzipien und „theoretischen Dogmen", weshalb er sich entschieden gegen die „Revolution der Doktrin" wendet. Exemplarisch zeigt sich diese Einstellung in der Beurteilung des Gleichheitsdogmas, welches entweder Hirngespinst bleibe, oder an der Realität scheitere: aus den für die politische Struktur grundlegenden Eigentumsverhältnissen folge zwingend Ungleichheit. Diese Argumentation wird *Carl Ludwig von Haller* fortführen und perfektionieren. Empfindlicher noch richtet sich aber die Ideenfeindschaft von *Burke* gegen die Freiheit: jedes irgendgeartete Freiheitsverständnis erweise sich politisch als gefährlich, weil es recht verstanden nicht auf Willkür und Belieben, sondern auf deren Beschränkung beruhe.[64] Postulierte Freiheit schlägt also um in die Einsicht der Notwendigkeit von Unfreiheit. Konkret:

„Burkes Freiheitsverständnis richtet sich polemisch gegen zwei Bedrohungen. Die eine ergibt sich aus jeder Form von angeblich überparteilicher Herrschaft; im zeitgenössischen Zusammenhang geht es um die Ansprüche der Krone. (…) Die zweite Bedrohung, gegen die Burke sich richtet, findet ihren Ausdruck im Prinzip des imperativen Mandats".[65]

Vom Überindividualismus Burkes zeugt seine Rede von der Idee des Volkes als einer Korporation und vom Individuum als „*foolish*": Die aggregierte Menge von Individuen sei „*foolish*", weil sie nicht vernünftig zu erwägen vermöge –

---

63 Edmund Burke: A Letter to Sir Lengrishe on the Subject of the Roman Catholics in Ireland, and the Propriety of Admitting them to the Elective Franchise, Sonsistenly witg the Principles of the Constitution, as Established at the Revolution (1792), in: The Works of the Right Honourable E. B., London 1899, Bd. 4, S. 241 ff, insbesondere S. 293.

64 Vgl. Iring Fetscher und Herfried Münkler (Hrsg.): Pipers Handbuch der politischen Ideen, München-Zürich 1986, Bd. 4: Von der Französischen Revolution bis zum europäischen Nationalismus, S. 76 f.

65 Ebenda, S. 73.

„deliberation", man wäre versucht zu übersetzen: Erwägung der Unfreiheit! –, nur die Gattung „Mensch" sei weise.[66] Die Haltung *Burkes* fand breite Nachfolge, zwar nicht in England, vielmehr aber auf dem Kontinent bei den Konservativen, obzwar diese Ansichten der Freiheit nicht unwidersprochen blieben: So verstand z. B. *Thomas Paine* seine Schrift von 1791/92, *Rights of Man*, worin er für die Amerikanische Revolution die Französische Verfassungsentwicklung verteidigt, explizit als eine Erwiderung an *Burkes Reflections on the French Revolution.*

c) Carl Ludwig von Haller: Restauration der Staatswissenschaften

Die exemplarischste, zugleich auch die wirkungsvollste im Zeichen tatsächlicher Unfreiheit sich gegen das Ideal der Freiheit wendende Staatslehre ist wohl die *Restauration der Staatswissenschaften* von *Carl Ludwig von Haller.*[67] Das

---

66 Edmund Burke: Speech in the House of Commons against Pitt's proposal for a committee to consider parliamentary reform vom 7. Mai 1782, in: English Historical Documents, hrsg. von David Bayne Horn und Mary Ransome, London 1957, Bd. 1 , S. 226. – Vgl. dens.: An Appeal from the New to the Old Wighs, in Consequense of some Late Discussion in Parliament, Relative to the Reflections on the French Revolution (1791), in: The Works of the Right Honourable E. B., London 1899, Bd. 4, S. 169.

67 Carl Ludwig von Haller: Über die Notwendigkeit einer anderen obersten Begründung des allgemeinen Staatsrechts, Bern 1807; ders.: Restauration der Staatsrechtswissenschaft oder Theorie des natürlich-geselligen Zustands, der Chimäre des Künstlich-bürgerlichen entgegengesetzt, Winterthur, 2. Auflage 1820; ders.: Satan und die Revolution – Ein Gegenstück zu den Paroles d'un croyant, Luzern 1834; ders.: Die Freymaurerey und ihr Einfluß in der Schweiz, dargestellt und historisch nachgewiesen, Schaffhausen 1840. – Vgl. dazu etwa Wilhelm Traugott Krug: Die Staatswissenschaft im Restaurationsprozeß der Herren von Haller, Adam Müller und Consorten, Leipzig 1817; Heinrich Escher: Über die Philosophie des Staatsrechts, mit besonderer Beziehung auf die Haller'sche Restauration und einem Vorwort über Herrn Carl Ludwig von Hallers Übertritt zur römisch-katholischen Kirche, Zürich 1821; H. G. Tzschirner: Der Übertritt des Herrn von Haller zur katholischen Kirche, 1821; Riedel: Carl Ludwig von Hallers staatsrechtliche Grundsätze, Darmstadt 1842; Graf Theodor von Scherer-Boccard: Erinnerungen am Grabe Carl Ludwig von Hallers mit besonderer Beziehung auf seine Schrift „Restauration der Staatswissenschaft" und Entwicklung und System der politischen Anschauungen Carl Ludwig von Hallers, Dissertation Universität Bern 1895; O. Friedländer: Carl Ludwig von Haller und die Gesellschaftslehre der Romantik, Dissertation Universität Freiburg im Üechtland 1922; Max Kaiser: Die volkswirtschaftlichen und sozialen Anschauungen von Carl Ludwig von Haller unter Berücksichtigung seiner Lehre von der Finanzwirtschaft, Dissertation Universität Gießen 1924; Anton Hagemann: Die Staatsauffassung Carl Ludwig von Hallers, Dissertation Universität Erlangen-Nürnberg 1930; Ewald Reinhard: Neuere Literatur über Carl Ludwig von Haller, in: Zeitschrift für schweizerische Geschichte, Bd. 30 (1950), S. 444 ff; ders.: Der Streit um Carl Ludwig von Hallers „Restauration der Staatswissenschaft", zum 100. Todestage des „Restaurators", in: Zeitschrift für die gesamte Staatsrechtswissenschaft, Bd. 111 (1955), H. 1; Heinz Weilenmann: Untersuchungen zur Staatstheorie Carl Ludwig von Hallers – Versuch einer geistesgeschichtlichen Einordnung, Aarau 1955; Walter Kämpfer: Die Kritik Hegels an der Staatsauffassung Carl Ludwig von Hallers, Solothurn 1961; Ronald Roggen: Carl Ludwig von Hallers „Restauration der Staatswissenschaft" im Urteil deutscher Staatstheoretiker und Publizisten, Freiburg im Üechtland 1971; Wilhelm von Sonntag: Die Staatsauffassung Carl Ludwig von Hallers, ihre metaphyische Grundlegung und ihre politische Formung, Vaduz 1984.

nach der Konvertierung zum Katholizismus geschriebene, von Pietismus durchwirkte Werk wurde zum Leitfaden für diejenigen Konservativen, die sich – zumeist wohl aus geschichtsanschaulichen Gründen – nicht zu *Georg Wilhelm Friedrich Hegel* bekennen mochten. In Anlehnung an Burke unternimmt es *Haller*, das *ancien régime* mit einer legitimierenden Staatsphilosophie zu stützen und sich entschieden gegen die Freiheitsidee der Französischen Revolution und gegen diejenige des deutschen Idealismus zu wenden. Ausgangspunkt dabei ist der behauptete natürliche Ursprung aller geselligen Verhältnisse und eine darauf aufbauende organische Gesellschafts- und Staatstheorie. Der Naturzustand werde nicht mittels eines Gesellschaftsvertrages überwunden, sondern wirke fort in der organischen Struktur unzähliger kleiner Vertragsverhältnisse, welche schließlich die Wirklichkeit des Staatswesens ausmachten.

„Gleichwie die Natur diese Bande der Menschen durch Verschiedenheit der Kräfte und wechselseitigen Bedürfnisse knüpft: so schaffet sie auch nothwendigerweise in jedem derselben Herrschaft und Abhängigkeit, Freyheit und Dienstbarkeit, ohne welche jene Verbindungen gar nicht bestehen könnten. Sie macht die einen Menschen abhängig, die anderen unabhängig, die einen dienstbar, die andern frey".[68]

Anstelle des Ideals der Freiheit wird also eine in der Realität vorgefundene Unfreiheit zum Kern der Hallerschen Staats- und Gesellschaftslehre. Indem aber auf die realen politischen Verhältnisse abgestellt und eine Reduktion auf abstrakte Grundsätze abgelehnt wird, legitimiert *Haller* Abhängigkeit und Herrschaft als gerecht, dies in der religiös bedingten anthropologischen Hoffnung, jedes „Vertragsverhältnis" – welches auf Ungleichheit beruht und somit einem Unterwerfungsverhältnis gleichkommt – stifte nur wechselseitigen Nutzen für die Gemeinschaft. Die wahre Republik ist dann zwar *„freye Communität"*,[69] das einzelne Individuum ist aber der staatlichen Herrschaft schutzlos preisgegeben, *Hallers* Staatslehre in dieser Sicht mithin nurmehr eine Machttheorie: Die Souveränität kommt nicht dem Volk, sondern der natürlich-organischen Macht zu, was in eine verquere Repräsentationsvorstellung mündet:

„Ueberhaupt läßt sich nicht läugnen, daß eine Communität, welche ihre ganze Gewalt einem stellvertretenden Ausschuß überlassen muß, von demselben Augenblick an eigentlich nicht mehr frey oder unabhängig ist; und soll sie gleichwohl den Glauben [sic!] beibehalten, daß sie frey sey, mithinan dem Gemeinwesen Antheil nehmen, so muß ihr wenigstens von Zeit zu Zeit gezeigt werden, daß man sie nicht als fremd betrachte, daß die Gewalt entweder von ihr herkomme, oder doch nur in ihrem Rahmen, oder für ihre Zwecke ausgeübt werde, womit sie auch gewöhnlicher Weise ganz zufrieden ist".[70]

---

68 Carl Ludwig von Haller: Restauration der Staatswissenschaft, Nachdruck der 2. Auflage Winterthur 1964, Bd. 1, S. 351.
69 Ebenda, Bd. 6, S. 76.
70 Ebenda, Bd. 6, S. 348.

Indem *Haller* das Abhängigkeitsverhältnis als Erfahrungstatsache hinstellt, wird Unfreiheit als unumstößliche Tatsache hingenommen und darüberhinaus verwendet als Legitimation für die politische Ordnung: So nährt der Herrscher bei seinen Untertanen zwar den Glauben, seine Macht beruhe auf deren „Freiheit und Unabhängigkeit", in Wahrheit aber regiert der Herrscher aus eigener Macht.

„Die Unteren haben ihrem Oberen nichts gegeben, dieser hat ihnen nichts genommen, sie helfen und nüzen sich wechselseitig; beyde haben nur ihre eigenen Befugnisse, gleich angbornen, ungleich an erworbenen Rechten, üben sie beyde ihre rechtmäßige Freyheit [sic!] nach eigenem Willen und bestem Vermögen aus".[71]

Freiheit nur innerhalb den Schranken angeborener Befugnisse und ungleicher Rechte also!

d) Gegenaufklärerische (autoritäre) Staatstheorien (A. Müller, J. de Maistre, L. G. A. de Bonald, J. D. Cortès, C. Schmitt)

Die gegenaufklärerische Theoriebildung stand in der Folge nicht etwa still, sondern entwickelte sich in der Romantik mächtig – entgegen unserer Einschätzung aus heutiger Sicht. *Adam Müller* etwa ging in seiner Staatsphilosophie wie *Burke* oder *Haller* von der Erfahrung der tatsächlichen Herrschaftsverhältnisse aus und verpönte jede Bezugnahme auf Ideen und Ideale, welche er als theoretische Erfindungen ohne Wirklichkeitsbezug einschätzte.[72] Wie die meisten konservativen Ideologen hat *Müller* kein konsistentes wissenschaftlich-systematisches Werk hinterlassen, sondern zeichnete sich aus durch seine ausgeprägte Fähigkeit *„zu sensibler Amalgamierung und politisch gezielter Synthese der vormals disparaten Elemente konservativen Denkens".*[73] In romantischer Geisteshaltung ästhetisierte er real existierende Herrschafts- und Machtverhältnisse und verhöhnte so die rationalistisch geprägte Repräsentationstheorie: Idee ist im Verständnis *Müllers* nicht ein Begriff des Denkens, sondern des Lebens, seine Staatslehre ist nicht eine Vernunftpostulaten folgende, vielmehr eine lebensphilosophische. Das Ideal der Freiheit beschlägt diese konservative Strömung im Ergebnis gleich wie schon die Staatslehren von *Burke* und *Haller*:

---

71 Ebenda, Bd. 1, S. 352.
72 Adam Müller: Elemente der Staatskunst (1808/09), hrsg. von Jakob Baxa, Wien-Leipzig 1922; ders.: Von der Notwendigkeit einer theologisch Ästhetik der Politik – Adam Müller und die politische Romantik, Dissertation Universität Tübingen 1978; und Rudolf Franz Künzli: Adam Müllers Ästhetik und Kritik – Ein Versuch zum Problem der Wende der Romantik, 1972.
73 Iring Fetscher und Herfried Münkler (Hrsg.): Pipers Handbuch der politischen Ideen, München – Zürich 1986, Bd. 4: Von der Französischen Revolution bis zum europäischen Nationalismus, S. 260.

„Freiheit ist nicht individuell aufgespaltene Freiheit im Sinne der Französischen Revo-
lution, die im Grund nur durch Herstellung der Gleichheit realisierbar ist; sie ist im
Gegenteil gebunden an die Grundannahme von der Ungleichheit der Menschen. Frei-
heit und Persönlichkeit gibt es nur gebunden an eine Totalität (Kirche, ständische
Ordnung, Volk), Libertäten und exemte Räume in der Korporation (für den Stand, die
Familie)“.[74]

Im Grunde genommen gehen diese konservativen Anschauungen der Frei-
heitsproblematik zurück auf die Französische Revolution und ihrer Reaktion
in den gegenrevolutionären Umtrieben. Vielleicht war diese theokratische
Restauration sogar noch um einiges extremer und gründlicher als diejenige,
die Europa nach 1815 ergriff. Ihre Theoretiker und Polemiker waren *Joseph de
Maistre* und *Louis-Gabriel-Ambroise de Bonald*,[75] ihre Schriften katholisch-
konservativ verbrämt. Darin wird eine Hierarchisierung von Gesellschaft und
Politik als strategisches Ziel angestrebt, welche in die *„Dreiheit in der Einheit“*
mündet, in die Vorstellung der Trinität von Ursache (Macht), Mittel (Werk-
zeug) und Wirkung (Betroffenen).[76] Die Familie absorbiert in dieser Weltsicht
das Individuum, der Staat die Familie und die Religionsgemeinschaft den
Staat.[77]

Die restlose Beseitigung der Freiheit und die religiös verbrämte Apotheose
der Macht wurde auch in Spanien von *Juan Donoso Cortés* betrieben. Er
bestätigte nur die Vernunftfeindlichkeit des romantischen politischen Konservatismus katholischer Prägung und wandte sich zugleich gegen ein liberalisti-
sches wie gegen ein sozialistisches Freiheitsverständnis. So ist denn für *Donoso
Cortés* die Ära der Freiheit und der Herrschaft des rationalen Gesetzes zu Ende
und die Zeit reif für die uneingeschränkte Diktatur.[78]

An genau diese Neigung zur Diktatur knüpfte später *Carl Schmitt* an und
lud diese auf mit seiner Vorstellung von Dezisionismus, von Willkürlichkeit
der Entscheidung. Über *Schmitt* haben die konservativen Kritiken der Französischen Revolution und die politische Theorie der Reaktion Eingang gefunden
in das heutige theoretische Denken über Staat und Recht, wie sie in politischer
Hinsicht virulent geblieben sind z. B. in der *Action Française,* einer monarchi-
stischen, antirepublikanischen Bewegung.[79] Über persönliche Beziehungen zu

---

74 Ebenda, S. 261.
75 Joseph de Maistre: Considérations sur la France (1796); Louis-Gabriel-Ambroise de Bonald:
    Essai sur le principe générateur des constitutions politiques et autres institutions humaines
    (1814).
76 Vgl. folgende Werke von de Bonald: Théorie du pouvoir politique et religieux; Législation
    primitive; Démonstration philosophique.
77 Vgl. dazu Iring Fetscher und Herfried Münkler (Hrsg.): Pipers Handbuch der politischen
    Ideen, München-Zürich 1986, Bd. 4: Von der Französischen Revolution bis zum europäi-
    schen Nationalismus, S. 103 ff.
78 Vgl. ebenda, S. 277 ff.
79 Carl Schmitt: Politische Theologie – Vier Kapitel zur Lehre von der Souveränität, Berlin
    1922, 4. Kapitel: Zur Staatsphilosophie der Gegenrevolution, S. 67 ff.

Schmitt und über die abstrakte Verpflichtetheit an dessen theoretischem Werk ist das vorstehend skizzierte Gedankengut der Unfreiheit noch in der heutigen juristischen Doktrin allgegenwärtig und eine große Bedrohung für das Ideal einer freien politischen Gemeinschaft.[80]

e) Pessimistische Staatslehre (am Beispiel C. J. Burckhard, F. Nietzsche, A. Schopenhauer, O. Spengler)

Ein ebenso radikaler Angriff auf den Freiheitsbegriff des deutschen Idealismus resultiert aus dem philosophischen Pessimismus, der anhebt mit der Vorstellung der *Welt als Wille und Vorstellung* bei *Arthur Schopenhauer* und über die Geschichtstheorie *Jacob Burckhardts* und den erkenntnistheoretischen Skeptizismus eines *Friedrich Nietzsche* bis zum geschichtsphilosophischen Fin-de-Siècle-Pessimismus von *Oswald Spengler* führt. Die pessimistische Grundhaltung kann dabei erkenntnistheoretisch, anthropologisch begründet sein, oder auch daraus resultieren, daß der Glaube an die *invisible hand* für das Gebiet der politischen Gemeinschaft fehlt, an jene Mechanismen also, die *Adam Smith* für die Nationalökonomie als grundlegend behauptet hatte. Im Grunde genommen kann auch die materialistische Philosophie zu dieser Geistesströmung gerechnet werden, hat sie doch ebenso das Vertrauen in die zu guter Ordnung führenden Eigengesetzlichkeit der gesellschaftlichen Entwicklung verloren.[81]

Schopenhauers konservativer Radikalismus entspringt einer bürgerlichen Politikfremdheit, ganz im Zeichen des dekadenten Biedermeiertums. Die Furcht vor der Französischen Revolution schlägt zunehmend in Haß gegen jeden revolutionsähnlichen Fortschritt um. Der philosophische Pessimismus *Schopenhauers* ist denn auch eng verbunden mit einer Abneigung gegen das Politische überhaupt,[82] die rechts- und staatsphilosophischen Überlegungen finden sich denn nur beiläufig im gesamten Werk verstreut. Recht wird von *Schopenhauer* aufgefaßt als Negation des erfahrbaren Unrechts, ist das logisch Nachgestellte: Recht ist Verhinderung von Unrecht, Freiheit als Idee einer

---

80 Vgl. Michael W. Hebeisen: Souveränität in Frage gestellt – Die Souveränitätslehre von Hans Kelsen, Carl Schmitt und Hermann Heller im Vergleich, Baden-Baden 1995, §§ 11 bis 14.

81 Für die einzige, diese „gegenidealistischen" Geisteshaltungen exponierende Darstellung siehe Karl Otto Petraschek: Die Rechtsphilosophie des Pessimismus – Ein Beitrag zur Prinzipienlehre des Rechts und zur Kritik des Sozialismus, München 1929.

82 Vgl. Thomas Manns: Betrachtungen eines Unpolitischen (1918): Der Mensch sei nicht nur ein soziales, sondern auch ein metaphysisches Wesen; Politisierung im Wege der Demokratisierung der Gesellschaft münde in einen Zustand der Barbarei; „Geist ist nicht Politik. (…) Der Unterschied von Geist und Politik enthält den von Kultur und Zivilisation, von Seele und Gesellschaft, von Freiheit und Stimmrecht, von Kunst und Literatur; und Deutschtum, das ist Kultur, Seele, Freiheit, Kunst und nicht Zivilisation, Gesellschaft, Stimmrecht, Literatur".

„*Philosophie nach apriorischen Schablonen*"[83] nur der real existierenden Unfreiheit nachgeordnet.[84]

Im philosophischen wie im literarischen Werk *Nietzsches* ist jeder Bezug auf Ideen wie auf diejenige der Freiheit wie ausgelöscht und damit das Programm einer pessimistischen Staatstheorie zuendegeführt, eine Lehre, die den Staat als Maschinerie des Unrechts, des Machtmißbrauchs und letztlich als die Perfektion der Unfreiheit versteht.[85]

f) Das Erwachen und die Funktion des Nationalismus (H. von Treitschke)

In eine ganz andere Richtung weitergeführt wird die konservative Thematisierung der Unfreiheit in der nationalistischen Theoriebildung des Historikers *Heinrich von Treitschke*. Seine Ideen haben einen aggressiven autoritären Antiliberalismus zum Inhalt, die ihn als einen Hauptvertreter und Wegbereiter des nationalistischen Geschichtsbildes erscheinen lassen, von dem die deutschen Historiker bis in die 60er Jahre des 20. Jahrhunderts geprägt waren. Hier werden romantisch-organischer Konservatismus und der Machtstaatsgedanke *Hegels* zusammengeführt zu einer unseligen Wahnidee der Freiheit der Nation.[86] Das Problem der Vereinbarkeit von Freiheit und Gleichheit wird in Bezug zum Nationalcharakter geführt und darin aufgelöst: Die Geschichte zeige,

„daß die Franzosen trotz aller Begeisterung für die Freiheit immer nur die Gleichheit gekannt haben, doch nie die Freiheit. Die Gleichheit aber ist ein inhaltsloser Begriff, sie kann ebensowohl bedeuten: gleiche Knechtschaft aller – als gleiche Freiheit aller. Und sie bedeutet dann gewiß das erstere, wenn sie von einem Volke als einziges, höchstes Gut erstrebt wird, wie der Kommunismus zeigt. Wir Germanen pochen zu trotzig auf das unendliche Recht der Person, als daß wir die Freiheit finden könnten in dem allgemeinen Stimmrechte".[87]

---

83 So Friedrich Nietzsche in den Briefen (1895), S. 300.

84 Zum Konservatismus Schopenhauers im allgemeinen vgl. Iring Fetscher und Herfried Münkler (Hrsg.): Pipers Handbuch der politischen Ideen, München-Zürich 1986, Bd. 4: Von der Französischen Revolution bis zum europäischen Nationalismus, S. 298 ff.

85 Zur Staatsphilosophie Nietzsches weiterführend siehe Wolfram Kuss: Der Staat in der Philosophie Nietzsche's, Dissertation Universität Freiburg im Üechtland 1982; Simone Goyard-Fabre: Nietzsche et la question politique, Paris 1977; und Adelbert Düringer: Nietzsches Philosophie vom Standpunkt des modernen Rechts, Leipzig 1906.

86 Eine hervorragende Kritik des Machtstaatsgedankens von Georg Wilhelm Friedrich Hegel findet sich bei Hermann Heller: Hegel und der nationale Machtstaatsgedanke in Deutschland – Ein Beitrag zur politischen Geistesgeschichte, in: Gesammelte Schriften, hrsg. von Christoph Müller, Tübingen, 2. Aufl. 1992, Bd. 1, S. 21 ff (erstmals Leipzig/Berlin 1921).

87 Heinrich von Treitschke: Die Freiheit (1861), in: Ausgewählte Schriften, Leipzig, 7. Aufl. 1917, Bd. 1, S. 9. – Zur älteren Tradition der Verbindung von Freiheit mit Nation siehe Christof Dipper: Artikel „Freiheit", in: Geschichtliche Grundbegriffe – Historisches Lexikon zur politisch-sozialen Sprache in Deutschland, hrsg. von Otto Brunner u. a., Stuttgart 1979, Bd. 2, S. 503 ff.

Der kontroversen Einschätzung der Nationen Frankreich und Deutschland durch *Treitschke* liegt jedenfalls der Komplex zugrunde, daß die deutsche „Nation" sich nie zu einer einheitlich gewährten Freiheit durchzuringen vermochte und deshalb im Vergleich zu Frankreich immer ein Sentiment der Minderwertigkeit zu bewältigen hatte: Deutschland hatte nie den Weg zu nationaler Selbstbestimmung gefunden.[88] Zusammen mit dem Wiedererstarken des deutschen Nationalismus nach der Baisse der Jahrhundertmitte 1848/49 gewann auch ein Denken Überhand, das sich allein an der Staatsräson orientierte, was die Idee der Freiheit ebenso in Gefahr brachte und Unfreiheit Vorschub leistete.[89] So trug das Gefühl nie ereichter nationaler Freiheit in einer gefährlichen Weise dazu bei, die Kriegsgefahr in Europa zu schüren. Dieses Kapitel der Geschichte mit der unglaublichen Aktualisierung der Unfreiheit im Deutsch-Französischen Krieg von 1871/72 und im Ersten Weltkrieg ist allgemein bekannt. Leider hat die „Entfaltung" der nationalistisch verstandenen „Freiheit" im Krieg, das unzutreffende Verständnis nationaler Selbstbestimmung an Sprengkraft und Aktualität bis heute nichts eingebüßt.[90]

2. Obrigkeitlich verordnete Freiheit

Konkurrierend zur obenskizzierten Entwicklung des reaktionären Konservatismus gab es auch eine reformerisch und ursprünglich durchaus der Aufklärung verpflichtete konservative Strömung. Deren Vertreter schlugen in der Absicht,

---

88 Zu Nationalismus und Machtstaatsdenken in Deutschland weiterführend Iring Fetscher und Herfried Münkler (Hrsg.): Pipers Handbuch der politischen Ideen, München-Zürich 1986, Bd. 4: Von der Französischen Revolution bis zum europäischen Nationalismus, S. 609 ff.

89 Vgl. Friedrich Meinecke: Die Idee der Staatsräson (1925).

90 Im erwähnten Zusammenhang klassisch Walter Bagehot: Ursprung der Nationen, Leipzig 1874; Heinz-Gerhard Haupt: Nationalismus und Demokratie – Zur Geschichte der Bourgeoisie im Frankreich der Restauration, Frankfurt am Main 1980; Hermann Heller: Hegel und der nationale Machtstaatgedanke in Deutschland – Ein Beitrag zur politischen Geistesgeschichte, in: Gesammelte Schriften, hrsg. von Martin Drath u. a., Bd. 1, S. 21 ff, Leiden 1971 (erstmals Leipzig und Berlin 1921); Friedrich Meinecke: Weltbürgertum und Nationalstaat – Studien zur Genesis des deutschen Nationalstaates, München und Berlin, 4., durchgesehene Auflage 1917; Friedrich Purgold: Das nationale Element in der Gesetzgebung – Ein Wort zur deutschen Rechtseinheit, Darmstadt 1860; Theodor Schieder und Otto Dann (Hrsg.): Nationale Bewegung und soziale Organisation im 19. Jahrhundert, München 1978. – Weiterführend Peter Alter: Nationalismus, Frankfurt am Main 1985; Benedict Anderson: Die Erfindung der Nation – Zur Karriere eines erfolgreichen Konzepts (aus dem Englischen übersetzt von Benedikt Burkard), Frankfurt am Main und New York 1988; J. Armstrong: Nations before Nationalism, Chapel Hill 1982; J. Breuilly: Nationalism and the State, Manchester 1982; Karl W. Deutsch: Nationenbildung – Nationalstaat – Integration. Düsseldorf 1972; Eric J. Hobsbawm: Nationen und Nationalismus – Mythos und Realität seit 1780 (aus dem Englischen übersetzt von Udo Rennert), Frankfurt am Main 1991; Michael Mann (Hrsg.): The Rise and Decline of the Nation State, Oxford und Cambridge 1990; A. D. Smith: Theories of Nationalism, London, 2. Auflage 1983.

die Revolution von „unten" zu vermeiden, den Weg ein, die „Untertanen" und „Stände" von „oben" zu reformieren, die ehemals ständische Ordnung in eine bürgerliche Gesellschaft überzuleiten. Dies aber hieß immer auch: Freiheit obrigkeitlich zu verordnen – zwar innerhalb von unumstößlichen Grenzen, aber immerhin. Die Revolution als „Gericht Gottes" gegenüber dem Monarchen (von Stahl), der die Zeichen der Zeit nicht erkennt, daher muß die Freiheit rechtzeitig „gewährt" werden.

a) Friedrich Julius von Stahl

Die Positionsnahme *Stahls* unterscheidet sich insofern von derjenigen anderer Konservativer, daß er in der Diskussion über die preußische Verfassungsfrage das monarchische Prinzip mit dem Konstitutionalismus verbindet.[91] Der Figur des öffentlichen Interesses kommt die Funktion zu, die Integration des Staates zu einer Ganzheit zu bewerkstelligen, d. h. zwischen korporativ-berufsständischem Repräsentationskörper und der personalen Vertretung des Staatsvolkes im Fürsten zu vermitteln.[92] Grundlegung der staatlichen Willensbildung ist also eine doppelte Repräsentation:

„Der Fürst repräsentirt den Staat, die ethische Ordnung, die über den Menschen bestehen soll, also die Nation in ihrem Beruf, solche Ordnung zu handhaben. Die Stände repräsentiren das Volk, d. i. die Nation in ihrem Berufe, dieser Ordnung zu gehorchen, die Menschen in ihren mannigfachen socialen Stellungen, wie sie der Staatslenkung unterworfen sind und die Staatslenkung förderlich oder nachteilig über sich empfinden".[93]

Die protestantische (neulutherisch-orthodoxe) Grundhaltung Stahls erkennt der menschlichen Persönlichkeit eine selbständige Existenz zu und will das Individuum vor Übergriffen anderer schützen. Doch folgt er der liberalen Freiheitsvorstellung lediglich beschränkt auf den Schutz der privatrechtlichen Sphäre, *„der Anspruch auf Erhaltung der bürgerlichen Ordnung wird akzeptiert".*[94] Die Legitimität der Herrschaft basiert grundsätzlich auf der Religion und wird nur akzidentiell verstärkt durch den *„freien Gehorsam des Volkes".* Im Zuge des Vormärz bestärkte *Stahl* seine Auffassung, der Monarch sei in institu-

---

91 Friedrich Julius von Stahl: Das monarchische Prinzip – Eine staatsrechtlich-politische Abhandlung, in: Quellen zum politischen Denken der Deutschen im 19. und 20. Jahrhundert (Freiherr vom Stein-Gedächtnisausgabe), hrsg. von Rudolf Buchner, Bd. 4: Vormärz und Revolution 1848/49, Darmstadt 1976, S. 143 ff (erstmals Heidelberg 1845).
92 Vgl. Julius Stahl: Philosophie des Rechts (3. Auflage 1856), Darmstadt 1963, S. 180.
93 Ebenda, S. 318 ff.
94 Iring Fetscher und Herfried Münkler (Hrsg.): Pipers Handbuch der politischen Ideen, München-Zürich 1986, Bd. 4: Von der Französischen Revolution bis zum europäischen Nationalismus, S. 272.

tioneller Legitimität an die geschriebene Verfassung gebunden und bestimmt die politische Ordnung der konstitutionellen Monarchie mit den Schlagworten: positive Verfassung, Rechtsstaatlichkeit, ständische Nationalrepräsentation und monarchisches Prinzip. In seiner Schrift von 1845, über das *monarchische Prinzip*, distanziert sich *Stahl* vom englischen Verfassungsverständnis des *king in parliament* und fordert,

„daß die fürstliche Gewalt dem Rechte nach undurchdrungen über der Volksvertretung stehe und daß der Fürst tatsächlich den Schwerpunkt der Verfassung, die positiv gestaltende Macht im Staate, der Führer der Entwicklung bleibe".[95]

Dennoch verfügt der Monarch nicht über eine irgendgeartete Diktaturgewalt, sondern ist gebunden an das Einvernehmen mit dem Willen der Stände. Überhaupt ist wechselseitige Rücksichtnahme ein zentraler Gedanke in *Stahls* Staatsphilosophie, die zudem ein Gleichgewicht etabliert zwischen Freiheitsidee und realer Unfreiheit, wenn auch die Autorität des Monarchen deutlich den Vorrang genießt.

„Im Gegensatz zur englischen Parlamentspraxis und zu den Bestrebungen der deutschen Liberalen war für Stahl der Konstitutionalismus, die Bindung des Monarchen an Verfassung und Gesetze, kein Vehikel zur Parlamentarisierung, sondern Instrument zur Verhinderung parlamentarischer Regierung, zur Zähmung der auf Parlamentarisierung drängenden gesellschaftlichen Kräfte und zur institutionellen Legitimierung des ‚monarchischen Prinzips'".[96]

Ähnliche Haltungen wurden von vielen Reformpolitikern eingenommen und z. B. auch von *Lorenz von Stein* befürwortet. Üblicherweise werden die Vertreter der von Stahl initiierten Richtung denn als Reformkonservative bezeichnet.

b) Die Reformmonarchien

Die Strategie der Kanalisierung revolutionsverdächtiger Freiheit von „oben" führte in vielen Staaten im deutschen Raum zu sogenannten Reformmonarchien, so in Bayern, Baden-Württemberg, Sachsen, Preußen, etc. Damit wurden in den genannten Staaten diejenigen Bestrebungen weitergeführt, die in Preußen eine kontinuierliche Modernisierung befürworteten: Es sei hier erinnert an die Reformer *Karl Reichsfreiherr vom und zum Stein, Karl August Fürst von Hardenberg, Gerhard von Scharnhorst* und *Wilhelm von Humboldt*.[97] Spät-

---

95 Friedrich Julius Stahl: Das monarchische Prinzip – Eine staatsrechtlich-politische Abhandlung, Heidelberg 1845, S. 12.
96 Iring Fetscher und Herfried Münkler (Hrsg.): Pipers Handbuch der politischen Ideen, München-Zürich 1986, Bd. 4: Von der Französischen Revolution bis zum europäischen Nationalismus, S. 274.
97 Zu den preußischen Reformern siehe ebenda, S. 79 ff.

wirkungen des eingeschlagenen politischen Kurses sind exemplarisch zu erkennen in der Erfurter-Verfassung 1851 (Entwurf). An dieser Stelle gilt es daran zu erinnern, daß selbst die Paulskirchenverfassung von 1848/49 zwar Individualgrundrechte verhieß – in Abschnitt VI, Art. IV, §§ 131 ff Versammlungs- und Vereinsfreiheit (Art. IV. § 25 lit. g), Pressefreiheit (lit. k), Briefgeheimnis (lit. l), Sicherheit gegen willkürliche Verhaftung (lit. m), Auswanderungsfreiheit (lit. o), Berufswahl- und Bildungsfreiheit (lit. p), Wissenschaftsfreiheit (lit. q) und Glaubensfreiheit (lit. r) – wirksame Vorkehrungen gegen Freiheitsbeschränkungen von oben trotz des neuen Instituts eines Reichsgerichts jedoch nicht in ausreichendem Maße gegeben waren.[98]

c) Die Verfassungen des Vormärz[99]

Die frühliberalen Verfassungen des Vormärz zeigen deutlich den Charakter der von oben verordneten Freiheit. Sie gewähren „bürgerliche Rechts" unter Vorbehalt der ständischen Ordnung, machen diese also von „Geburt" oder Naturalisierung abhängig. Solche Rechte sind Eigentum, persönliche Freuheit, Pressefreiheit, Religionsfreiheit, Auswanderungsfreiheit, Zugang zu öffentlichen Ämtern, Gewerbefreiheit (Bayerische Verfassung 1818; ähnlich die badische Verfassung 1818, die württembergische Verfassung 1819 und die hessische Verfassung 1831).

3. Die Freiheitsideen des Liberalismus (politischer und ökonomischer Liberalismus)

Für den Liberalismus als Ideenlehre ist bezeichnend, daß Freiheit nicht mehr als apriorische Idee und rechtfertigender Bezugspunkt thematisiert wird, sondern in direkten Anwendungsbezug tritt zur politischen und ökonomischen Sphäre. Liberalismus stammt schon wörtlich vom lateinischen Stamm für „Freiheit" ab und bedeutet so eigentlich: Bewegung im Namen der Freiheit. Liberalismus tritt an im Zeichen einer humanistischen Haltung: *liberalis* bezeichnete denn auch für den Römer einen großzügigen, wohltätigen, gut-

---

98 Paulskirchenverfassung vom 28. 3. 1949 (Zit. nach E. R. Huber, Dokumente zur Deutschen Verfassungsgeschichte, Bd. 1, 3. Aufl., 1978, S. 391 ff; vgl. auch den vollständigen Katalog des Entwurfs des deutschen Reichsgrundgesetzes vom April 1848 in: Quellen zum politischen Denken der Deutschen im 19. und 20. Jahrhundert (Freiherr vom Stein-Gedächtnisausgabe), hrsg. von Rudolf Buchner, Bd. 4: Vormärz und Revolution 1840–1849, Darmstadt, 2. Auflage 1991, S. 301 ff.

99 Rudolf Buchner (Hrsg.): Quellen zum politischen Denken der Deutschen im 19. und 20. Jahrhundert (Freiherr vom Stein-Gedächtnisausgabe), Bd. 4: Vormärz und Revolution 1848/49, Darmstadt 1976.

meinenden und politisch begnadeten Menschen.[100] Diese Charakterisierung schon deutet auf die philosophische Grundhaltung des Liberalismus hin, auf den aller liberaler Theoriebildung immanenten individualistischen Zug. *Johann Wolfgang Goethe* hat die antike Tradition mit der neuzeitlichen philosophischen Grundlage auf den Punkt gebracht und in einem seiner Briefe definiert: *„Die wahre Liberalität ist Anerkennung".*[101] Gemeint ist hier die Anerkennung des anderen Menschen als Grund für das eigene Existenzrecht. Die freie (= eigenverantwortliche) Bestimmung des Lebensweges ist im wesentlichen nur an die Bedingung gebunden, daß allen ohne Unterschied derselbe Spielraum gewährt werde. *Arno Baruzzi* hat diese Komponente des Liberalismus als diejenige der Beweglichkeit gekennzeichnet: *„Der Weg der Freiheit, und das ist hier die Freiheit des Liberalismus, führt zu einem Liberalismus des Weges, der Bewegung, der Beweglichkeit".*[102] Für jede liberale Theoriebildung ist mithin Freiheit primär eine solche des Einzelnen, des Individuums und erst sekundär auch eine solche der politischen Gemeinschaft, welche dann als kollektive oft Autonomie genannt wird, in Anlehnung an die idealistische Begriffsbildung.

„Die Freiheit des einzelnen jeweils herzustellen und zu garantieren, seine Selbstbestimmung durch entsprechend zweckvolle Organisation von Gesellschaft und Staat im Sinne der Rechtsgleichheit zu ermöglichen ist Ausgangs- und Zielpunkt liberalen Denkens".[103]

a) Politischer versus ökonomischer Liberalismus

Im Deutschland des Vormärz wird „Liberalismus" zu einem der meistgebrauchten Wörter in der politischen Auseinandersetzung. Kennzeichnend ist hierbei, daß die Bedeutung schillert und zwei relativ getrennte Entwicklungswege des Liberalismus, denjenigen des politischen und denjenigen des Wirtschaftsliberalismus amalgamiert. Für den ökonomischen Bereich wird erstmals von *Adam Smith* postuliert, daß die Freiheit des Handels quasi ein Naturgesetz der Ökonomie ausmache und in der Folge wird in England gar pleonastisch von einer *free Liberty of Trade* gesprochen: Der freie Austausch von Waren unter den Nationen solle zur Beförderung der Wohlfahrt jeder derselben beitragen.[104] Erkennbar wird schon in der Frühzeit des Wirtschaftsliberalismus auf Arbeitsteilung gesetzt und so der Grundstein gelegt für die moderne Industrialisierung. Wenn für die ökonomischen Lehre von *Smith* Freiheit v. a. Frei-

---

100 Vgl. Arno Baruzzi: Die Zukunft der Freiheit, S. 116 ff.
101 Johann Wolfgang Goethe: Maximen und Reflexionen, Nr. 876.
102 Arno Baruzzi: Die Zukunft der Freiheit, S. 146.
103 Udo Bermbach: Liberalismus, in: Pipers Handbuch der politischen Ideen, hrsg. von Iring Fetscher und Herfried Münkler, München-Zürich 1986, Bd. 4: Von der Französischen Revolution bis zum europäischen Nationalismus, S. 323.
104 Adam Smith: Inquiry into the Nature and the Causes of the Wealth of Nations (1776).

handel bedeutet, so hat er in seiner politischen Theorie Freiheit im wesentlichen gedeutet als Eigentumsfreiheit, als Freiheit des durch selbständige Arbeit Erworbenen, dies etwa gleich einem *John Locke*.[105]

Im politischen Sinn kann Liberalismus in einem weiteren Sinn verwendet werden und bezeichnet dann so ziemlich alle Strömungen, die das kapitalistische Wirtschaftssystem im Grundsatz befürworten, in einem engeren Sinn aber – und insbesondere für das 19. Jahrhundert – bedeutet „politischer Liberalismus" ein ganz Spezifisches: die Forderung nach einer allgemeinen Freiheit des Menschen als eines Individuums. Die Hauptforderung der politischen Liberalen des 19. Jahrhunderts hieß denn auch: Bürger- und Menschenrechte, oder zusammengefaßt: Freiheitsrechte. Diese Rechte sollten Freiheit nicht nur in einem idealen Sinne, in der Sphäre der Ideen voraussetzen, sondern in die Realität umsetzen, verwirklichen.

„Liberalismus bedeutet jene Freiheit, welche auch und gerade dort noch Freiheit sieht und sehen will, wo zuvor, besonders nach der klassischen Philosophie, Freiheit unmöglich war. Die drei klassischen Wege der Freiheit in der Praxis, das heißt in der sich rundenden Lebensbewegung, werden nun aufgebrochen in die Freiheit vieler, aller Wege, die zukünftig möglich, offen sein sollen".[106]

Um historisch genau zu sein, muß die Bewegung des politischen Liberalismus in eine rechts- und eine linksliberale Richtung aufgespalten werden, wobei in unserem Zusammenhang dann v. a. die letztere interessiert:

b) Der sogenannte Rechtsliberalismus

Die Rechtsliberalen standen ein für eine demokratische Bindung der monarchischen Gewalt, befürworteten den Konstitutionalismus in Verbindung mit der Schaffung eines einheitlichen deutschen Wirtschaftsraums. Politische Freiheit in Grenzen, Wirtschaftsfreiheit ohne Grenzen. Kennzeichnend war für die Position der Hang zur Realpolitik: rechtsliberal eingestellt waren nicht so sehr Theoretiker, sondern v. a. im öffentlichen Leben stehende Politiker. Dafür gibt *Heinrich von Gagern* ein gutes Beispiel ab; Im Ränkespiel der Machtpolitik setzte er sich für den großdeutschen Gedanken ein und koppelte in dieser Absicht Freiheit mit nationaler Einheit: *„Endlich, Deutschland will nicht nur Einheit, sondern auch Freiheit".*[107] Die national gesinnten (Rechts-)

---

105 Vgl. ebenda, 5. Buch über die Finanzen des Staates. – Zu Smiths Theorie weiterführend Iring Fetscher und Herfried Münkler (Hrsg.): Pipers Handbuch der politischen Ideen, München-Zürich 1986, Bd. 4: Von der Französischen Revolution bis zum europäischen Nationalismus, S. 588 ff.

106 Arno Baruzzi: Die Zukunft der Freiheit, S. 159.

107 Brief Heinrich von Gagerns an Friedrich von Gagern vom Januar 1846, in: Quellen zum politischen Denken der Deutschen im 19. und 20. Jahrhundert (Freiherr vom Stein-Ge-

Liberalen agierten über die Ländergrenzen hinweg, und so kamen z. B. auf der Heppenheimer-Tagung vom 10. Oktober 1847 Politiker aus vielen deutschen Ländern zusammen, um sich der Macht des großdeutschen Gedankens zu vergewissern.[108] Die Rede des Abgeordneten *von Gagern über den engeren und weiteren Bund* an der 103. Sitzung der Deutschen Nationalversammlung vom 26. Oktober 1848 zeigt nur allzu deutlich, daß die Position der Rechtsliberalen im Grunde genommen nur der verzweifelte Versuch war, die deutschen Staaten in einer illusorischen Einheit an der Machtpolitik der Großmächte in Europa teilnehmen zu lassen.[109]

c) Der Linksliberalismus

Um vieles bedeutsamer für die Geistesgeschichte ist zweifellos der Linksliberalismus (Offenburger Kreis). Zu den Linksliberalen zu zählen sind viele publizistisch aktive Theoretiker, die jedoch zugleich immer auch Politiker waren, wie etwa *Robert von Mohl, Carl von Rotteck, Carl Welcker* und viele andere. Sie alle traten ein für eine Aktualisierung und Realisierung der mancherorts nur abstrakt gedachten Freiheit: Gefordert wurden insbesondere(staats-)bürgerliche Rechte, allgemeines Wahlrecht und Grundrechte.

Rotteck verficht ein dualistisches Verständnis des Verfassungsstaates und von Repräsentation und erblickt in der Zusammenführung von Repräsentativsystem und konstitutioneller Monarchie als Ausdruck der Antithese von Volkssouveränität und Regierung eine dauerhafte Verbürgung der – nunmehr real gelebten – Freiheit.[110] Seine Theorie steht zwar noch in der Tradition des Vernunftrechts, die Konsequenzen seiner Überlegungen müssen aber als liberaldemokratisch bezeichnet werden.[111]

Wie *Rotteck*, der badischer Herkunft war, so war auch von *Mohl* Bürger einer modell- und musterhaften Monarchie, des Königreichs Württemberg. In seiner Theorie ist das Volk Träger der Staatsgewalt, es überträgt diese jedoch auf den aufgeklärten Fürsten. Damit ist der Dualismus in einen verfassungsrechtlichen Monismus überführt und der parlamentarische Meinungsbildungsprozeß auf einer Ebene unterhalb der Verfassungsstufe angesiedelt. Die Verwirklichung der bürgerlichen Freiheit geschieht vermittels der Figur der

---

dächtnisausgabe), hrsg. von Rudolf Buchner, Bd. 4: Vormärz und Revolution 1840–1849, Darmstadt, 2. Auflage 1991, S. 175.

108 Vgl. den Bericht von Karl Mathy, ebenda, Nr. 44, S. 239 ff.

109 Ebenda, Nr. 73, S. 361 ff.

110 Vgl. Carl von Rotteck: Lehrbuch des Vernunftrechts und der Staatswissenschaften, 4 Bände, Stuttgart 1829 bis 1835, S. 52 f, 92 und 238. – Weiterführend ders.: Lehrbuch der allgemeinen Staatslehre, Stuttgart 1830.

111 Vgl. die Artikel zu „Abgeordnete", „Constitution" und zu „Demokratisches Prinzip", die Carl von Rotteck verfaßte für das Staats-Lexikon oder Encyclopaedie der Staatswissenschaften, hrsg. von dems. und Carl Welcker, Altona 1834 bis 1848.

auf allgemeinen Wahlen beruhenden Repräsentation.[112] Doch nicht nur über
staatsbürgerliche Rechte sollte die Freiheit in die Tat umgesetzt werden, auch
die Ausbildung einer staats- und verwaltungsrechtlichen Wissenschaft trug
nicht wenig dazu bei, die Freiheit in der Realität der bürgerlichen Gesellschaft
zu verwirklichen.[113]

d) John Stuart Mill: On Liberty

Blieben die kontinentalen Linksliberalen in der Regel der vernunftrechtlichen
Grundlage ihrer Tradition recht treu, so gilt solches nicht mehr für den Protagonisten des englischen politischen Liberalismus der zweiten Hälfte des 19.
Jahrhunderts, *John Stuart Mill*. Er verband seinen philosophisch und politisch
geführten Kampf für allgemeines Wahlrecht – was für ihn als Novum zugleich
auch bedeutete: Frauenstimmrecht! – mit der antirationalistischen Grundhaltung des Utilitarismus.[114] Im Zentrum seiner politisch-philosophischen Schrift
On Liberty steht in der Tat die exemplarisch liberalistische Freiheit: als Gewissensfreiheit und Meinungsäußerungsfreiheit, als Garantie des Individualismus
und – last but not least – als staatsbürgerliche Freiheitsrechte.[115] Diese Aspekte
von Freiheitlichkeit werden in einer weiteren Hauptschrift, *On Representative
Government*, verbunden mit dem Bekenntnis zu pluralistischer Repräsentation
als der Grundlage für eine Freiheit garantierende Staatsform.[116] Begründet
wird an diesen Stellen die lange Zeit bestimmende abwehrende Haltung der
Freiheitsrechte im Verständnis des klassischen Liberalismus. Ganz in der Tradition von *Wilhelm von Humboldts Versuch, die Gränzen der Wirksamkeit des
Staates zu bestimmen* steht das Plädoyer *Mills* einer Verteidigung der Individu-
alrechte gegen die Übermacht des Staates:[117] Freiheit ist hier gänzlich befreit

---

112 Vgl. Robert von Mohl: Der Gedanke der Repräsentation im Verhältnis zu der gesammten
     Staatenwelt, in: Staatsrecht, Völkerrecht und Politik, Tübingen 1860 bis 1869, S. 9; ders.:
     Über die verschiedenen Auffassungen des repräsentativen Systemes in England, Frankreich
     und Deutschland, ebenda, S. 376 ff; und ders.: Das Repräsentationssystem, seine Mängel
     und die Heilmittel – Politische Briefe in überarbeiteter Form wieder abgedruckt, ebenda,
     S. 145 ff.
113 Vgl. Robert von Mohl: Das Staatsrecht des Königreiches Württemberg, 2 Bände, Tübingen
     1829 und 1831.
114 Zur diesbezüglich einschlägigen Schrift John Stuart Mills: Utilitarianism (1861/1863) siehe
     Jean-Claude Wolf: John Stuart Mills „Utilitarismus" – Ein kritischer Kommentar, Freiburg
     im Breisgau-München 1992.
115 John Stuart Mill: On Liberty (1859). – Dazu weiterführend neuerdings ein ausgezeichneter
     Kommentar von Bernd Gräfrath: John Stuart Mill – „Über die Freiheit", Paderborn 1992.
116 John Stuart Mill: Considerations on Representative Government (1861), insbesondere das
     2. Kapitel über das Kriterium einer guten Regierungsform.
117 Wilhelm von Humboldt: Ideen zu einem Versuch, die Gränzen der Wirksamkeit des Staates
     zu bestimmen, Breslau 1851. – Vgl. John Stuart Mills Kapitel Über die Grenzen der Auto-
     rität der Gesellschaft über das Individuum in: On Liberty.

von der rationalistischen Komponente des deutschen Idealismus, ist ganz angelegt auf Praxis und auf die Verwirklichung einer freien Entwicklung der Individualität. Ausschlaggebend für die Konkretion der Freiheitsidee sind nicht mehr Vernunftschlüsse, sondern die ökonomischen, religiösen oder sonstigen Präferenzen des Einzelnen, grundlegend nicht eine Maxime, die als allgemeines Gesetz gelten kann, sondern der wirklich freie Wille. Dabei ist *Mills* Begriff der Freiheit zu sehen vor dem Hintergrund seiner Befürchtungen einer Tyrannei der Mehrheit, welche auch schon *Alexis de Tocqueville* beunruhigte.

„John Stuart Mill war der wohl letzte Theoretiker der bürgerlichen Gesellschaft, der noch einmal mit einem die Fachdisziplinen übergreifenden Werk von umfassendem Anspruch die Grundlagen dieser Gesellschaft zu thematisieren und in einer Zeit des Übergangs Lösungen für die sich abzeichnenden Krisen des politischen Liberalismus zu formulieren suchte".[118]

Zu den angesprochenen Grundlagen der bürgerlichen Gesellschaft gehörte unbestreitbar die Freiheit, freilich nicht mehr im idealistischen Verständnis, sondern als Handlungsspielräume eröffnendes, heuristisches Prinzip.

4. Die Arbeiterbewegung

Der Grundwert des Sozialismus, so könnte man meinen, sei die Losung der Gleichheit, nicht jedoch die Freiheitsidee. In der Tat geht die marxistische und sozialistische Theoriebildung in der Bestimmung der Konnexität von Gleichheit und Solidarität aus von einem tendenziellen Gegensatz zwischen Freiheit und Solidarität (fraternité): Der Vorwurf geht dahin, die Freiheitsbewegung – auch im realexistierenden Sozialismus – sei gegen Solidarität gerichtet. Die sozialistische Kritik an der Freiheit mündet in eine solche gegen den Kapitalismus: Freiheit sei nur auf Kosten der Gleichheit aller zu verwirklichen. Mithin ist nicht die positive Freiheitsidee eine der treibenden Kräfte der sozialistischen Theorien, sondern umgekehrt das Bestreben, tatsächliche *Unfreiheit* zu überwinden.[119]

Aber die im 20. Jahrhundert sich aus der marxistischen Theorierichtung befreiende kritische Theorie lanciert dennoch ein neues positives Verständnis von Freiheit, in vernunftkritischer, gesellschaftskritischer und ideologiekritischer Absicht: die Freiheit des Konsenses. Diese Grundlegung der Diskurstheorie thematisiert die Freiheit als ein ganzheitliches *sapere aude*, Herrschaftsfreiheit soll geschaffen werden nicht nur in der ökonomischen, von Unter-

118 Udo Bermbach: Liberalismus, in: Pipers Handbuch der politischen Ideen, hrsg. von Iring Fetscher und Herfried Münkler, München-Zürich 1986, Bd. 4: Von der Französischen Revolution bis zum europäischen Nationalismus, S. 333.
119 Vgl. Arno Baruzzi: Die Zukunft der Freiheit, S. 246 ff.

drückung der Arbeitenden gekennzeichneten Sphäre, sondern auch in intellektueller Hinsicht, indem die ideale Sprechsituation gefordert wird (Frankfurter Schule). Damit bleibt aber als Ziel theoretischer Kritik (=Aufklärung) bestehen dasjenige der Emanzipation, was aber nichts anderes heißt als: Befreiung.[120] Nach einer Zeit, in der vornehmlich die tatsächliche Unfreiheit in der ökonomischen Sphäre thematisiert wurde, scheint die Theoriebildung also wieder in Richtung Autonomie zu zeigen.

Allerdings soll hier zunächst nur von der Kritik des Sozialismus an der tatsächlichen Unfreiheit der arbeitsteilig organisierten, entfremdeten Arbeitswelt die Rede sein. Ausgangspunkt auch der sozialistischen Theoriebildung war die Behauptung, ideelle und soziale Freiheit stünden in einer festen Beziehung, wie dies nachfolgend von *Moses Hess* in der Streitschrift für *die eine und ganze Freiheit* gefordert wird:

„Man fühlt wohl, wie zwischen Denken und Handeln, zwischen der geistigen und sozialen Freiheit ein so inniger Zusammenhang besteht, daß die eine ohne die andere nicht zu ihrer vollen Wirksamkeit kommen kann. (…) Die deutschen Philosophen scheinen, trotz ihrer Anerkennung der freien Tat der wirklichen Volksfreiheit noch nicht Ernst machen zu wollen. Ihr ganzer Fortschritt, den sie bisher gemacht haben, beschränkt sich auf das Bestreben, der Philosophie beim Volke Eingang zu verschaffen. (…) Ihr seid noch keineswegs von der Wahrheit durchdrungen, daß die geistige und soziale Freiheit miteinander stehen und fallen, sonst würdet Ihr es aufgeben, dem Volke nur von der Geistesfreiheit zu sprechen oder ihm statt der wirklichen sozialen Freiheit das Phantom eines ‚freien Staates‘ vorzuhalten. (…) Es gibt nur eine Freiheit".[121]

Es ist nützlich, sich den dargestellten Zusammenhang zu merken: Wie die konservative Lehre von der Unfreiheit ausging, um diese als vorgegeben und (gott-)gewollt zu legitimieren, so ist ebendiese Feststellung tatsächlicher Unfreiheit Ausgangspunkt der sozialistischen/marxistischen Theoriebildung. Nur daß letztere entschieden ankämpft gegen die reale Unfreiheit und auf dem Wege über die Schaffung von Gleichheit eine Solidarität errichten will, die schließlich nichts anderes als Freiheit verwirklichen soll. Am deutlichsten erscheint dieses Fernziel in der anarchistischen Spielart des Frühsozialismus.

---

120 Ebenda, S. 30 ff.
121 Moses Hess: Die Eine und ganze Freiheit! In: Quellen zum politischen Denken der Deutschen im 19. und 20. Jahrhundert (Freiherr vom Stein-Gedächtnisausgabe), hrsg. von Rudolf Buchner, Bd. 4: Vormärz und Revolution 1848/49, Darmstadt 1976, S. 92 f (erstmals in: Einundzwanzig Bogen aus der Schweiz, hrsg. von Georg Herwegh, Zürich-Winterthur 1843, S. 92 ff).

a) Die Mobilisierung der Handwerker und Gewerbetreibenden

Das frühsozialistische Gedankengut fand im Vormärz Eingang in die deutschen Staaten über Agitation aus dem benachbarten Ausland. So hatte der Göttinger Privatdozent *Theodor Schuster* 1836 in Paris den Bund der Gerechten gegründet, einen Geheimbund, welcher sich die Beeinflußung von Handwerkern durch sozialistische Propaganda zum Ziel gesetzt hatte. Das gepflegte und verbreitete Gedankengut von *Pierre Joseph Proudhon* und *von De la Mennais* steht zwischen utopistischem und proletarischem Sozialismus und nährte insbesondere unter den Gewerbetreibenden die Auffassung, *„politische Freiheit allein genüge nicht, um die sozialen Mißstände zu beseitigen"*.[122] Jedenfalls diente zum Ausgangspunkt der sozialistischen Ideen häufig die Einsicht, *„wie sehr die Freiheit auch von der materiellen Existenz bedingt wird und wie die schönsten Garantien ohne ökonomische und geistige Selbständigkeit in der Maße der Bevölkerung oft illusorisch werden"*.[123] Charakteristisch war an der Genese des für den deutschen Raum Einfluß gewinnenden frühsozialistischen Gedankenguts, daß erstmals eine Mischung von Schichten in den ausländischen Zentren der deutschen Emigration stattfand, wie dies *Otto Dann* nachzeichnet, wenn auch mit Bezug auf die Idee der Gleichheit:

„Nach dem Ende der liberalen Bewegung 1830–32 trafen sich in den Zentren der politischen Emigration (in der Schweiz, in Frankreich und in England) die Angehörigen von zwei sozialen Schichten, die in Deutschland bisher kaum Berührung miteinander hatten: bürgerliche Intelligenz und Handwerksgesellen. Die emigrierte deutsche Intelligenz suchte nach politischer Betätigung und fand sie in Vereinen, in denen wandernde Handwerksgesellen die Maße der Mitglieder stellten. Die Handwerksgesellen trafen sich hier erstmals mit Bürgerlichen auf der Ebene gleichberechtigter Vereinsmitglieder und kamen so mit dem demokratischen Gedankengut der bürgerlichen Bewegung in Berührung. So kam es in den deutschen Auslandsvereinen aufgrund ihres besonderen sozialen Charakter zur Herausbildung einer eigenen Ideologie".[124]

Noch in den 1830er Jahren trat in Paris in den obengenannten Geheimbund der Gerechten auch *Wilhelm Weitling* ein, der von der Schweiz aus mit dem Blatt *Junge Generation* und besonders mit seiner Hauptschrift *Garantien der Harmonie und Freiheit* von 1842 große Wirkung in Handwerkskreisen des

---

122 Robert Grimm: Geschichte der Berner Arbeiterbewegung, Bern 1913, Bd. 1, S. 120. – Zu den französischen Utopisten und Frühsozialisten weiterführend Iring Fetscher und Herfried Münkler (Hrsg.): Pipers Handbuch der politischen Ideen, München-Zürich 1986, Bd. 4: Von der Französischen Revolution bis zum europäischen Nationalismus, S. 369 ff.

123 Peter Feddersen: Geschichte der Schweizerischen Regeneration von 1830 bis 1848, Zürich 1867, S. 459.

124 Otto Dann: Gleichheit und Gleichberechtigung – Das Gleichheitspostulat in der alteuropäischen Tradition und in Deutschland bis zum ausgehenden 19. Jahrhundert, Berlin 1980, S. 220.

deutschen Raumes hatte.[125] Der Entstehung der gesellschaftlichen Übel stellt
er seine *Ideen einer Reorganisation der Gesellschaft* gegenüber, die insbesondere
die Sicherung der als tatsächlichen verstandenen Freiheit thematisierten. In
der Schweiz hat das Gedankengut kaum wohl nachhaltige Wirkung entfaltet,
folgt man der Geschichtsschreibung.[126] Als *Weitling* aber 1843 in Zürich sein
Evangelium des armen Sünders drucken lassen wollte, griff die Polizei ihn auf,
die Justiz verurteilte ihn zu einmonatiger Haft und fünfjähriger Landesverwei-
sung, nachdem *Johann Caspar Bluntschli* einen Bericht über das *„Treiben der
Arbeiterpropaganda"* in der Schweiz erstattet hatte. So wurde der aus Magde-
burg herstammende *Weitling* dann von den Zürcher Behörden direkt in die
Hände der preußischen Häscher gespielt. Die harte Gangart in der Bekämp-
fung der deutschen Emigranten erstaunt umso mehr, als die von diesen ver-
breiteten Lehren im Grunde genommen nicht auf die Anzettelung einer Revolution angelegt waren, sondern Aufklärung der Arbeiterschichten betrieben
und zur Erlangung auch der tatsächlich und nicht nur politisch verstandenen
Freiheit für Selbsthilfe eintraten. In dieser Hinsicht aufschlußreich ist eine in
der *Jungen Generation* erschienene Streitschrift *Weitlings*, worin er zur Durchsetzung seiner frühsozialistischen Ideen den Weg der Bildung von Vereinen als
Mittel zu ebendieser Selbsthilfe vorzeichnet.[127]

Der Schritt zu einer eigenständigen eigentlichen Arbeiterbewegung in
Deutschland vollzieht sich erst allmählich mit dem Wirken von *Ferdinand
Lassalle*, der – wie später *Karl Marx* – zunächst die Funktion des Rechts in der
Rechtsphilosophie *Georg Wilhelm Friedrich Hegels* kritisiert, um dann eine
Gesellschaftsveränderung, d. i. v. a. eine Besserstellung der Arbeiter als Aufga-
be des Staates zu behaupten.[128]

b) Karl Marx: Ausgang aus der Unfreiheit

Wie *Lassalle* entdeckt *Marx* die tatsächlichen ökonomischen Verhältnisse als
Triebkraft für die Geschichte; für die Freiheit wäre demnach nicht so sehr die
Ideengeschichte richtungweisend, sondern die Entwicklung der Arbeit, des
Kapitals und des Industrialismus. Fernziel des Marxismus wäre denn die
Überwindung des Zustands realer Unfreiheit: *Marx* zufolge repräsentiert Frei-

---

125 Wilhelm Weitling: Garantien der Harmonie und Freiheit, Vibis (Vevey) 1842 (in: Philoso-
       phische Studientexte, hrsg. von Bernhard Kaufhold, Berlin 1955).
126 Vgl. Robert Grimm: Geschichte der Schweiz in ihren Klassenkämpfen, Bern 1920, S. 7.
127 Wilhelm Weitling: Hilf dir selbst, so wird Gott dir helfen (Mai 1843), in: Quellen zum
       politischen Denken der Deutschen im 19. und 20. Jahrhundert (Freiherr vom Stein-
       Gedächtnisausgabe), hrsg. von Rudolf Buchner, Bd. 4: Vormärz und Revolution 1848/49,
       Darmstadt 1976, Nr. 14, S. 89 ff.
128 Dazu ausführlich Iring Fetscher und Herfried Münkler (Hrsg.): Pipers Handbuch der poli-
       tischen Ideen, München-Zürich 1986, Bd. 4: Von der Französischen Revolution bis zum
       europäischen Nationalismus, S. 399 ff.

heit als Unabhängigkeit die wirklichen Formen gesellschaftlicher und natürlicher Befreiung. Damit ist nun der vernunftphilosophische Hintergrund der Freiheitsidee definitiv gesprengt:

„In den klassischen Problemstellungen war Freiheit an Rationalität gebunden. Zwar ist der ökonomische Prozeß auch rational, aber nur in dem Maße, wie er seiner eigenen Logik, die der Selbstreproduktion auf erweiterter Stufe, folgt. Diese Rationalität ist nicht die alte der immer schon vorausgesetzen und nicht problematisierten Zwecke, sondern die der Mittel, die sogenannte ,instrumentelle Vernunft'. Von einem das Ganze repräsentierenden Standpunkt aus gesehen, kann sich diese Rationalität in hohem Maße in Irrationalität, damit in unkontrollierte und kaum zu kontrollierende Spontaneität verwandeln; Sie wird zum Zufall. Denn jede Möglichkeit, die Unabhängigkeit der Individuen mit dem Gelingen der gattungsmäßigen Rationalität in Übereinstimmung zu bringen, entpuppt sich als Illusion. Die Einheit von Freiheit und Vernunft, die im 18. Jahrhundert den progressiven Aspekt des Kapitalismus ausmachte, wird so vollständig problematisch".[129]

Zentrale These von *Marx* ist, daß die vom Eigentum an den Produktionsmitteln losgelöste und so entfremdete Arbeit tatsächliche Freiheit des arbeitenden Individuums verunmögliche.[130] Freiheit werde dann vielmehr vom allgemeinen Subjekt, dem Kapital absorbiert. Das alte Problem der Freiheit, die Frage nach der Möglichkeit kollektiver Autonomie, wird aber damit bloß von der ideellen Sphäre auf eine materielle Ebene transponiert.[131]

Es wurde oben argumentiert, daß die Idee der Gleichheit für Sozialismus und Marxismus vor derjenigen der Freiheit in mancher Hinsicht prägender sei. Dies ist zumindest für die noch am hegelschen System der Philosophie orientierten Frühschriften von *Marx* zu relativieren. In der Einleitung zu seiner Kritik der *Hegelschen* Rechtsphilosophie setzt *Marx* an die Stelle der idealistischen Autonomie – die ja, wie bemerkt, bei *Hegel* auch bereits ins ontologische gewendet ist – die Idee einer Emanzipation: Emanzipation über die ökonomische Unfreiheit zu einer nicht nur idealen, sondern auch tatsächlichen Freiheit! Es lohnt sich, den diesbezüglichen Gedankengang bei *Marx* zu verfolgen:

„In Frankreich ist die partielle Emanzipation der Grund der universellen. in Deutschland ist die universelle Emanzipation conditio sine qua non jeder partiellen. In Frankreich muß die Wirklichkeit, in Deutschland muß die Unmöglichkeit der stufenweisen Befreiung die ganze Freiheit gebärden. (...) Die Rolle des Emanzipators geht also der Reihe nach in dramatischer Bewegung an die verschiedenen Klassen des französischen Volkes über, bis sie endlich bei der Klasse anlangt, welche die soziale Freiheit nicht mehr unter der Voraussetzung gewisser, außerhalb des Menschen liegender und doch

129 Montserrat Galceran Huguet: Artikel „Freiheit", in: Europäische Enzyklopädie zu Philosophie und Wissenschaften, hrsg. von Hans Jörg Sandkühler, Hamburg 1990, Bd. 2, S. 172.
130 Zur Freiheit der Arbeit vgl. Arno Baruzzi: Die Zukunft der Freiheit, S. 25 ff.
131 Vgl. Montserrat Galceran Huguet: Artikel „Freiheit", S. 173, Sp. 2.

von der menschlichen Gesellschaft geschaffener Bedingungen verwirklicht, sondern vielmehr alle Bedingungen der menschlichen Existenz unter der Voraussetzung der sozialen Freiheit organisiert. In Deutschland dagegen, wo das praktische Leben ebenso geistlos als das geistige Leben unpraktisch ist, hat keine Klasse der bürgerlichen Gesellschaft das Bedürfnis und die Fähigkeit der allgemeinen Emanzipation, bis sie nicht durch ihre unmittelbare Lage, durch die materielle Notwendigkeit, durch ihre Ketten selbst dazu gezwungen wird".[132]

Der Zustand tatsächlicher Unfreiheit werde also erst provoziert durch die Undurchlässigkeit von theoretischer Erkenntnis und politischer Praxis, und erst die Perfektion der realen Unfreiheit mache überhaupt eine proletarische Revolution notwendig, argumentiert *Marx* hier. Der Weg zur Freiheit auf dem Umweg der totalen Unfreiheit. In heutiger Terminologie würde man formulieren: Klassenbildung war in der politischen Theorie nur deshalb erforderlich, weil die (deutsche) Politik nicht nach polit-ökonomischen Gesetzen handelte, indem sie die Arbeiter nicht in die Politik miteinbezog, sondern nur machterhaltende Interessen verfolgte.[133]

c) Reformsozialismus und Sozialdemokratie

Nun, der revolutionäre Weg im Namen der sozialen Freiheit ging nicht in die geschichtliche Wirklichkeit ein, vielmehr gewann durch die Erfolge der deutschen Sozialdemokratie die Durchsetzung minimaler sozialer Gerechtigkeit auf dem Wege der Reform Oberhand. Wegleitend waren die Ideen der Reformsozialisten geworden, von *August Bebel, Wilhelm Liebknecht, Karl Kautsky, Rosa Luxemburg* u. a.[134] Das Verhältnis von Idee und Praxis in der Angelegenheit der Freiheit war damit aber nicht gelöst, sondern nur aufgeschoben und ist heute wieder aktueller denn je. Idealistische Freiheit und deren abgeschwächte Umsetzung im politischen Liberalismus steht in einem dauernden Spannungsverhältnis zur Forderung tatsächlicher Freiheit im Zeichen des Kampfes gegen soziale Unfreiheit.[135]

---

132 Karl Marx: Zur Kritik der Hegelschen Rechtsphilosophie (1844), in: Quellen zum politischen Denken der Deutschen im 19. und 20. Jahrhundert (Freiherr vom Stein-Gedenkausgabe), hrsg. von Rudolf Buchner, Bd. 4: Vormärz und Revolution 1840–1849, Darmstadt, 2. Auflage 1991, S. 111.

133 Vgl. Iring Fetscher und Herfried Münkler (Hrsg.): Pipers Handbuch der politischen Ideen, München-Zürich 1986, Bd. 4: Von der Französischen Revolution bis zum europäischen Nationalismus, S. 483 ff.

134 Zur Debatte um Revisionismus und Reformismus siehe ausführlich Iring Fetscher und Herfried Münkler (Hrsg.): Pipers Handbuch der politischen Ideen, München-Zürich 1986, Bd. 4: Von der Französischen Revolution bis zum europäischen Nationalismus, S. 545 ff.

135 Weiterführend ein umfassendes Konzept der Verfassung als Ordnung der Gegenseitigkeit auf dem Fundament der Freiheit stellt vor Görg Haverkate: Verfassungslehre – Verfassung als Gegenseitigkeitsordnung, München 1992, insbesondere S. 155 ff.

Elfte Vorlesung: Die Gleichheit als Rechtsprinzip seit 1789

1. Gleichheitsbegriff unter Ausgrenzung der sozialen Frage

In dieser Vorlesung wird die Herausbildung des verfassungsrelevanten juristischen Gleichheitsbegriffs unter Absehung von sozialen Implikationen besprochen werden. Dabei ist die im ersten Teil dieses Bandes gezeichnete ideengeschichtliche Entwicklung vorauszusetzen und wo nötig bloß daran zu erinnern. Einerseits werden nachfolgend Verdeutlichungen geboten, andererseits soll kontrapunktisch vorgegangen werden, indem die Entwicklung des Rechtsbegriffs der Gleichheit konfrontiert wird mit der These *Jean-Jacques Rousseaus* der unentrinnbaren sozialen und zivilisatorisch-kulturellen Ungleichheit. Diese Gegenüberstellung wird ergänzt durch Bemerkungen zu den Fortschritten der schweizerischen Rechtsprechung zu Art. 4 der Bundesverfassung. Abschließend sollen die verschiedenen Begriffsentwicklungen zusammengefaßt werden und die daraus entstandenen Probleme wenigstens als Fragen formuliert werden.

a) Gleichheit, verfassungsgeschichtlich und ideengeschichtlich

In verfassungsgeschichtlicher Hinsicht schlug sich der Gleichheitssatz zunächst nieder in Differenz zu der Herrschaftspraxis des *ancien régime*: als allgemeiner gleicher Zugang zum öffentlichen Dienst – so auch zu Offiziersstellen in der Armee –, als Abschaffung der ständischen Schranken und als Gebot gleicher Besteuerung. Mit der Überwindung der Vorstellung, das Gesetz sei ein *octroy du Roi*, mit der Ausbildung eines Begriffs des demokratisch legitimierten allgemeines Gesetzes mündeten diese Teilgehalte des Gleichheitssatzes in das Postulat der Gleichheit vor dem Gesetz (Rechtsgleichheit).[136]

Für die Verfassungsentwicklung muß auf die vierte Vorlesung verwiesen werden, insbesondere auf die Ziff. 4.3 zu den Französischen Verfassungen von 1791 und 1793, sowie auf die deutsche Verfassungsentwicklung bis 1848. Aus dieser Optik vernachläßigt bleibt aber ein ganz gewichtiger Beitrag zur Verwirklichung der Gleichheit im Gesetz: Nicht nur die Verfassungen statuierten den Grundsatz, v. a. wurde er in der Privatrechtsgesetzgebung in die Tat, d. h. ins Familien-, Erb-, Vermögensrecht, etc. umgesetzt. Dies geschah in Frankreich durch den *Code civil* und den *Code de commerce* in Frankreich und durch das *Allgemeine Bürgerliche Gesetzbuch* in Österreich, welche gemäß dem Grundprinzip der bürgerlichen Gesellschaft die potentielle Gleichheit für alle Bürger weitestgehend verwirklichten. Ganz anders in Deutschland, wo das

---

136 Vgl. dazu ausführlich Gerhard Leibholz: Die Gleichheit vor dem Gesetz – Eine Studie auf rechtsvergleichender und rechtsphilosophischer Grundlage, Berlin 1925, S. 3 ff.

Allgemein Preußische Landrecht (ALR) die ständische Gesellschaft nicht nur in Preußen zementierte, sondern in Ermangelung einer eigenen *lex specialis* auch in anderen deutschen Staaten subsidiär angewendet wurde.

Bringt man aber den Begriff der Gleichheit (wie auch denjenigen der Freiheit) in Zusammenhang mit den Ideen der Demokratisierung und des (pluralistischen) Parlamentarismus, so erscheint die behauptete Verträglichkeit eines negatorischen Freiheitsbegriffes mit einer auf Gleichheit vor dem Gesetz reduzierten Gleichheitsidee unerträglich. Zwar ist der staatsabwehrende Freiheitsbegriff und die damit korrespondierende Rechtsgleichheit historisch erklärbar, die Verleugnung von Perspektiven eröffnenden, positiven Gehalten der Freiheitsidee aber offensichtlich unrichtig, wie es *Gerhard Leibholz* feststellt und in der Folge den Gegensatz von positiver Freiheit und sozialer Gleichheit zuspitzt:

„Die Verwirklichung der eigenen Freiheit ist aber nur auf Kosten der Freiheit anderer möglich und führt unter Voranstellung der eigenen Individualität zur antisozialen Herrenmoral, mit der die Gleichheit der Menschen nicht verträglich ist. Formal wiederum und nicht klärend ist es, in dieser zwar inhaltlich verschiedenen, aber doch ‚jeden‘ Menschen zukommenden Form der Individualität das Substrat der Gleichheit sehen zu wollen. Soziologisch gesehen besteht in Wirklichkeit überhaupt keine Möglichkeit, die Prinzipien der Freiheit und Gleichheit, jedenfalls ohne eine nur formale Begrifflichkeit, miteinander zu verbinden".[137]

Müssen also Freiheit und *Ungleichheit* als vereinbares Begriffspaar behauptet werden? Oder ist die anglo-amerikanische Strategie der Vereinbarung von allgemeinen gleichem Wahlrecht und positivem individuellem Freiheitsrecht zum Staat die einzig halbwegs praktizierbare Lösung? Oder ist es vielmehr so, daß die Freiheit, wenn sie nach der goldenen Regel allgemeinverträglich wahrgenommen sein will, gemäß der Philosophie des deutschen Idealismus den einzig kompatiblen Gleichheitsbegriff auch gleich miteinschließt? Wenn keine Vereinbarkeit behauptet werden kann, wie ist denn der Gegensatz von Freiheit und Gleichheit näher zu charakterisieren? In der Verfolgung dieser Fragestellungen sei zunächst eine anthropologisch eher pessimistische Strömung vorgestellt, die These von der unentrinnbaren tatsächlichen Ungleichheit, die bei *Rousseau* am deutlichsten in Erscheinung tritt und nachfolgend vertieft werden soll.

b) Jean-Jacques Rousseau: Unentrinnbare Ungleichheit

Rousseau war nicht der erste, der mit der These der notwendigen realen Ungleichheit auf den Plan der Ideengeschichte trat; vor ihm thematisierte

---

137 Gerhard Leibholz: Die Gleichheit vor dem Gesetz – Eine Studie auf rechtsvergleichender und rechtsphilosophischer Grundlage, Berlin 1925, S. 18 f.

bereits *Michel de Montaigne* dieselbe Frage in seinem *Essai von der Ungleichheit, die zwischen uns ist:*

„Der Mensch ist für sich selbst, nicht wegen der außer ihm befindlichen Dinge schätzbar",[138]

ist seine zentrale These. Damit ist zwar eine tatsächliche Ungleichheit als notwendig konzediert, zugleich aber auch überwunden, weil in humanistischer Absicht von ebendieser realen Äußerlichkeit abgesehen werden und nur der Mensch ohne Ansehen seiner Person wertgeschätzt werden soll. Was *Montaigne* dann doch positiv postuliert, ist eine Gleichheit nach persönlichem Verdienst, nach der Menschgemäßheit des Individuums. So sagt er über die allerglückseligste Regierung:

„Nach der Meynung des Anacharsis würde der glücklichste Zustand einer Policey derjenige seyn, in welchem bey der Gleichheit aller andern Sachen, der Vorzug nach der Tugend und die Verachtung nach dem Laster abgemessen würden".[139]

(*Montaigne* wie *Rousseau* waren aber auch nicht die letzten politischen Denker, die Ungleichheit anstelle von Gleichheit zu ihrem Ausgangspunkt erwählten: Die Tradition wurde später fortgesetzt von *Alexis de Tocqueville*.[140])

Jean-Jacques Rousseau hat eine sehr nützliche Unterscheidung für die Befragung der Gleichheitsproblematik in das theoretische Denken eingeführt, diejenige zwischen natürlicher (physischer) und moralischer (politischer) Gleichheit. In seinem *Discours sur l'inégalité*, in einer an die Republik Genf gerichteten Preisschrift auf eine Ausschreibung der *Académie de Dijon*,[141] behauptet *Rousseau* als einzig überzeugende Basis für das Gleichheitspostulat die *Ungleichheit*. Mit der Wahl der Ungleichheit als Ausgangspunkt für die Diskussion jeder Gleichheitsforderung ist gemeint: *Natürliche und politisch-moralische Ungleichheit, der korrumpierte „Natur"zustand der Unfreiheit:*

„Je conçois, dans l'espèce humaine, deux sortes d'inégalités: l'une, que j'appelle naturelle ou physique, parce qu'elle est établie par la nature (…); l'autre, qu'on peut appeler morale ou politique, parce qu'elle dépend d'une sorte de convention, et qu'elle est établie ou du moins autorisée par le consentement des hommes".[142]

---

138 Michel de Montaigne: Essai de l'inéqualité qui est entre nous (1580, Von der Ungleichheit die zwischen uns ist), in: Oeuvres complètes, Paris 1967, Kapitel 42, S. 117 ff. (In deutscher Übersetzung von Johann Daniel Tietz, hrsg. von Pierre Coste: Essais [Versuche] nebst des Verfassers Leben, Leipzig 1753/54, Neuausgabe Zürich 1992, Bd. 1, S. 511).

139 Ebenda, S. 528.

140 Dazu später die Ziff. 2a der Dreizehnten Vorlesung.

141 Jean-Jacques Rousseau: Discours sur l'origine et les fondements de l'inégalité parmi les hommes (1755, Abhandlung über den Ursprung und die Grundlagen der Ungleichheit unter den Menschen), in: Oeuvres complètes, Paris 1971, Bd. 2, S. 204 ff (Übersetzung in: Sozialphilosophische und politische Schriften, München 1981, S. 163 ff).

142 Ebenda, S. 211.

Die Frage nach der Verknüpfung beider Ungleichheiten dürfe man nicht stellen, warnt *Rousseau*, es gehe ihm in der Abhandlung nur darum, den Augenblick näher zu kennzeichnen, in dem die natürliche von der politischen Ungleichheit verdrängt werde. Dabei will er den Menschen als solchen thematisieren und nicht die akzidentiellen Weisheiten über den Naturzustand; man müsse sich vielmehr hüten, den wilden mit dem zivilisierten Menschen zu vergleichen. Vom Tier unterscheide den Menschen, daß er nicht den natürlichen Trieben unterlegen sei, daß ihm vielmehr eine Willensfreiheit zukomme. Zugleich mit der Freiheit tritt für *Rousseau* die Sprachfähigkeit in Erscheinung, die Fähigkeit des Menschen, das eigene Dasein als Sinnhaft zu erleben. Man sehe leicht, daß die Menschen in diesem Zustand, Menschen, die in keiner moralischen Verbindung miteinander gestanden und keine Pflichten gekannt haben, weder gut noch böse, weder tugendhaft noch lasterhaft gewesen sein konnten.[143] Die Unterschiede zwischen den Menschen erscheinen zwingend natürlich, weil keine Konvention die Naturgesetzlichkeit stören könnte.

Mit der Behauptung der Institution des Eigentums beginnt für *Rousseau* das Zeitalter der Zivilisation, der Kultur. Die Aufteilung der Güter in eigene und fremde, die Einteilung der Menschen in herrschende und dienende, die notwendige Etablierung einer ungleichgewichtigen Verteilung von Freiheit und Unfreiheit also führe auch zu einer korrespektiven Ungleichheit, welche durch gesellschaftliche Konventionen und durch Gesetz nur noch gefestigt werde. Herrschaft und Abhängigkeit konstituierten sich somit notwendig:

„Ce n'est donc pas par l'avilissement des peuples asservis qu'il faut juger des *dispositions naturelles de l'homme pour ou contre la servitude, mais par les prodiges qu'ont fait tous les peuples libres pour se garantir de l'oppression*".[144]

Alle revolutionären Errungenschaften der Zivilisation und der Kultur werden so notwendig zu Institutionen der Ungleichheit: Gesetz, Eigentum, Amt, Herrschaft:

„Si nous suivons le progrès de l'inégalité dans ces différentes révolutions, nous trouverons que l'établissement de la loi et du droit de propriété fut son premier terme, l'institution de la magistrature le second, que le troisième et dernier fut le changement du pouvoir légitime en pouvoir arbitraire; en sorte que l'état de riche et de pauvre fut autorisé par la première époque, celui de puissant et de faible par la seconde, et par la troisième celui de maître et d'esclave, qui est le dernier degré de l'inégalité, et le terme auquel aboutissent enfin tous les autres, jusqu'à ce que de nouvelles révolutions dissolvent tout à fait le gouvernement, ou le rapprochent de l'institution légitime".[145]

Rousseau richtet nun seinen Blick besonders auf die Ungleichheit, die zwischen Herrscher und Untertan entsteht: Wenn die politische Ungleichheit nicht

---

143 Ebenda, S. 81, nach der deutschen Übersetzung.
144 Ebenda, S. 235 und 238.
145 Ebenda, S. 241.

schon von Anbeginn an der natürlichen Ungleichheit entspreche, so werde sie bestimmt durch die Unterwerfung geschaffen. Die Folge seien notwendige bürgerlichen Unterscheidungen, welche die Ungleichheit verstärkten, argumentiert *Rousseau*. Zudem würden die Vorteile auf der Seite der Herrscher, die Nachteile jedoch auf der Seite der Untertanen akkumuliert. Diese Entwicklung müsse periodisch in Despotismus und Tyrannei münden: Auf dieser letzten Stufe der Ungleichheit schließe sich der Kreis, weil *„alle gleich werden, weil sie nichts sind"*.

„De l'extrême inégalité des conditions et des fortunes, de la diversité et des talents, des arts inutiles, des arts pernicieux, des sciences frivoles, sortiraient des foules de préjugés également contraires à la raison, au bonheur et à la vertu. (…) C'est ici le dernier terme de l'inégalité, et le point extrême qui ferme le cercle et touche au point d'où nous sommes partis: c'est ici que tous les particuliers redeviennt égaux, parce qu'ils ne sont rient, et que les sujets n'ayant plus d'autre loi que la volonté du maître, ni le maître d'autre règle que ses passions, les notions du bien et les principes de la justice s'évanouissent derechef: c'est ici que tout se ramène à la seule loi du plus fort, et par conséquent à un nouvel état de nature différent de celui par lequel nous avons commencé, en ce que l'un était l'état de nature dans sa pureté, et que ce dernier est le fruit d'un excès de corruption".[146]

Die Herleitung der Korrumpiertheit der herrschenden gesellschaftlichen und politischen Zustände dient in der Argumentationsstrategie von *Rousseau* eigentlich dazu, die Differenz zwischen positiven Gesetzen und dem mit der natürlichen und erträglichsten Ungleichheit übereinstimmenden Naturrecht einzuebnen, also eine annähernde Gerechtigkeit für jede Epoche zu fordern. Die Herausstellung des vitiösen Zirkels der Ungleichheit hat dazu gedient, Kräfte zu mobilisieren für politisches Handeln mit Blick auf Gerechtigkeit, die da ist: vorgestellte, d. i. aber: ideale Gleichheit. Es widerspreche dem Naturrecht, wenn ein Kind einem Erfahrenen befehle, der Schwachsinnige einen Weisen lenke und wenn wenige im Überfluß erstickten, während die ausgehungerte Menge des Nötigsten entbehre.

Die Lehre *Rousseaus* ist: Die Idee einer natürlichen (physischen) wie diejenige einer politischen (moralischen), jedenfalls tatsächlichen Gleichheit läuft immer auf Ungleichheit hinaus. Der komplementäre Begriff der Gleichheit ist begriffsnotwendig ein idealer.[147] Freiheit muß also unter Berücksichtigung der tatsächlichen Ungleichheit mit der Idee der Gleichheit zusammengedacht werden.

---

146 Ebenda, S. 243.
147 Zur politischen Philosophie Rousseaus weiterführend siehe Iring Fetscher: Politisches Denken im Frankreich des 18. Jahrhunderts, in: Pipers Handbuch der politischen Ideen, hrsg. von dems. und Herfried Münkler, Bd. 3: Von den Konfessionskriegen bis zur Aufklärung, S. 477 ff.

c) Gleichheit in den Philosophien der Freiheit

Der Schluß, zu dem *Rousseau* gelangt, macht es erforderlich, zurückzublicken auf die Funktion der Gleichheitsidee in denjenigen Philosophien, die um den Begriff der Freiheit herum angelegt sind. In den politischen Theorien von *John Locke* und *Thomas Hobbes* spielt ein materieller Gedanke der Gleichheit so gut wie keine Rolle, desgleichen in dem ökonomisch orientierten Liberalismus bei und im Gefolge von *Adam Smith*. Wie aber steht es mit der politischen Philosophie des deutschen Idealismus, insbesondere mit derjenigen von *Immanuel Kant*?

Deutlich zum Ausdruck gekommen ist bereits in der ersten Vorlesung, daß die Freiheit das konstitutive transzendentale Prinzip der Kantischen praktischen Philosophie ausmacht. Gleichheit nun tritt eigentlich nur als Regulativ im Prozeß der Rechtsverwirklichung auf und reflektiert die Grundlage des Begriffs des Rechts, nämlich die Verwirklichung gleicher Autonomie für alle (= Selbstverwirklichung, Willensfreiheit nach dem kategorischen Imperativ).[148] Das Unterordnungsverhältnis der Gleichheit unter das Prinzip der Freiheit und unter den Begriff der Autonomie charakterisiert treffend *Peter Unruh*:

„Das Verhältnis von Freiheit und Gleichheit kann insofern als dienendes beschrieben werden; die Gleichheit läßt sich quasi als Annexprinzip der politischen Freiheit bezeichnen. Dennoch ist eine weitergehende Qualifizierung im Sinne eines Unterordnungsverhältnisses verfehlt. Freiheit und Gleichheit bilden bei Kant weiterhin weder konkurrierende noch von einander unabhängige Prinzipien. Vielmehr ist das Prinzip der Gleichheit in der rechtlichen Freiheit begrifflich enthalten und kann daher aus diesem entwickelt werden. Beide Prinzipien stehen somit in einem Ableitungsverhältnis".[149]

Dieses klare Zuordnungsverhältnis wird nun allerdings etwas unsicherer, vergegenwärtigt man sich die mehrfachen Bedeutungen des Freiheitsbegriffs: Freiheit ist als individuelle nicht nur gerichtet gegen Determinismus (erkenntnistheoretisch, vgl. die dritte Antinomie der *Kritik der reinen Vernunft*), sondern als Willensfreiheit gegen innere (psychische) Fremdbestimmung, als äußere Handlungsfreiheit gegen Abhängigkeit von der Willkür anderer und als politische Freiheit gegen die Eigenmächtigkeit des regierenden Souveräns.[150] Ein Begriff der Gleichheit als eine der Freiheit korrespektive Größe müßte demnach in den entsprechenden Schattierungen übereinstimmen, was nun nicht der Fall ist. Gleichheit ist bei *Kant* gefaßt als angeborene rechtliche Gleichheit und bezeichnet so die unabdingbare Abstraktion von nicht relevan-

---

148 Vgl. Gerhard Luf: Freiheit und Gleichheit – Die Aktualität im politischen Denken Kants, Wien-New York 1978, insbesondere S. 47 ff und 6 ff.

149 Peter Unruh: Die Herrschaft der Vernunft – Zur Staatsphilosophie Immanuel Kants, Baden-Baden 1993, S. 135 f.

150 Vgl. ebenda die tabellarische Aufstellung der Freiheitsbegriffe, S. 118.

ten Unterschieden, als politische Gleichheit im Sinne allgemeiner staatsbürgerlicher Rechte (Teilhabe an der Willensbildung des Staates) und, im Sinne
eines republikanischen Prinzips, als Chancengleichheit.[151] Die jeweiligen Ausprägungen der Begriffe „Freiheit" und „Gleichheit" korrespondieren nicht,
sondern folgen je ihrem eigenen Sachbezug, woran jede einfache Bestimmung
ihres Verhältnisses zum vorneherein scheitert.

Die wissenschaftliche Rekonstruktion der Kantischen politischen Philosophie ist erst im Gange und das angesprochene Problem bisanhin ungelöst.[152]
Eine wegen ihrer analytischen Schärfe interessierende These hat immerhin
Gerhard Luf vertreten, im Anschluß an das Bekenntnis, eine an den Prinzipien
von Freiheit und Gleichheit orientierte politische Theorie dürfe diese nicht
unvermittelt nebeneinander stehen lassen:

> „Einerseits wird die Freiheit autonomer Subjekte erst durch das Gleichheitsgebot zur
> politischen Forderung, sonst bliebe sie auf den Bereich privater Innerlichkeit be-
> schränkt. Andererseits darf Gleichheit nicht schematisch verselbständigt werden.
> Zutreffend ist nur jenes Maß an Gleichheit, das den Verwirklichungsbedingungen der
> Freiheit zu entsprechen vermag. Gleichheit hat also der Realisierung von Freiheit zu
> dienen und wird durch diese Aufgabe bestimmt bzw. begrenzt. In diesem Zusammen-
> hang könnte man den Begriff der 'Selbständigkeit' in einem weiteren Sinne verwenden
> und mit ihm ganz allgemein die Autonomie der politischen Urteilsposition der Staats-
> bürger bezeichnen. Es handelte sich dann um eine Qualifikation der Gleichheit im
> Hinblick auf die Realisierungsbedingungen der Freiheit im Rahmen politischer Wil-
> lensbildung und führte zu einer näheren Umschreibung der politischen Mitwirkungs-
> rechte".[153]

Das transzendentale Prinzip der Freiheit würde also durch die Mitwirkung der
Gleichheitsidee erst zu dem begrifflich faßbaren Postulat der Autonomie, welche sich nicht nur auf das Individuum, sondern ebenso auf eine politische
Gemeinschaft anwenden ließe. Gleichheit ist nur in dem Maße möglich, in
dem Freiheit überhaupt verwirklichbar ist. Damit würde aber Autonomie zu
einer Schlüsselkategorie für die politische Philosophie.[154]

---

151 Ebenda, S. 136 ff.
152 Vgl. immerhin zu den drei Grundprinzipien des status civilis in der politischen Philosophie
     Kants Wolfgang Kersting: Wohlgeordnete Freiheit – Immanuel Kants Rechts- und Staats-
     philosophie, Frankfurt am Main 1993, S. 364; sowie zum Kantischen Verständnis der
     Volkssouveränität Ingeborg Maus: Aufklärung der Demokratietheorie – Rechts- und demo-
     kratietheoretische Überlegungen im Anschluß an Kant, Frankfurt am Main 1992, S. 148 ff.
153 Gerhard Luf: Freiheit und Gleichheit – Die Aktualität im politischen Denken Kants, Wien-
     New York 1978, S. 153 f.
154 Vgl. Ansätze dazu bei Gerald Dworkin: The Theory and Practice of Autonomy, Cambridge
     1988.

2. Exkurs: Die Entwicklung des Gleichheitssatzes in der Schweiz

a) Gleichheit vor dem Gesetz oder Gerechtigkeit?

Wenn wir uns in Anbetracht der verfassungsrechtlichen Entwicklung des 19. Jahrhunderts fragen, ob nun der Gleichheitssatz ein *gerechtes* Gesetz gewährleistet oder nur die gleichmäßige *Anwendung* des als *gerecht vorausgesetzten* Gesetzes, so liegt nahe, in der Periode von 1848 bis 1874 eine Reduktion des Gleichheitssatzes auf das Prinzip der Gesetzmäßigkeit anzunehmen. Es zeigt sich aber, daß in dieser Frage differenziert werden muß. Bemerkenswerterweise war schon in den Beratungen der Bundesverfassung von 1848 konsequent die Auffassung vertreten worden, das Gebot der Rechtsgleichheit des Art. 4 BV beschränke sich keineswegs auf die politischen Rechte. Dieser Haltung schloß sich der Bundesrat in konstanter Praxis an. Es gilt nun, die Ursachen dafür zu finden, daß diese Haltung in der Rechtsprechung kaum Auswirkungen zeitigte.

Zunächst kann ein Grund dafür in der Organisation des Bundesstaates von 1848 gesehen werden. Ziel der liberal geprägten Gründung war es, einen einheitlichen Wirtschaftsraum zu schaffen. Mit Bezug auf die Idee der Rechtsgleichheit waren somit nur die Gebiete der Niederlassungsfreiheit – das Gebot der Gleichstellung niedergelassener kantonsfremder Bürger mit den Kantonsbürgern – und die Gleichstellung der Gewerbegenossen zentral betroffen. Die Kompetenzen des Bundes betrafen darüberhinaus keine Bereiche, in denen das Gleichheitsgebot typischerweise tangiert ist, vielmehr waren hier die Kantone zur Gesetzgebung zuständig. Nun ist aber eine massive Zurückhaltung der Bundesbehörden nicht zu verkennen, wo es um die Beurteilung der kantonalen Verhältnisse geht. In dieser Situation ist es schlicht undenkbar, daß die Bundesversammlung in der Funktion als Organ der Rechtsprechung des Bundes ein kantonales Gesetz der Prüfung auf dessen Vereinbarkeit mit dem bundesverfassungsrechtlichen Gleichheitssatz unterzogen hätte.

Weiter ist der Einwand vorzubringen, daß die Behörden der liberal geprägten Organisation des Bundesstaates von 1848 sich kaum dazu berufen fühlen konnten, die radikal-demokratischen Anliegen der Revolutionszeit durchzusetzen. Zudem ist nach allem Gesagten fraglich, ob überhaupt die Forderung nach einer inhaltlichen Kontrolle der Gesetze mit Hinblick auf die Verträglichkeit mit dem Gleichheitssatz zur Zeit der Französischen Revolution, aber noch bis zum Einsetzen der radikalen Bewegung der 1860er bis 1890er Jahre, überhaupt Teil des Begriffes der Rechtsgleichheit gewesen sein konnten. Typisch ist ja gerade die Figur des vorausgesetzten gerechten und rechtsgleichen Gesetzes. Gegenstand der Rechtsgleichheit war dann nur noch dessen gleichmässige Anwendung. Daß dies nicht genügen konnte, setzte sich erst im Laufe des 19. Jahrhunderts durch, mündete in den radikal-demokratischen Forderungen nach Verhältniswahlrecht und Minderheitenschutz, welche erst in die Verfassungsrevision von 1874 Eingang fanden. Die frühe, revolutionäre

Rechtsstaatsidee war demgegenüber noch ganz eine naiv aufklärerische: „Neben die Naturgesetzmäßigkeit mußte demnach als Forderung der Aufklärung eine Staatsgesetzmäßigkeit treten, die menschliches Glück und bürgerliche Sicherheit zu garantieren hatte".

Das Verständnis der Rechtsgleichheit als einer Absicherung von inhaltlich gegen das Gebot der Gleichheit verstoßenden Gesetzen setzte sich selbst in den Vereinigten Staaten von Amerika erst 1868 durch, obwohl das Prinzip der Rechtsgleichheit schon in der „Declaration of Rights" des Staates Virginia von 1776 enthalten ist. Abs. 1 des XIV. Amendements zur Verfassung der Vereinigten Staaten von 1868 führte die sogenannte *Equal Protection Clause* in ein, welche verlangt, daß jeder Person der gleiche Schutz der Gesetze gewährt werde.[155] Ursprünglich als Bollwerk gegen die Rassendiskriminierung gedacht, entwickelte der *Supreme Court* den Grundsatz zu ähnlicher Tragweite,[156] wie dies das schweizerische Bundesgericht nach 1874 tat.

Schließlich mag prinzipiell gefragt werden, in welcher Form die Gleichheitsidee der Französischen Revolution 1848 bei der Genese des Textes des Art. 4 BV präsent war. Immerhin hatte die Schweiz inzwischen eine wechselvolle politische Geschichte durchgemacht. Die Revolution war eben nicht nur für die Regeneration und spätere Reformbewegungen konstitutiv, sondern ebenso für Restauration und Konservatismus. Doch immerhin hatte die Französische Revolution „zur Bildung einer in Ansätzen konsolidierten gesellschaftspolitischen Reformlehre geführt".[157]

In einer derart komplexen ideengeschichtlichen Situation spielen die Methodenlehren der beteiligten Wissenschaften eine bedeutende Rolle. Gerade in der Rechtswissenschaft trug die französische revolutionäre Verfassungslehre späte Früchte. Die Forderung nach rechtsgleicher Anwendung vor allem des öffentlichen Rechts kann erst dann effektiv durchgesetzt werden, wenn die Jurisprudenz die Verwaltungsrechtswissenschaft als konkretisierte Verfassungslehre praktiziert, was sowohl in Deutschland wie in der Schweiz erst spät geschah. Die Rezeption eines modernen, normwissenschaftlichen Verwaltungsrechts setzte erst nach dem Ersten Weltkrieg ein, mit den Werken von *Otto Mayer* in Deutschland und *Fritz Fleiner* in der Schweiz. Weniger bekannt ist indessen die Tatsache, daß dieses in der Schweiz rezipierte „deutsche" Verwaltungsrecht in seinen methodischen Grundlagen und in seiner Funktion als konkretisiertes Verfassungsrecht auf französischem Revolutionsrecht beruht, wie es im 19. Jahrhundert vom Conseil d'État und von der französischen wis-

---

155 "Deny to any person within its jurisdiction the equal protection of the laws".

156 V. a. in den Entscheidungen Scott v. McNeal (154 United States Report 34, 45) und Neal v. Delaware (103 United States Report 370, 392).

157 Kölz, Alfred: Die Bedeutung der Französischen Revolution für das schweizerische öffentliche Recht und politische System – eine Skizze, in: Zeitschrift für Schweizerisches Recht (ZSR), Bd. 108 (1989/I), S. 501.

senschaftlichen Literatur auf der Basis der Erklärung von 1789 entwickelt worden ist.[158] Auf dem hier angesprochenen Weg fanden zahlreiche Explikationen des Gleichheitssatzes, welche ein Jahrhundert lang geschlummert hatten, erneut Eingang in die Rechtsprechung. Das Normprogramm, welches bis 1848 zunehmend reduziert worden war, mußte auf Umwegen dann später wieder in den Kern des Gleichheitssatzes hineingelegt werden, um aus Art. 4 BV wieder expliziert zu werden.

b) Von der politischen zur gerichtlichen Rechtspflege

Uneingeschränkt kann gesagt werden, daß die Rechtsprechung von Bundesversammlung und Bundesrat zum Gleichheitssatz eminent politisch geprägt war, wogegen sich in der Regel juristisch tragfähige Begründungen erst mit der Kompetenzzuweisung an das Bundesgericht einstellten. Erst das Bundesgericht war kraft seiner Unabhängigkeit im Gefüge der Gewalten überhaupt in der Lage, auch den Gesetzgeber dem Gleichheitssatz zu unterwerfen.

Es hat sich erwiesen, daß mit der Verschiebung der Kompetenz zur Beurteilung von Beschwerden betreffend das Gleichheitsgebot von Art. 4 BV[159] zugleich ein inhaltlicher Wandel der Rechtsprechung einhergegangen ist in dem Sinne, daß dem Gleichheitssatz viel mehr Substanz abgewonnen wurde.

c) Der funktionale Willkürbegriff

Der Begriff der Willkür hat eine materiale und eine funktionale Bedeutung. In materieller Hinsicht ist er Abschluß einer Entwicklung der Rechtsprechung, die auch die möglichen Umgehungswege des Rechtsverweigerungsverbots zu sanktionieren trachtete, d. h. als Verbot der materiellen Rechtsverweigerung die konsequente Fortsetzung des Verbots der formellen Rechtsverweigerung. In formeller Hinsicht bezeichnet der Begriff der Willkür ein Prinzip der Gerichtsorganisation und Rechtspflege, welches besagt, daß die Anwendung eines an sich verfassungsmäßigen kantonalen Gesetzes erst zur Verfassungsverletzung sich verdichtet, wenn Auslegung und Anwendung qualifiziert unrichtig, d. h. unhaltbar sind.

Es hat sich gezeigt, daß das Willkürverbot in der Praxis des Bundesgerichts als Verfassungsgerichtshof eine eigenständige Bedeutung dadurch erlangt hat, als es für den Gerichtshof unabdingbar ist, ein Kriterium zur Unterscheidung einfacher Rechtsverletzungen von qualifizierten Verfassungsverletzungen zur Verfügung zu haben.

---

158 Vgl. ebenda, S. 510.
159 Art. 113 Abs. 1 Ziff. 3 BV und Art. 59 OG/1874, bzw. Art. 84 Abs. 1 lit. a OG.

d) Rechtsverweigerung als Erweiterung des Gleichheitssatzes

Die gleichmäßige Anwendung des Gesetzes ist alles andere als leicht zu fassen und durchzusetzen, gerade weil es sich in Wahrheit um ein graduelles Problem handelt. Nicht nur kann sich eine Behörde weigern, die ihr angetragene Angelegenheit an die Hand zu nehmen, auch kann sie ihre Ermittlungen unzweckmäßig führen, sie kann den Sachverhalt unvollständig oder unzutreffend feststellen, sie kann dem Bürger verfahrensrechtliche Hindernisse in den Weg setzen, welche diesem die Durchsetzung seines Rechtsanspruchs illusorisch erscheinen lassen. Mit anderen Worten benötigt das Verbot der Rechtsverweigerung eine differenzierte Ausgestaltung überall dort, wo die angesprochenen rechtsverweigerungssensiblen Bereiche tangiert sind. Im Zeichen dieser Notwendigkeit hat das Bundesgericht eine ganze Reihe von Verfahrensgarantien entwickelt, welche als verfassungsmäßige Rechte im Sinne des Rechtsverweigerungsverbots gerügt werden können und unter dem Stichwort „Fairneß"[160] zusammengefaßt werden können.[161]

Es hat sich erwiesen, daß eine effektive Durchsetzung des Verbots der Rechtsverweigerung eine ständig wachsende Anzahl von Ersatztatbeständen erfordert, welche in ihren Auswirkungen einer Rechtsverweigerung gleichkommen.

e) Zur demokratischen Legitimierung des Gesetzes

Das Prinzip der Gesetzmäßigkeit, der rechtsgleichen Anwendung der als rechtsgleichheitskonform vorausgesetzten Gesetze, wird in der deutschen Lehre aufgespalten in den Gesetzesvorrang und den Gesetzesvorbehalt. Mit Gesetzesvorrang wird der Umstand bezeichnet, daß die Verwaltung nur im Rahmen der ihr in Gesetzen vorgezeichneten Bereichen überhaupt tätig sein kann. Dieses Prinzip wurde im Bereich der Eingriffsverwaltung seit jeher befolgt, in der Leistungsverwaltung jedoch erst seit einem Entscheid aus dem Jahre 1977 konsequent.[162] Demgegenüber konnte sich das Prinzip des Gesetzesvorbehalts in der Schweiz nie recht durchsetzen. Es besagt, daß Rechte und Pflichten des Bürgers nur in formellen Gesetzen festgelegt werden können. Mehr oder weniger konsequent wird der Grundsatz nur im Steuerrecht durchgeführt, in anderen Gebieten wird erst in neuester Zeit verschärfte Anforderungen an die sogenannte Delegationspraxis gestellt. Über die Gründe kann

---

160 Vgl. den amerikanischen Grundsatz des Due Process of Law.
161 Für die Darstellung der diesbezüglichen bundesgerichtlichen Praxis siehe Peter Saladin: Das Verfassungsprinzip der Fairneß – Die aus dem Gleichheitssatz abgeleiteten Verfassungsgrundsätze, in: Erhaltung und Entfaltung des Rechts in der Rechtsprechung des Schweizerischen Bundesgerichts (Festgabe der schweizerischen Rechtsfakultäten zur Hundertjahrfeier des Bundesgerichts), Basel 1975, S. 41 ff.
162 BGE 103 Ia 369 bis 393.

hier nur spekuliert werden: Ins Gewicht fallen dürfte, daß der Souverän in der Schweiz im Gegensatz zu anderen europäischen Ländern in verstärktem Ausmaß an der Verwaltung teilhat, aber auch, daß das Vertrauen in die Wirksamkeit der aktiven Teilhaberechte – Referendum, Initiative – diesbezügliche Bedenken zu zerstreuen vermag. Einigermaßen gesichert kann nur festgehalten werden, daß das Gesetz in der Schweiz grundsätzlich einen anderen Stellenwert besitzt als in den umliegenden Ländern: es ist verstärkt demokratisch legitimiert. Die Konsequenzen auf das Prinzip der Rechtsgleichheit, insbesondere in der Ausprägung des Legalitätsprinzips, müßten aber noch näher untersucht werden.

Es könnte sich also ergeben, daß die Entwicklung von Kriterien, welche die Sicherung elementarer Gerechtigkeit von Gesetzen garantieren, dadurch erschwert oder verzögert gewesen sein könnte, daß das Gesetz in der Schweiz im Gegensatz zu den umliegenden Ländern höher legitimiert ist. Die Volksrechte könnten dazu geführt haben, daß das demokratisch legitimierte Gesetz als gerechter akzeptiert worden ist, als wie wenn es von einem bloß durch eine Repräsentativverfassung legitimierten Gesetzgeber erlassen wird. Dies könnte dazu geführt haben, daß im Unterschied zu den umliegenden Ländern in der Schweiz eine verstärkte Tendenz zur Sicherung von politischen Teilhaberechten zu verzeichnen wäre, wogegen die genügende Sicherung von Abwehrrechten eine Schwächung, bzw. eine Verzögerung erlitten haben könnte.

f) Der programmatische Gehalt des Gleichheitssatzes

Mit dem Ausdruck ‚programmatischer Gehalt' kann zutreffend diejenige Dimension des Gleichheitssatzes bezeichnet werden, die dem Gesetzgeber inhaltliche Schranken setzt bei der Normierung von differenzierten gesetzlichen Regelungen. Ist der Bürger vor dem Gesetz gleich in einem zeitlichen Sinne, dann gibt es einen Kern von Menschenrechten, die der Disposition auch des Gesetzgebers entzogen sind. Diese Dimension ist die große Herausforderung unserer Zeit. In der Aufklärung und zur Zeit der Französischen Revolution galt die angesprochene Dimension nicht als Teilgehalt des Gleichheitssatzes, sondern als Charakteristikum des Gesetzes schlechthin. Das Gesetz hatte vorausgesetzt nur Geltung, wenn es Emanation der *volonté générale* war – so bei *Jean-Jacques Rousseau* – oder wenn es konkretisierte Vernunft war – so bei *François Pierre Guillaume Guizot* und *Benjamin Constant* und überhaupt bei der ihnen folgenden liberalen Lehre sowie bei *Immanuel Kant*. Da sich im 19. Jahrhundert zunächst vollumfänglich die liberale Spielart durchsetzte, blieb den programmatischen Gehalten lange fast jede Wirkung versagt. Doch setzte sich langsam aber unaufhaltsam die Einsicht durch, daß Rechtsgleichheit nicht so sehr durch das Gesetz vorgegeben, als vielmehr aufgegeben ist. In der Schweiz ist es denkbar, daß zudem diese Ausprägung dadurch gehindert wurde, daß der „status activus", die politischen Rechte mit Einschluß der

Volksrechte, die bestehende Dynamik der programmatischen Dimension des Gleichheitssatzes lange zu absorbieren und zu marginalisieren vermochte.

Aufgrund der vorgenannten Entwicklung könnte es sein, daß die programmatischen Gehalte des Gleichheitsgebots in der Schweiz in ähnlichem Umfang vernachläßigt worden sind, wie deren Wirksamkeit in den übrigen europäischen Ländern durch eine (noch) ausgeprägt ständische Gesellschaftsstruktur gehemmt wurde.

3. Defizite in der Theoriebildung

a) Zusammenfassung von Kritik an den vorgetragenen Theorien

Zur Vorbereitung einer Reflexion der Konnexität von Freiheit und Gleichheit gilt es nachfolgend, einige ausgewählte Defizite in der Theoriebildung zu bezeichnen.

1. In den Frühschriften hat es *Karl Marx* unternommen, den fehlenden Realitätsbezug des idealistischen Freiheitsbegriffs, besonders denjenigen der Hegelschen Rechtsphilosophie, zu kritisieren: Freiheit habe nicht nur zu dienen als Konzept zu idealler Theoriebildung, sondern sei umzusetzen in die Wirklichkeit. Diese Realität ist für *Marx* die ökonomische Sphäre, d. i. der Ort, wo der Unfreiheit entfremdeter Arbeit zu begegnen sei.

2. Eine bestimmte Lesart der politischen Philosophie *Jean-Jacques Rousseaus* hat die Figur der *volonté générale* im *Contrat social* als totalitäre Diktatur fehlinterpretiert. Dabei wurden die anthropologische Grundlegung des Oeuvres und ganz besonders auch das erzieherische Engagement *Rousseaus* in dessen Erziehungsroman *Émile* gänzlich vernachläßigt und zudem auch die Figur des Gemeinwillens antidemokratisch aufgefaßt, was sich kaum rechtfertigen läßt.

3. An der Reduktion des Gleichheitssatzes auf abstrakte Rechtsgleichheit wurde oft Kritik geübt. Keine Kritik hat aber die Funktionsfähigkeit der Gleichheit vor dem Gesetz in dem Maße untergraben, als diejenige *Friedrich Naumanns* an der Allgemeinheit des Gesetzes: Das für das klassische Gesetzesverständnis der Aufklärung atypische Maßnahmegesetz vermöge nicht nur die Gleichheit nicht zu garantieren, sondern stelle sie ernstlich in Frage.[163]

4. Die verstehende Soziologie von *Max Weber* hat besonders in den religionskritischen Schriften beispielhaft darauf aufmerksam gemacht, daß die Voraussetzungen für die Funktionstüchtigkeit der bürgerlichen Gesellschaft nicht vollumfänglich reflektiert werden: Das protestantische Ethos sei unabdingbar zur Vereinbarung von Freiheit und Gleichheit.

5. Schließlich ist die Stellung der Staats- und Rechtswissenschaft selber in

---

163 Vgl. die Ziff. 3a der Ersten Vorlesung dieses Bandes.

Frage zu stellen. Die Verwissenschaftlichung der Rechtsordnung und die Professionalisierung der Justiz haben einen nicht geringen Einfluß darauf ausgeübt, daß Freiheit mit Gleichheit in der tradierten theoretischen Fassung gewöhnlich als vereinbar angesehen wurden. Die Selbstreflexion dieses Einflußes der Jurisprudenz steckt aber immer noch in den Anfängen, obzwar bereits *Lorenz von Stein* auf den Funktionswandel der Justiz im Übergang von der ständischen zur bürgerlichen Gesellschafts- und Rechtsordnung aufmerksam gemacht hatte: Das Lebensprinzip des arbeitenden Europas sei

„das Princip, welches aus der ewig durch die Gesetze des menschlichen Lebens sich erzeugenden Ungleichheit der Persönlichkeit die Gleichheit derselben wieder erarbeitet".[164]

Im Grunde genommen hat erst die Sozialstaatsdiskussion nach 1945 die mangelhafte Durchdringung des (juristischen) Begriffs der Gleichheit zutage gefördert: die unpersönliche Norm wurde erstmals unvermittelt der sozialen Ungleichheit entgegengestellt, soziale Gruppen forderten immer umfänglichere staatliche Zuwendungen, Randgruppen klagten ihre verdiente Integration in die Wohlfahrt der Nation ein etc. Die definitive Etablierung der Sozialstaatlichkeit als Verfassungsprinzip gelang dabei erst 1960 mit dem Fürsorgeanspruch aus Art. 1 GG.

b) Gleichheit in der Spannung von Abstraktion und Konkretion

Die Justiz hatte ein ungeheuerliches Arbeitspensum zu absolvieren in der Verrechtlichung der Teilgehalte des Gleichheitssatzes: Die Vereinbarkeit von Freiheit und Gleichheit wurde in mühsamer Kleinarbeit in einer beinahe unübersehbaren Differenzierung der aus dem Gleichheitsprinzip fließenden Rechtsansprüche jeweils von Fall zu Fall hergestellt. Dabei standen die Rechtspflegeorgane unter einem kolossalen Druck: Ist es doch so, daß über abstrakte Prinzipien (wie über das Gleichheitsprinzip) ein Konsens leicht zu erzielen ist, über den Verteilungskampf im Konkreten aber ein Dissens zuweilen fast unüberwindbar ist. Der Ausgleich zwischen Abstraktion und Konkretion, den die Allgemeinheit des Gesetzes einst zu verbürgen schien, mußte in jedem Einzelfall immer neu geschaffen und immer von neuem rationalisiert und so legitimiert werden; die Herrschaft des Gesetzes, welche demokratische Volkssouveränität verkörpern sollte, wurde zunehmend prekär und der Gesetzgeber in wachsendem Maße ersetzt durch die Funktion der Rechtsprechung.

Das in der Theorie nicht restlos bewältigte Zusammenspiel von abstrakten Freiheitsrechten und Differenzierungen des Gleichheitssatzes, diese Anpas-

---

164 Lorenz von Stein: Gegenwart und Zukunft der Rechts- und Staatswissenschaft Deutschlands, Stuttgart 1876, insbesondere S. 18 ff.

sungs-, Überbrückungs- oder Lückenschließungsfunktion nahm die Justiz wahr, indem sie die Teilgehalte des Rechtsgleichheitsgebots sukzessive verrechtlichte. Zur Veranschaulichung sei nachfolgend ein nicht abschließend gemeinter Katalog aufgestellt von einzeln verbürgten Ausprägungen des Gleichheitssatzes:

1. Gesetzmäßigkeitsprinzip (auch Legalitätsprinzip), insbesondere die Gesetzmäßigkeit der Strafe;
2. Willkürverbot im Sinne der bewußt falschen Rechtsanwendung oder Rechtsverweigerung durch Behörden (sogenannte subjektive Willkür);
3. Rückwirkungsverbot und Verbot der Einzelfallgesetzgebung;
4. Unschuldsvermutung als strafrechtlicher Teilgehalt der Rechtsanwendung ohne Ansehen der Person;
5. Verhältnismäßigkeit im Sinne einer vernünftigen Mittel-Zweck-Relation;
6. Allgemeinheit und Gleichheit der Besteuerung im Sinne des Gebots einer Verteilung der Steuerlast aufgrund der wirtschaftlichen Leistungsfähigkeit;
7. Diskriminierungsverbot und Gebot der gleichmäßigen Zulassung aller Bevölkerungsgruppen zu Ämtern;
8. Rechtliches Gehör als Individual(verfahrens)recht, welches einen fairen Prozeß garantieren soll;
9. Gleichheit der politischen Rechte in der aktiven und passiven Wahlfähigkeit und im Stimmrecht;
10. Gleichheit der Gliedstaaten im Bundesstaat (heute als Teilgehalt von Art. 3 BV garantiert).

Wesentlich neue Teilgehalte des Gleichheitsgebotes sind bis heute in der Bundesgerichtspraxis nicht entwickelt worden[165]. Als Weiterentwicklungen zu nennen wären[166]:

11. Delegationsgrundsätze als Weiterführung und Durchbrechung des Gesetzmäßigkeitsprinzip aus Gründen der Flexibilität und Praktikabilität der Gesetzgebung;
12. Vertrauensprinzip im wesentlichen als Grundlage für die Rechtsbeständigkeit von Verwaltungsakten;
13. Publikationsgebot als Weiterführung des Rückwirkungsverbotes;
14. Verbot des überspitzten Formalismus als Weiterentwicklung des Rechtsverweigerungsverbots;

---

165 Vgl. die Übersicht bei Peter Saladin: Das Verfassungsprinzip der Fairneß – Die aus dem Gleichheitssatz abgeleiteten Verfassungsgrundsätze, in: Erhaltung und Entfaltung des Rechts in der Rechtsprechung des Schweizerischen Bundesgerichts (Festgabe der schweizerischen Rechtsfakultäten zur Hundertjahrfeier des Bundesgerichts), Basel 1975, S. 41 ff.
166 Vgl. die Zusammenstellung bei Georg Müller: Kommentar zu Art. 4 BV, in: Kommentar zur Bundesverfassung der Schweizerischen Eidgenossenschaft, Basel 1987.

15. Recht auf unentgeltliche Rechtspflege als Absicherung des Rechtsverweigerungsverbots;

16. Verbot der prozessualen Verwertung rechtswidrig erlangter Beweise.

Noch nicht angesprochen ist der ganze, äußerst sensible Bereich der Gleichberechtigung: Die Privilegierung, bzw. Diskriminierung betraf dabei nicht nur die Gleichstellung der Geschlechter, sondern z. B. auch das Subventionswesen, allgemein: alle Arten der im Zeichen der Gleichheit eingeklagten Förderung bestimmter Gruppen durch den Staat.

Die kursorische Sicht der Entwicklung der Rechtsgleichheit läßt den Schluß zu, daß vielleicht nicht einmal so sehr defizitäre Theoriebildung an der mangelhaften Reflexion der Zustände schuld war, als vielmehr ein überschießendes Vertrauen in rationale Deduktion von abstrakten Prinzipien. Alles in allem ging die Entwicklung dahin, daß das Problem der Konnexität von Freiheit und Gleichheit vorübergehend erst gar nicht mehr als theoretisches und damit als wissenschaftlich bearbeitbares wahrgenommen wurde. Ist der Grund für das Scheitern des Projekts der Allgemeinheit des Gesetzes in Verbindung mit der Gleichheit vor dem Gesetz etwa der, daß die soziale Wirklichkeit zu vielfältig wäre, um aufgefangen zu werden in abstrakten Prinzipien?[167]

c) Rückblick auf begriffliche Verschiebungen: Ideenkombinatorik

Die Gleichheit vor dem Gesetz als vorrangige Forderung der Aufklärung muß als in hohem Maße perfektioniert angesehen werden, hat aber trotzdem nicht gehalten, was sich die Revolutionäre davon einst versprochen hatten. Und die tatsächliche Gleichheitsforderung bleibt Illusion, nimmt man die kulturanthropologischen Einsichten von *Jean-Jacques Rousseau* ernst. Schließlich begegnen die Forderungen nach Gleichstellung und nach Chancengleichheit zunehmend unvermittelt begründeten Postulaten der Freiheit. Größtenteils haben sich auch diejenigen Freiheitspostulate erfüllt, die von Anbeginn an auf die Veränderung der gesellschaftlichen Wirklichkeit gerichtet waren. Nur ein Gesamtbild will sich einfach nicht einstellen: Im Ergebnis scheinen die Teilerfolge je in der Verfolgung der Freiheits- und Gleichheitsidee nicht zusammenzupassen. Allenorts ist eine Ideenkombinatorik auszumachen anstele einer kritischen Reflexion möglicher Konnexität von Freiheit und Gleichheit.[168]

---

167 Vgl. Georg Jellinek: Die Erklärung der Menschen- und Bürgerrechte, 4. Aufl. 1927, S. 4.

168 Vgl. nur die Misere der in eine soziologische und eine juristische Teildisziplin geteilte Allgemeinen Staatslehre nach der „Endlösung" bei Georg Jellinek: Allgemeine Staatslehre, Darmstadt, 3. Aufl. 1913, insbesondere S. 9 ff und das zweite Kapitel, S. 25 ff.

Obwohl das Gleichheitsprinzip dem Verfassunggeber/Gesetzgeber vorge-ordnet ist und diese bindet,[169] bleibt also die soziale Dimension in Verfas-sungspraxis und -diskussion weitestgehend ausgeblendet.[170] Ungelöst bleibt, ob die dem Gebot der Menschenwürde entspringende und der realen Un-gleichheit entgegengesetzte Gleichheitsidee nun eine Idee, ein Ideal oder eine Soll-Realität ist und was die entsprechenden Qualifizierungen denn bedeuten. Muß man es vielleicht mit dem Verweis auf eine höhere Gerechtigkeit bewen-den lassen, wie es *Giorgio Del Vecchio* im Vertrauen auf einen naturrechtlichen Maßstab vorschlägt?

„Bei dem Versuch, die Lösung der verschiedenartigsten Probleme des Soziallebens im Lichte des Ideals der Gerechtigkeit zu finden, haben wir gesehen, daß der Begriff der Gleichheit zwar eine gewiße Funktion hat, vor allem deshalb, weil er zur Anerkennung des zentralen Begriffs der Menschenwürde führt, daß er aber nicht ausreicht, diese Pro-bleme zu lösen, da gerade die Gerechtigkeit fordert, daß neben der grundsätzlich zu bejahenden Gleichheit auch die Unterschiede berücksichtigt werden, die auf der unterschiedlichen Befähigung und dem unterschiedlichen Verhalten der Einzelnen beruhen".[171]

---

169 Vgl. die Referate und die Diskussion in der Tagung der Vereinigung der deutschen Staats-rechtslehrer von 1828. – In der Schweiz hat sich die Bindung auch des Gesetzgebers an den Gleichheitssatz schon ab Beginn der Rechtsprechung des Bundesgerichts (1874) durchge-setzt (BGE 6, 121 ff.).

170 Konrad Hesse: Der Gleichheitsgrundsatz im Staatsrecht, in: Archiv des öffentlichen Rechts (AöR), Bd. 77 (1951/52), S. 167 ff, insbesondere S. 213 ff.

171 Giorgio Del Vecchio: Gleichheit und Ungleichheit im Verhältnis zur Gerechtigkeit, in: Die moderne Demokratie und ihr Recht (Festschrift für Gerhard Leibholz zum 65. Geburts-tag), hrsg. von Karl Dietrich Bracher u. a., Tübingen 1966, Bd. 1, S. 621.

Zwölfte Vorlesung: Der Gleichheitssatz in sozialer Perspektive seit 1789

Thema dieser Vorlesung ist die unabhängige und unvermittelte Entwicklung des juristischen Begriffs der Rechtsgleichheit von der sozialen Frage. Die Anwendung des Gleichheitsprinzips auf die Sphäre der gesellschaftlichen Realität mutet sogar für diejenigen, die den normativen Denkansatz pflegen merkwürdig unwirklich, utopistisch an. Diese hier nur angedeutete Dichotomisierung geht so weit, daß für wissenschaftliche Zwecke eine Zweiteilung der politischen Gemeinschaft, des Staates vorgeschlagen wird: Das Gemeinwesen solle in eine soziologische und in eine juristische Komponente aufgeteilt und mit je eigenen Methoden bearbeitet werden. Zwar gibt es zu der angesprochenen Thematik genügen juristische und sozialgeschichtliche Literatur, jedoch keine solche, die mit Bezug auf die Idee sozialer Gleichheit die Entwicklung der Spaltung und die Etablierung der Differenz der Betrachtungsweisen behandeln würde. So muß das nachfolgend Gesagte notwendig exemplarischen und deshalb vorläufigen Charakter haben. In einem zweiten, knapp gehaltenen Teil ist vor Augen zu führen, daß die Herrschaftspraxis weit an der Forderung nach sozialer Gleichheit vorbeiging: Im Spätkonstitutionalismus regierten, auch im Zeichen der Bundesstaatsproblematik, organizistische Theorien den Gang der Welt, und die Reaktion verbannte eine Bezugnahme der Verfassungstexte auf soziale Wirklichkeit weitestgehend.

1. Gleichheit als soziales Problem

a) Die Tradition der Problemeinstellung: Blicke auf die soziale Dimension

Die Gleichheit in ihrem sozialen Bezug zu thematisieren, führt fast notwendig zu der Frage nach der gleichmäßigen Verteilung von Eigentum. Hier ist daran zu erinnern, daß *Jean-Jacques Rousseau* in seinem *discours sur l'inégalité* die Fortsetzung der Korrumpiertheit der natürlichen Ungleichheit im Übergang zum zivilisierten und kultivierten Zusammenleben von Menschen in der politischen Gemeinschaft gerade dadurch gewährleistet sah, daß die Institution des privaten Eigentums sich etablierte.[172]

Diese Position wird in der Französischen Revolution etwa geteilt von der kommunistischen Linken, vom Babeufismus. Nachdem *François Noël Babeuf* 1795/96 mit seinem *Pantheonsclub* öffentlich für die soziale Revolution eintrat, ging er mit seiner *Verschwörung der Gleichen* (bezeichnend!) in den Untergrund, wo er den Aufstand vorbereitete. Die fundamentale Neuordnung der Gesellschaft war gerade für *Babeuf* eng verbunden mit einer Vergemeinschaf-

---

172 Vgl. den Beginn des 2. Teils der Abhandlung von Jean-Jacques Rousseau: Discours sur l'inégalité (1755), in: Oeuvres complètes, Paris 1971, Bd. 2, S. 228 f.

tung des Eigentums in der Gestalt einer sogenannten gemeinsamen Pacht
(*„ferme collective"*).

„Die unmittelbare Verknüpfung der Eigentumsfrage mit der sozialen Frage wurde für
Babeuf immer offenkundiger, doch die radikale Lösung späterer Jahre fehlte noch".[173]

Später setzte *Babeuf* die Forderung nach Gemeinbesitz gleich mit dem Ideal
vollkommener Gleichheit (*„égalité parfaite"*). Im berühmten *Manifest der Gleichen* äußerte *Sylvian Maréchal* dann die Forderung von Gemeineigentum in
Verbindung mit einer Republik der Gleichen, in der Alter und Geschlecht die
einzig bestehenden Unterschiede unter den Menschen sein würden. Hier wird
besonders deutlich, daß der anthropologische Pessimismus von *Rousseau* in der
kommunistischen Theoriebildung und Praxis verabschiedet ist und ein sozial-
revolutionärer Optimismus Platz greift.
     Ohne auf die Gedanken der französischen Utopisten, wie etwa *Henri de
Saint-Simon* und *Charles Fourier,* näher einzutreten, wurde diese Haltung in
der Verquickung der Gleichheits- mit der Eigentumsfrage von den Frühsozialisten weitergeführt und radikalisiert von den Anarchisten. So prägte *Pierre-
Joseph Proudhon* die Rede vom Eigentum als Diebstahl und machte die Eigen-
tumsverteilung zum Zentrum seiner Forderung nach sozialer Gleichheit.[174]
Noch nicht mit dem Postulat kommutativer Gerechtigkeit durch Eigentumsgleichheit verbunden war die später von *Karl Marx* in die theoretische Diskussion eingeführte Aufhebung der privaten Verfügungsgewalt über die Produktionsmittel. Noch bei *Proudhon* sollte das Eigentum nicht abgeschafft, sondern nach dem Prinzip der Gleichheit verallgemeinert werden: Kommunismus
sei Ungleichheit, in entgegengesetztem Sinne als das Eigentum; Eigentum
bedeute Ausbeutung der Schwachen durch die Starken, Kommunismus Ausbeutung des Starken durch die Schwachen; Kommunismus sei Unterdrückung
und Knechtschaft, formuliert er programmatisch.[175] Mit der Anarchie als der
herrschaftsfreien Gesellschaftsform verbindet *Proudhon* in gleichem Maße die
Ideen der Eigentumsgleichheit und der Freiheit:

„Die freie Assoziation, die Freiheit, die sich darauf beschränkt, die Gleichheit in den
Produktionsmitteln und den Gleichwert beim Tausch aufrechtzuerhalten, ist die einzig
mögliche, einzig gerechte und einzig wahre Gesellschaftsform. (…) Die Politik ist die
Wissenschaft der Freiheit: Die Beherrschung des Menschen durch den Menschen,
gleichviel unter welchen Namen sie sich verbergen mag, ist Unterdrückung; die höch-

---

173 Vgl. Horst Dippel: Die politischen Ideen der Französischen Revolution, in: Pipers Hand-
      buch der politischen Ideen, hrsg. von Iring Fetscher und Herfried Münkler, München-
      Zürich 1986, Bd. 4, S. 54 f.
174 So in seiner sogenannten Ersten Denkschrift von 1840: Qu'est-ce que la propriété? ou
      recherches sur le principe du droit et du gouvernement.
175 Nach Pierre-Joseph Proudhon: Was ist Eigentum? Eine Denkschrift – Untersuchungen über
      den Ursprung und die Grundlagen des Rechts und der Herrschaft, Berlin 1896, S. 210.

ste Vollkommenheit der Gesellschaft findet sich in der Veränderung der Ordnung und der Anarchie".[176]

In Deutschland wurde dieses französische Gedankengut nur in sehr abgeschwächter Form wirksam: durch Frühsozialisten wie den bereits behandelten *Wilhelm Weitling* und *Moses Hess,* durch *Ferdinand Lassalle,* durch Gesellschaftskritiker wie *Johann Karl Rodbertus* und *Franz Hermann Schulze-Delitzsch* und durch die sogenannten Katheder-Sozialisten.[177] Letztere verwissenschaftlichten das sozialrevolutionäre Gedankengut der französischen Sozialisten und gründeten 1872 den *Verein für Socialpolitik (Gustav Schmoller),* die gesellschaftswirksame Kraft wurde aber der Idee der sozialen Gleichheit dadurch geraubt, daß die Wissenschaftsdisziplinen Jurisprudenz, Soziologie und Nationalökonomie zu dieser Zeit bereits weitgehend verselbständigt waren. Diese wissenschaftshistorische Situation beeinflußte zu einem wesentlichen Teil die ideengeschichtliche Entwicklung des Gleichheitsbegriffs in Deutschland.[178]

Die enge Verknüpfung der Gleichheits- mit der Eigentumsfrage in der Entwicklung des frühen französischen Sozialismus' und Anarchismus' hat eine lange Tradition in England. Zur Zeit der Cromwell'schen Diktatur vertrat vergleichbare Ideen *Gerrard Winstanley* in vielen seiner Reden und Ansprachen, am prägnantesten aber in seinem Buch Das *Gesetz der Freiheit als Entwurf* von 1652.[179] Seine These, die er auf theoretischem wie auf politischem Gebiet mit viel Überzeugungskraft verfocht, war, daß die wahre Freiheit in einem Gemeinwesen beruhe auf der freien, d. h. allgemeinen und gleichen Verfügung über den Boden. Dies aber war nicht so sehr ein sozialutopischer Entwurf, als vielmehr ein praktischer Vorschlag, Frieden herzustellen mittels eines Ausgleichs der Versorgungsnot auf der Seite der Untertanen und dem Überfluß auf der anderen Seite.

b) Die theoretische Bewältigung im Marxismus: Bedürfnisgerechtigkeit

Mit der theoretischen Behandlung der sozialen Dimension durch *Karl Marx* wandelte sich grundlegend das Verständnis von Eigentum: Nicht mehr das private Eigentum war es, welches verallgemeinert werden sollte, um die sozialer Gleichheit aller zu erreichen, sondern vorab das Eigentum an Produktionsmitteln. Die Herstellung von sozialer Gleichheit war im theoretischen Ver-

---

176 Ebenda, S. 232.
177 Vgl. Ralf Bambach in: Pipers Handbuch der politischen Ideen, hrsg. von Iring Fetscher und Wilfried Münkler, Bd. 4, S. 395 ff und 402 ff.
178 Dazu untenstehend, Ziff. 2 dieser Vorlesung.
179 Gerrard Winstanley: The Law of Freedom in a Platform; or True Magistracy Restored (Das Gesetz der Freiheit als Entwurf; oder Die Wiedereinsetzung wahrer Obrigkeit), in: Gleichheit im Reiche der Freiheit, Stuttgart 1983, S. 152 ff (London 1652).

ständnis des Marxismus nicht mehr eine Frage der allgemeinverträglichen Verteilung, sondern eine Angelegenheit von Klassen. Damit mußte sich abermals eine Verschiebung der Bedeutung und der Strategie zur Erreichung der sozialen Gleichheit vollziehen.

Die gesellschaftliche Dialektik von Arbeiterklasse und der Klasse der die Produktionsmittel Besitzenden, welche überwunden werden wollte, wurde durch die Theoriebildung von *Marx* quasi bestätigt, indem dieser die Analyse der sozialen Frage der Abhängigkeit der Arbeiter praktisch betrieb, während die andere Seite, die als Kapital akkumulierten Produktionsmittel, in der theoretischen Sprache der Ökonomie formuliert wurde. Tragischerweise befestigte *Marx* durch diese methodische Dialektik genau jene Dichotomie, die er zu überwinden forderte und hoffte. Die Dialektik auf der eben angesprochenen Ebene von (sozialer) Praxis und (ökonomischer) Theorie beschlägt nun aber gerade die Frage nach sozialer Gleichheit: In dem Widerspruch von Theorie und Praxis spiegelte sich gewißermaßen nur der soziale Unterschied zwischen der Güterproduktion durch Arbeiter und den Leistungen der Intellektuellen.[180] Nach den Erfahrungen mit dem real existierenden Sozialismus in der Ausprägung des Leninismus/Stalinismus muß die Theorie von *Marx* als soziale Utopie erscheinen: Es handelte sich eben um eine gedankliche Verträglichmachung von sozialer Gleichheit mit der Freiheit aller, während der Marxismus in seinen späteren Formen die Diktatur eines ideologisierten Gleichheitsverständnisses darstellte, welches zu der Freiheitsidee in eklatantem Widerspruch stand.

In seinen Forderungen vermochte der Marxismus wohl die beiden Sphären zu verbinden, dies war ja gerade sein Anliegen. Eine der soziologischen Einheit von Staat und Gemeinschaft entsprechende einheitliche wissenschaftliche Behandlung blieb aber Desiderat und ist es bis heute geblieben. In der Auseinandersetzung mit der Demokratielehre von *Hans Kelsen*, die den soziologischen vom juristischen Begriff des Staates trennt,[181] ist *Max Adler* für die Einheit von Gleichheit und Freiheit in der Absicht auf eine adäquate Bewältigung der sozialen Frage eingetreten:

„So ergibt sich also, daß die Gleichheitskomponente der Demokratie durchaus nicht im Widerspruch zu seiner Freiheitskomponente stehen muß, wenn nur erst sowohl die Freiheit wie die Gleichheit aus der Sphäre des Liberalismus, das heißt aus der individualistischen Auffassung, herausgehoben und in die ihnen eigene Sphäre der Vergesellschaftung des menschlichen Daseins eingestellt sind, deren politischer Ausdruck die

---

180 Vgl. Oskar Negt und Ernst-Theodor Mohl: Marx und Engels – der unaufgehobene Widerspruch von Theorie und Praxis, in: Pipers Handbuch der politischen Ideen, hrsg. von Iring Fetscher und Herfried Münkler, Bd. 4, S. 449 ff.

181 Vgl. Hans Kelsen: Vom Wesen und Wert der Demokratie, in: Archiv für Sozialwissenschaft und Sozialpolitik, Bd. 47, S. 5 ff (Tübingen 1920). – Vgl. unten, Ziff. 4.2.

soziale Demokratie ist. Nur von diesem Standpunkt aus werden Freiheit und Gleichheit zusammengehörige Attribute, was sie im Liberalismus nicht sind".[182]

Vom Standpunkt der frühen Sozialdemokraten ist also nicht nur die Freiheitsidee in gesellschaftlicher Perspektive zu verstehen und von der Isolation des individualistischen Idealismus zu befreien, sondern die Verbindung dieser *einen* Freiheit mit einer sozialen Gleichheit nur mittels einer Strategie der „Vergesellschaftung" zu bewerkstelligen. Sozialgeschichtlich gesehen, ist diese Verbindung von Freiheit und Gleichheit bis ins 20. Jahrhundert aber nicht richtig gelungen[183] auch nicht in den Epochen, in denen sozialdemokratische Regierungen an der Macht waren, z. B. in Österreich und in Deutschland nach 1918/19. Die Bewältigung der Kriegslasten und der Wirtschaftskrise und nicht die Verbindung von Freiheit und Gleichheit standen damals im Vordergrund.

2. Die Zurückdrängung der Gleichheit in den deutschen Ländern

Die erfolgreichste Strategie, der aufs Soziale ausgedehnten Gleichheitsforderung deren Brisanz zu nehmen, ist wohl eine Reduktion auf die Gleichheit vor dem als allgemein vorausgesetzten Gesetz (Rechtsbegriff der Gleichheit oder Rechtsgleichheit). Man kann dieses Gleichheitsverständnis zutreffend als formales kennzeichnen, eingedenk jedoch, daß die Vernünftigkeit des Gesetzes, um das es geht, eine materiale Dimension erschließt. Verfassungsgeschichtlich wurden mit dem zunehmenden Verlust der Rationalität und der Allgemeingültigkeit des Gesetzes (im Extremfall: Einzelfallgesetz, abgeschwächt: Maßnahmengesetz) diese Defizite ersetzt durch Einschleusen von materiellen Erwägungen in den Begriff der Rechtsgleichheit selber. In diesem Zusammenhang könnte man von einem regelrechten inhaltlichen Aufladen des juristischen Gleichheitsbegriffs durch die Justiz sprechen.

Verständlich wird diese Strategie jedoch nur, vergegenwärtigt man sich die seit den letzten zwei Jahrzehnten des 19. Jahrhundert definitiv erfolgte Aufteilung der ehemaligen Staatswissenschaften in die selbständigen, dogmatisch autonomen Einzeldisziplinen der Rechts- und Staatsrechtswissenschaft, der Soziologie und der (National-)Ökonomie.[184] Treibend auf diese Entwicklung

---

182 Max Adler: Die Staatsauffassung des Marxismus – Ein Beitrag zur Unterscheidung von soziologischer und juristischer Methode, Wien 1922, S. 143 f.

183 Vgl. die Beiträge von Jürgen Kocka, Gerhard A. Ritter, Klaus Tenfelde und Heinrich August Winkler in der Reihe: Geschichte der Arbeiter und der Arbeiterbewegung in Deutschland seit dem Ende des 18. Jahrhunderts, hrsg. von Gerhard A. Ritter, Bonn 1990 ff.

184 Vgl. die Beiträge in: Geisteswissenschaften zwischen Kaiserreich und Republik – Zur Entwicklung von Nationalökonomie, Rechtswissenschaft und Sozialwissenschaft im 20. Jahrhundert, hrsg. von Knut Wolfgang Nörr, Bertram Schefold und Friedrich Tenbruck, Stuttgart 1994.

wirkte v. a. der soziologische Positivismus von *Auguste Comte* ein, die Verselbständigung der Ökonomie hatte sich bereits seit *Adam Smith,* zunächst fast
unmerklich, später deutlicher aus der Einheit der Geisteswissenschaften herausgelöst. Geht es im besonderen um die Bezüge zwischen sozialer Gleichheit
und Rechtsgleichheit, bzw. zwischen gesellschaftlicher Freiheit und rechtsstaatlichen Freiheitsrechten (und zudem um die Vereinbarkeit der beiden
Begriffe), so ist zunächst nach dem Verhältnis von Gesellschaftswissenschaften
und Jurisprudenz als normativer Disziplin zu fragen.[185] Ihren Höhepunkt
erreichte die Auseinandersetzung um das Verhältnis von deskriptiver Sozialwissenschaft und normativen Disziplinen (Philosophie, Theologie, Rechtswissenschaft) im sogenannten Werturteilsstreit von 1914: *Max Weber* hatte dem
Verein für Socialpolitik 1913 ein Gutachten zum *Sinn der ‚Wertfreiheit‘ der
soziologischen und ökonomischen Wissenschaften* erstattet,[186] welches anläßlich
eines Symposiums vom 5. Januar des folgenden Jahres zum Gegenstand einer
erbitterten Auseinandersetzung wurde.[187] Der Streit um den Bezug auf Werte
in den Geistes- und Sozialwissenschaften war dabei nur Indiz für die vollzoge-
ne und gefestigte Verselbständigung der betroffenen Wissenschaftsdisziplinen.
Zusammen mit dem Fehlen einer übergeordneten Disziplin führte die Isolation der Einzelwissenschaften v. a. dazu, daß die einst von allen Staatswissenschaften „geteilten“ Begriffe nunmehr je eigenen wissenschaftlichen Entwicklungen folgten. Dies galt und gilt gerade auch für die Gleichheitsidee im
besonderen wie für die Staatslehre allgemein.

Die Gleichheit in bezug auf die gesellschaftlichen Verhältnisse wurde nun
nicht nur von einer eigenständigen und von der Staatsrechtslehre getrennten
Wissenschaft untersucht, darüberhinaus erfolgte in der Staatslehre selber noch
einmal eine Aufspaltung, welche die Idee sozialer Gleichheit im Kern betraf:
Für die traditionsreiche Disziplin der Allgemeinen Staatslehre vollzog *Georg
Jellinek* die Trennung eines soziologischen von einem juristischen Staatsbegriff
und behauptete zwei unterschiedliche Methoden für die zwei Untersuchungs-
gegenstände: Die „Allgemeine“ Staatslehre ist aufgeteilt in eine „allgemeine
Soziallehre des Staates“ und in eine „allgemeine Staatsrechtslehre“,[188] was fata-
le Folge zeitigt für Fragestellungen, die Realität und Normativität in eine
Beziehung setzen, wie gerade für die Frage nach der sozialen Gleichheit. Der

---

185 Für die Wissenschaftsgeschichte des 20. Jahrhunderts siehe neuestens Werner Gephart:
     Gesellschaftstheorie und Recht – Das Recht im soziologischen Diskurs der Moderne,
     Frankfurt am Main 1993.

186 Umgearbeitet 1917, in: Gesammelte Aufsätze zur Wissenschaftslehre, hrsg. von Johannes
     Winckelmann, Tübingen, 6. Aufl. 1985, S. 489 ff.

187 Vgl. die Darstellung bei Michael W. Hebeisen: Souveränität in Frage gestellt – Die Sou-
     veränitätslehre von Hans Kelsen, Carl Schmitt und Hermann Heller im Vergleich, Baden-
     Baden 1995, § 4, N. 32, und die dort angemerkte Literatur.

188 Georg Jellinek: Allgemeine Staatslehre (3. Aufl. 1913), Darmstadt 1959, S. 129 ff und
     383 ff.

juristische Positivismus, als Gegenzug zum soziologischen, hat diese Zweiteilung dann zudem noch erkenntnistheoretisch begründen zu können gemeint,
wie es etwa bei *Hans Kelsen* in dessen Reinen Rechtslehre geschieht.[189]

Die Thematik der sozialen Gleichheit hat in dieser Wissenschaftssituation
nicht nur keine fruchtbare Behandlung gefunden, vielmehr wurde bereits die
Fragestellung verunmöglicht. So kommt es dazu, daß zu einer der drängendsten
Fragen der Politik im deutschen Sprachraum kaum wissenschaftliche Theoriebildung vorliegt. Die Problematik der sozialen Frage mit Bezug auf Gleichheit
und Freiheit ist vielmehr sogar nicht nur zurückgedrängt, sondern regelrecht
ausgegrenzt von jeder wissenschaftlichen Behandlung und Bewältigung.

3. Die Renaissance ständischer Ideen

a) Die Rechtspersönlichkeit und die Organtheorie des Staates

Daß die Fragestellung der sozialen Gleichheit in der zweiten Hälfte des
19. Jahrhunderts in den deutschen Staaten an Aktualität verlor, kann nicht
allein wissenschaftsgeschichtlich begründet werden. Vielleicht ist sogar die
methodologische Entwicklung nur der Reflex der gesellschaftlichen, politischen und kulturellen Situation. Waren in der Nationalversammlung Hoch-
schul- und andere Professoren politisch noch sehr aktiv (mehr als 100 auf 585
Mitglieder), so ergab sich zugleich mit der Enttäuschung ihres Optimismus'
eine deutliche Wende zum Positivismus in den Wissenschaften.[190]

Das Einsetzen der Reaktion und die Erstarkung des politischen Konservatismus führte in der Folge zu einer Wiederbelebung ständischer Strukturen,
der gesellschaftlichen Gestaltung wie auch der Ideen. Man brauchte bloß
anzuknüpfen an die Lehren des restaurativen Doyens, von *Carl Ludwig von
Haller*, insbesondere an dessen Vorstellung des Gemeinwesens als eines
Makroanthropos: In der reaktionären Doktrin war die unterschiedliche, eben:
ungleiche Stellung jedes einzelnen bedingt durch die Idee des Ganzen als eines
Organismus, bestehend aus Gliedern (Organen), welche in einer wechselseitigen funktionalen Abhängigkeit stehen, und welche zudem von einer Zentrale
(*caput*, Monarch) angeleitet, gesteuert werden. *Friedrich Wilhelm Joseph von
Schelling* steuerte aus philosophischer Perspektive dieser Denkrichtung eine
religiöse Komponente bei.[191] Mit der organischen Staatstheorie wurden die

---

189 Vgl. Hans Kelsen: Der soziologische und der juristische Staatsbegriff – Kritische Untersu-
     chung des Verhältnisses von Staat und Recht, Tübingen, 2. Aufl. 1928.
190 Vgl. Michael Stolleis: Geschichte des öffentlichen Rechts in Deutschland, Bd. 2: Staats-
     rechtslehre und Verwaltungswissenschaft 1800–1914, München 1992, S. 271 und 276 ff. –
     Die Herausbildung des juristischen Positivismus gipfelte in den Lehren von Carl Friedrich
     von Gerber und Paul Laband, weshalb dieser frühe Positivismus auch der Gerber-Laband-
     sche Positivismus genannt wird.
191 Vgl. die Ziff. 3c der Neunten Vorlesung dieses Bandes.

sozialen Ungleichheiten quasi-theologisch legitimiert, jeder einzelne hatte an einer vorbestimmten Stelle eine spezifische Funktion im Dienste des Ganzen zu leisten, im Dienste des übermenschlichen Mechanismus' des Staates zu stehen. Die ständisch-monarchisch-konservative Bewegung, deren Wiederorganisation schon vor 1848 einsetzte, setzte tendenziell „ständisch" mit „moralisch" gleich, wie dies hervorgeht aus dem Programm zur Gründung einer konservativen Zeitung vom 5. Juli 1847:

„Im Interesse der Entwicklung des ständisch-moralischen Systems ist eine freie Besprechung aller dahin einschlagenden staatlichen und bürgerlichen Verhältnisse dringendes Bedürfnis. (…) Anknüpfend in praktischer Richtung an das Bestehende [sic!] ist, mit besonderer Beziehung auf Preußen, Aufgabe des Blattes: 1. Erhaltung der Unabhängigkeit des Königtums, sowohl in seinen Beziehungen nach außen als auf dem Gebiete der Gesetzgebung und der Verfügung über die herkömmlichen Staats-Einnahmen. 2. In ständischer Beziehung Förderung der Entwicklung der ständischen Freiheit [sic!] und Selbständigkeit in Beziehung auf die verfassungsmäßige Einwirkung der Stände auf alle inneren Angelegenheiten, im Wege der Petition".[192]

Einzig fortschrittlich – aber auch nur für die deutschen Lande – war noch die Forderung, daß alle Einmischungen religiöser und konfessioneller dogmatischer Tendenzen zu vermeiden seien.

Zum Einfluß des Konstitutionalismus in organtheoretischem Verständnis auf die Frage nach der sozialen Gleichheit trat derjenige der Bundesstaatstheorie hinzu. Um die Einheit deutscher Staatlichkeit theoretisch zu erfassen, prägte *Otto von Gierke* als Vertreter der Genossenschaftslehre die Vorstellung des Staates als einer Rechtspersönlichkeit[193], sein Schüler *Hugo Preuss* und andere folgten ihm darin.[194] Beider allgemeine Stoßrichtung war das Bestreben, Fiktionstheorien durch realistische(re) Vorstellungsweisen zu ersetzen und so die positivistische Trennung von Staat und Recht in pragmatischer Absicht aufzuheben. Ihre Kritik am Gerber-Laband'schen Positivismus führte aber nicht zu einer Überwindung der Isolierung der Jurisprudenz von den anderen geisteswissenschaftlichen Disziplinen und so auch nicht zu einer fruchtbaren Grundlegung für eine Diskussion der Problematik sozialer Gleichheit. Selbst die sozialkritischen und politisch aktiven Staatsrechtslehrer *Rudolf von Gneist* und *Lorenz von Stein* vermochten an diesem Befund nicht zu ändern. Die verfahrene Situation in der Frage nach sozialer Gleichheit zu retten wurde, wenn überhaupt, dann auf dem Nebengeleise der Verwaltungsrechtswissenschaft gelei-

---

192 In: Quellen zum politischen Denken der Deutschen im 19. und 20. Jahrhundert (Freiherr vom Stein-Gedächtnisausgabe), hrsg. von Rudolf Buchner, Bd. 4: Vormärz und Revolution 1840–1849, Darmstadt, 2. Aufl. 1991, S. 221 f.
193 Otto von Gierke: Die Grundbegriffe des Staatsrechts und die neuesten Staatsrechtstheorien, in: Zeitschrift für die gesamte Staatswissenschaft, Jg. 1874, H. 1/2.
194 Hugo Preuss: Gemeinde, Staat, Reich als Gebietskörperschaften – Versuch einer deutschen Staatskonstruktion auf Grundlage der Genossenschaftstheorie, Berlin 1889.

stet, von *Otto Mayer* und dessen Verwissenschaftlichung der einstigen Policey-Wissenschaft in eine systematische Verwaltungsrechtslehre.[195]

b) Verwirklichung organischer Ideen: Oktroyierte Verfassungen und Vormärz

Die Verfassungsentwicklung nach 1848 war eine klare Absage an die soziale Dimension der Gleichheitsforderung.[196] Die Verfassung des Norddeutschen Bundes enthielt keine Grundrechte,

„es schien weniger die Freiheit als die Einheit bedroht, und was die Freiheit anging, so konnte man entlastend auf die Grundrechtskataloge der Länder sowie auf die einfache Gesetzgebung verweisen",

bemerkt *Michael Stolleis* treffend.[197] Diese Einstellung setzte sich durch, und so enthielt auch die Reichsverfassung von 1870/71 keine Grundrechte, dies mit der Begründung, die Grundrechte seien auch bisanhin gesetzlich so gut wie auf Verfassungsebene gesichert gewesen. Die übermächtigen Konservativen interpretierten Grundrechte als sanktionslose politische Deklarationen, als Gesetzgebungsaufträge, und demzufolge ging ihr Schutz gerade so weit, den Bürger vor rechtswidrigen Beeinträchtigungen zu bewahren. Die Liberalen auf der Gegenseite pochten immer noch auf die von ihnen geforderten, aber nirgends als in den fortschrittlicheren Ländern in Grundrechten positivierten Gewährleistung einer staatsfreien Sphäre. Daß die bürgerliche Gesellschaft in der zweiten Hälfte des 19. Jahrhunderts (in ihrem politisch aktiven Teil) mehrheitlich liberal eingestellt war, konnte wohl deshalb nichts an der verfassungsrechtlichen Situation bezüglich Grundrechten ändern, weil die klassisch-liberale Auffassung zu wenig stichhaltig war und die vorgebrachten Argumente nicht so ganz mehr der wirklichen Einstellung zu entsprechen vermochten. Bis 1892, bis zur systematischen Durchdringung der subjektiv-öffentlichen Rechte durch *Georg Jellinek*,[198] fehlte es an der rechtswissenschaftlich durchdachten Argumentation zur Stützung der Forderung nach Grundrechten. Wie in die juristische Doktrin, so fand also die Forderung nach sozialer, über das Postulat der gleichmäßigen, allgemeinen Anwendung des Gesetzes hinausgehenden Gleichheit auch in den Verfassungen zunächst keinen Eingang.

---

195 Vgl. Michael Stolleis: Geschichte des öffentlichen Rechts in Deutschland, Bd. 2, S. 403 ff.

196 Vgl. aber zu den Grundrechten des Entwurfs zu einem deutschen Reichsgrundgesetz von 1848 Rudolf Buchner (Hrsg.): Quellen zum politischen Denken der Deutschen im 19. und 20. Jahrhundert (Freiherr vom Stein-Gedächtnisausgabe), Bd. 4: Vormärz und Revolution 1848/49, Darmstadt 1976, Nr. 58, S. 301 f.

197 Geschichte des öffentlichen Rechts in Deutschland, Bd. 2, S. 372.

198 Georg Jellinek: System der subjektiven öffentlichen Rechte, Tübingen, 2., durchgesehene und vermehrte Aufl. 1905.

In der europäischen Politik schlug sich in der Ära *Metternich* wie in der Fortsetzung des Machtspiels durch *Bismarck* die Organtheorie auf völkerrecht-
licher Ebene nieder in deren Anwendung auf die europäische Staatenordnung.

Dreizehnte Vorlesung: Zur Konnexität von Freiheit und Gleichheit

Die vorangehenden vier Vorlesungen waren alle daraufhin angelegt, das Verhältnis von Freiheit und Gleichheit, deren Konnexität zu thematisieren. Die darin entwickelten Aussagen sollen nun nachfolgend systematisiert und neue Perspektiven hinzugefügt werden. Mögliche Bestimmungen der Koordination beider Ideen sollen idealtypisch vorgestellt, beurteilt und Folgeprobleme aufgezeigt werden. Dabei sollen schwergewichtig zur Sprache kommen: der Wandel der Freiheitsidee von einem transzendentalen Vernunftprinzip im Sinne des deutschen Idealismus zu einem heuristischen Konzept der verfaßten politischen Gemeinschaft in der Lehre von *Friedrich August von Hayek*,[199] die Entwicklung der Gleichheitsidee von der Rechtsgleichheit hin zu einem Prinzip der gerechten Verteilung von Chancen und die kommunitaristische These, daß Gleichheit nicht als übergreifendes einheitliches Konzept verwirklicht werden könne, daß vielmehr jedes Sachgebiet seiner spezifischen Sachgerechtigkeit und mithin einem je eigenen Gleichheitsverständnis folge. Von da aus ist schließlich in postmoderner Optik ein Blick zu werfen auf die Theorie der Sozialpflichtigkeit des Eigentums und deren möglicher Ausweitung auf jede Art der Freiheitsausübung. In einem umfassenderen Sinn, so soll postuliert werden, geht es im Grunde genommen um die Bestimmung des Verhältnisses von Politik und Ethik, jedesmal wenn Freiheit und Gleichheit angesichts einer spezifischen Situation vereinbart gemacht werden.

Die ideengeschichtliche Untersuchung in den vier vorangehenden Vorlesungen könnte zum Schluß verleiten, die klassischen Theorien erwählten jeweils entweder die Freiheitsidee oder diejenige der Gleichheit gleichsam zu ihrem Leitprinzip. Umgekehrt hinterläßt die Gesamtsicht den Eindruck, eine Theorie, welche beiden Begriffen eine gleichrangige Stellung einräume, sei undenkbar. Diesem Vorurteil ist zumindest mit Blick auf die neueste anglo-amerikanische Theoriebildung zu widersprechen.[200] Diese Diskussion jedoch einer eingehenden Prüfung zu unterziehen, erforderte detaillierte und umfangreiche Untersuchungen, welche hier im Rahmen einer Vorlesung nicht geleistet werden können, umsomehr aber all denen zu empfehlen ist, die sich weiterführend mit der Problematik beschäftigen möchten.

---

199 The Constitution of Liberty (1960, Die Verfassung der Freiheit), Tübingen 1971.
200 Vgl. John Charvet: A Critique of Freedom and Equality, Cambridge 1981; Keith Dixon: Freedom and Equality – The Moral Basis of Democratic Socialism, London 1981; Gray Dorsey (Hrsg.): Equality and Freedom, New York 1977; Antony Flew: Equality in Liberty and Justice, London-New York 1989; Amy Gutmann: Liberal Equality, Cambridge 1980; Barrington Moore: Authority and Inequality under Capitalism and Socialism, Oxford 1987; Kai Nielsen: Equality and Liberty – A Defense of Radical Egalitarianism, Totowa 1985; Richard Norman: Free and Equal – A Philosophical Examination of Political Values, Oxford 1987; u. a.

Als Orientierungshilfe für die Auseinandersetzung, als Windrose oder Koordinatennetz quasi, kann folgende Typisierung angeboten werden: Die Konnexität von Freiheit und Gleichheit kann thematisiert werden unter dem Blickwinkel der (idealistischen, politischen, ökonomischen) Freiheit, unter demjenigen der Überwindung von tatsächlicher Unfreiheit (Kausalität der Freiheit, revolutionärer Freiheitskampf), unter demjenigen der (sozialen) Gleichheit (Sozialismus, Egalitarismus) oder unter demjenigen der tatsächlichen Ungleichheit (kultur-anthropologische Ansätze). Der letztgenannte Ansatz wurde nicht nur von *Jean-Jacques Rousseau* als ausschlaggebenden gewählt, sondern auch in der neueren Diskussion wieder vermehrt thematisiert.[201]

Für die Theoriebildung bleibt charakteristisch, daß während des ganzen 19. Jahrhunderts „Freiheit" die Leitidee sowohl für die Philosophie wie auch für die Politik bildete. *Christof Dipper* begründet und charakterisiert diese Entwicklung wie folgt:

„Die negativen Erfahrungen mit der Gleichheitsforderung in der [Französischen] Revolution und die fortgesetzte Reflexion über das Verhältnis der beiden zu Schlagwörtern gewordenen Begriffe [?] führten dazu, daß ihre revolutionäre Untrennbarkeit in Frage gestellt und der ‚Freiheit‘ als geschichtsphilosophischem Leitbegriff der Vorrang eingeräumt wurde. Die Frage war jeweils, wie weit ‚Gleichheit‘ ausgedehnt oder begrenzt werden mußte, um mit ‚bürgerlicher‘ oder ‚politischer Freiheit‘ in Einklang gebracht werden zu können".[202]

Mit der Einsetzung des Begriffspaares „Freiheit und Gleichheit" als eine in sich selbst unterschiedene Zieleinheit in der Theorie von *Karl Marx* und *Friedrich Engels* seit 1844 seien die Begriffe nicht mehr verfassungspolitisch, sondern nur noch revolutionär im weltgeschichtlichen Totalverständnis begriffen worden und das Interesse an ihrer programmatischen Konkretisierung somit entfallen. Wenn nicht bereits *Marx*, so haben dann bestimmt *Alexis de Tocqueville* und *Lorenz von Stein* die aufklärerisch-revolutionäre Identitätsvorstellung von Freiheit und Gleichheit gesprengt, dieser, indem er diese im Bewegungsgesetz der modernen Gesellschaft aufhob, jener, indem er prognostizierte, die Freiheit werde durch die Konsequenzen verwirklichter Gleichheit vernichtet.[203]

---

201 Vgl. Philip Green: The Persuit of Inequality, Oxford 1981; Jean-Louis Haronel: Essai sur l'inégalité, Paris 1984; Barrington Moore: Authority and Inequality under Capitalism and Socialism, Oxford 1987.

202 Christof Dipper: Artikel „Freiheit", in: Geschichtliche Grundbegriffe – Historisches Lexikon zur politisch-sozialen Sprache in Deutschland, hrsg. von Otto Brunner u. a., Stuttgart 1979, Bd. 2, S. 532.

203 Vgl. unten, Ziff. 2a dieser Vorlesung.

1. Die relative Unverbundenheit der beiden Ideen

Die Disjunktion von Freiheits- und Gleichheitsidee geht in der Regel von unterschiedlichen Stoßrichtungen der infragestehenden Konzeptionen aus, wird gestützt durch die von sozialer Gleichheit abstrahierende juristische Dogmatik und mündet zumeist in die These von der Inkompatibilität von Freiheit und Gleichheit. Im Einzelnen:

a) Die unterschiedlichen Stoßrichtungen von Freiheits- und Gleichheitsidee

In der praktisch-politischen wie in der theoretischen Verwendung wird der Begriff der Freiheit nach 1789 meist gebraucht als Argument gegen illegitime Staatsgewalt; Freiheit ist deutlich als Abwehrrecht konstituiert, politische Freiheit dabei gerichtet *gegen* tyrannischen Machtmißbrauch, das ökonomische Freiheitspostulat soll eine staatsfreie Sphäre garantieren. Demgegenüber ist Gleichheit ein positiver, Perspektiven und Chancen eröffnender Begriff; Das Gleichheitsargument ist das stärkste in der Auseinandersetzung mit ungleicher Verteilung von Gütern und Chancen. Das Postulat sozialer Gleichheit, der Bezug der Idee zu den tatsächlichen Verhältnissen also, wird erst im Verlauf des 19. Jahrhunderts praktisch-politisch aktuell, mit der Ausbreitung des sozialen Klassenkampfs: Wer soziale Gleichheit fordert, will Umverteilung, Verteilungsgerechtigkeit.

Die nun näher bezeichneten unterschiedlichen Stoßrichtungen der Freiheits- und Gleichheitsidee lassen deutlicher werden, daß sich die Begriffe von Freiheit und Gleichheit im Grunde genommen auf verschiedenen Ebenen entgegentreten: Die hauptsächlichsten Gehalte der Freiheitsidee finden sich in der Sphäre der Individualität und des Ökonomischen, wohingegen diejenigen der Gleichheitsidee sich deutlich auf die Gesellschaftsstruktur beziehen. Die aus der analysierten unterschiedlichen Stellung der Prinzipien von Freiheit und Gleichheit resultiert in verschiedenen Funktionen der jeweiligen Postulate. Zu verschiedenen Zeiten und in unterschiedlichen Zusammenhängen haben denn Philosophen und Theoretiker der Geisteswissenschaften den Konzepten der Freiheit und Gleichheit gegenübergestanden, immer aber entweder Freiheit oder Gleichheit thematisiert und ihre Gedankengebäude einer auf dem einen oder auf dem anderen Begriff aufgebaut. Eine gleichrangige Stellung beider Prinzipien erscheint für eine konsistente Systembildung ungeeignet.

Zum Überwiegen der Freiheitskonstruktionen in der Theoriebildung beigetragen hat bestimmt der Umstand, daß Gleichheit immer auch rückwärtsgerichtet, weil gegen als ungerecht empfundene (insbesondere soziale) Zustände gerichtet verstanden wurde. Der Begriff der Gleichheit scheint geradezu angelegt auf seine Verwendung in politischen Auseinandersetzungen um drückende Probleme, und so erscheinen Thematisierungen der Gleichheit bis 1850 eher als Kompensationslösungen denn als zukunftgerichtete, perspektivische

Theoriebildungen.[204] Alles in allem ist die Gleichheitsidee deutlich gezeichnet und auch in vieler Augen in Mißkredit gezogen vom amorphen sozialrevolutionären Potential, welches ihn trägt und weiterbildet.

Diese Situation ändert sich nachhaltig erst mit dem Wiederaufleben utopischer Ideen: Bei *Wilhelm Weitling* etwa für die kleinbürgerlich-gewerbetreibende Handwerkerschicht und bei *Karl Marx* für die Arbeiterschaft gewinn der Gleichheitsbegriff seine perspektivische Bedeutung, driftet zugleich aber ins Utopische ab und bleibt im wesentlichen unverbunden mit der ökonomischen und v. a. der juristischen Theoriebildung. Damit ist die Vorherrschaft der Freiheitsidee zwar gebrochen, eine Vereinbarkeit der beiden infragestehenden Ideen aber nicht in Sicht. Im Ergebnis stehen Freiheit und Gleichheit nach wie vor einander gegenüber als zwei auf unterschiedlichen Ebenen angesiedelte Begriffe und zudem von unterschiedlicher theoretischer Herkunft. Eine systematische Theoriebildung auf der Grundlage beider Ideen wird weitgehend verunmöglicht, weil Gleichheit als Rechtsbegriff reduziert wird auf ökonomische Freiheit (Nichteinmischung des Staates in privaten Handel und Gewerbe), und weil die soziale Wirklichkeit ausgeblendet wird durch den Rechtsbegriff der Gleichheit. Damit ist aber auch Unfreiheit kein Thema für die normative Gesellschaftswissenschaft.

b) Der Niederschlag der Theorielage in der juristischen Dogmatik

In der juristischen Dogmatik trifft man kaum Versuche an, eine Konnexität von Freiheit und Gleichheit zu schaffen. Nichtsdestotrotz werden die beiden Begriffe als normative Konzepte erstmals 1918/19 in der Weimarer Verfassung und seither in zunehmendem Maße assoziativ gleichgeordnet. Damit wird eine intuitive Gleichsetzung von Freiheit und Gleichheit behauptet, die aber seit der Französischen Revolution weitgehend unreflektiert ist. Beispiele dafür bieten sich viele in der Rechtsprechung des Bundesverfassungsgerichts nach 1945, typisch ist aber insbesondere das unvermittelte Nebeneinanderbestehen von Handels- und Gewerbefreiheit (ökonomische Freiheit) und Rechtsgleichheit in der Schweizerischen Bundesverfassung.

Dieser Befund wird deutlich widergespiegelt in der juristischen Dogmatik: Die Freiheit wird zusammen mit deren Ausflüssen in der Regel ausführlich expliziert, Gleichheit zumeist schwach oder gar nicht behandelt.[205] Dies hat

---

204 Vgl. die Rolle des Gleichheitspostulats in der Juli-Revolution von 1830, in der Pariser Commune von 1871 und anläßlich des Marsches der 12 000 Frauen nach Versailles vom Oktober 1789.

205 So umfaßt die Besprechung der Gewährleistung der Gleichheit und der Freiheit der Einzelnen in der Weimarer Reichsverfassung bei Ernst Rudolf Huber: Deutsche Verfassungsgeschichte seit 1789, Stuttgart 1981, Bd. 6, S. 104 ff, nur gerade knappe drei Seiten. Gleichheit wird dabei reduziert auf die Gleichheit vor dem Gesetz (Art. 109 WRV), auf die Formel, daß der Gesetzgeber Gleiches gleich, Ungleiches ungleich zu behandeln habe. Die

zur Folge, daß von der Seite der rechtswissenschaftlichen Theoriebildung so gut wie keine Bemühungen um die Schaffung einer Konnexität von Freiheit und Gleichheit zu verzeichnen sind. Damit blieb aber in der Angelegenheit der Vermittlung von Freiheit und Gleichheit die Weimarer Zeit wesentlich der Auflösung des Gegensatzes durch den deutschen Konstitutionalismus des 19. Jahrhunderts verpflichtet, wie dies *Dipper* unter Hervorhebung der bürgerlich-liberalen Abwehr von Sozialstaatsforderungen nachzeichnet:

> „In den Verfassungslösungen Preußens und des Deutschen Reichs (1850, 1867/71) blieb es bei der der konstitutionellen Monarchie eigentümlichen Verbindung der Prinzipien individuell/‚bürgerlicher‘ sowie (begrenzt) politischer Freiheit und rechtlicher Gleichheit. Die bürgerliche Abwehr gegen die (1919 verstärkt, wenn auch noch unfertig durchgesetzte) Tendenz einer intensiven Verwirklichung des Doppelbegriffs im Sinne parlamentarischer Demokratie in Verbindung mit dem (schon im Kaiserreich in gang gebrachten) ‚Sozialstaat‘ war stark. Selbst Liberale der demokratischen Richtung trennten 'gefährliche' Gleichheit von politischer Freiheit“.[206]

c) These: Inkompatibilität von Freiheit und Gleichheit?

Damit bleibt die These von der Inkompatibilität von Freiheits- und Gleichheitsbegriffen im Raum stehen, vorerst mit der Begründung der verschiedenen Stoßrichtung und unterschiedlichen theoretischen Herkunft. In den parlamentarischen Debatten unserer Zeit scheint hervorzutreten, daß Gleichheit Freiheit auch heute unversöhnlich entgegensteht; handelt es sich bei der theoretisch zu bewältigenden gedanklichen Vereinbarkeit um eine Antinomie, eine Aporie, ein Paradox oder ein dialektisch zu vermittelndes Prinzip?

2. Strategien der Vermittlung von Freiheit und Gleichheit

Verschiedene Begriffe von Freiheit und Gleichheit sind zu unterschiedlichen Zeiten enggeführt und es sind Versuche unternommen worden, diese zu vermitteln und dauerhaft zu verbinden oder umgekehrt: diese einander entgegenzusetzen und unvereinbar zu behaupten. In diesem Zusammenhang ist prominent Platz einzuräumen der Unvereinbarkeitsthese von *Alexis de Tocqueville*. Weiter ist der Versuch von *Friedrich August von Hayek* eingehend zu besprechen, Freiheit als heuristisches (ermöglichendes) Prinzip zu verstehen und die aus dem freien Gebrauch der Möglichkeiten resultierende Ungleichheit als Chance im Wettbewerb der Zivilisation zu begreifen. Beide Freiheitsverständ-

---

neue Gleichheitslehre fordere also keine schematische Egalisierung, sondern eine sachbezogene Differenzierung der Lebensverhältnisse.

206 Christof Dipper: Artikel „Freiheit“, in: Geschichtliche Grundbegriffe – Historisches Lexikon zur politisch-sozialen Sprache in Deutschland, hrsg. von Otto Brunner u. a., Stuttgart 1979, Bd. 2, S. 538.

nisse sind sich insofern ähnlich, als sie Gleichheit als konstitutives Prinzip der politischen Gemeinschaft negieren. Quasi spiegelbildlich müssen dann zwei Strategien zur Sprache kommen, Gleichheit als vorrangiges Prinzip der Verbürgung von Freiheit in Gemeinschaft zu verstehen: Das Verständnis von Gleichheit als Chancengleichheit und Gleichstellung, welches eine positive, Perspektiven eröffnende Vorstellung von Freiheit absorbiert und die Notwendigkeit einer Abwehr gegen staatliche Übermacht vernachlässigt und schließlich die These, wonach es zwar kein freiheitsverträgliches allgemeines Gleichheitsprinzip gebe, wohl aber einzelfallbezogene auf Gleichheit gegründete Ausprägungen von Gerechtigkeit. Letztere Diskussion wird nicht zuendegeführt werden können, zu virulent tobt die Auseinandersetzung um den sogenannten Kommunitarismus zur Zeit in Amerika; als Beispiel dieser Auseinandersetzung soll vielmehr das Konzept von Sphären der Gerechtigkeit in der Fassung von *Michael Walzer* in Bezug auf dessen Gleichheitskonzept vorgestellt werden, um wenigstens die Problemstellung zu erhellen.

a) Klassische Versuche der Konkordanz von Freiheit und Gleichheit

Mit den Schriften *On Liberty* und *On Representative Government* von *John Stuart Mill* beginnt eine neue Disziplin das Erbe der Sozialutopie anzutreten, freilich in liberaler Grundhaltung: die Demokratietheorie. Sie diskutiert als einen ihrer Gegenstände natürlich auch die Frage nach der Vereinbarkeit von Freiheit und Gleichheit als Grundproblem der demokratisch verfaßten politischen Gemeinschaft. Besonders die anglo-amerikanischen Demokratietheorie etabliert nun zur Entschärfung der Konflikte zwischen idealer und gesellschaftlicher Praxis eine Strategie, Ideen und Fakten (oder Daten) zwar in Beziehung, nicht aber in einen direkten Vergleich zu stellen. So betont etwa in der neuesten Theorie der angesprochenen Richtung *Giovanni Sartori,* daß Freiheit wie Gleichheit „Wörter" sowohl für Ideale als auch für Tatsachen seien.

„Wenn nun auch Tatsachen in Wahrheit Berichte über Tatsachen sind und demnach die Konstruktion einer Symmetrie zwischen Idealen und Tatsachen eine starke Vereinfachung ist, so ist diese doch letzten Endes gerechtfertigt. In einer ganz wichtigen Beziehung hält jene Symmetrie stand. Der springende Punkt ist der, daß jene schwierige und prekäre Verbindung zwischen der äußeren Welt und der Welt in unseren Köpfen mit einer Sache steht und fällt: mit den Wörtern und der Formulierung".[207]

Die sprachtheoretische Wendung, welche das Problem der Spannung zwischen (utopischen) Idealen und der (harten) Wirklichkeit entschärft, ist bezeichnend gerade für die amerikanischen Theoriebildung. In unserem Zusam-

---

207 Giovanni Sartori: Demokratietheorie (The Theory of Democracy Revisited, 1987), Darmstadt 1992, S. 88 f.

menhang ist es wichtig, sich zu merken, daß die Symmetrie von Ideen und
Tatsachen zugunsten der empirischen Daten, durchwegs zugunsten der gesellschaftlichen Realität aufgelöst wird; Ideale haben konstruktiv zu sein, d. h. für
Sartori: Es geht um die Frage, ob und wie von Idealen am besten ein konstruk-
tiver statt ein sich selber unterminierender Gebrauch gemacht werden kann.[208]
Damit verlagert sich das Schwergewicht von der Ideen- und Geistesgeschichte
auf die Beurteilung der Basis empirischer Daten: die Demokratietheorie ist zu
einer analytischen Disziplin *par excellence* geworden.[209] Gute Herrschaft ist
zum Problem der Maximierung der Gleichheit geworden, obzwar – oder vielleicht gerade: weil – die Komplikationen der Gleichheit diejenigen der Freiheit übersteigen. In der Bestimmung des Verhältnisses von Freiheit und
Gleichheit betont *Sartori*, Gleichheit sei eine Form der Freiheit, eine Bedingung der Freiheit. Umgekehrt sei aber auch die Freiheit Bedingung der
Gleichheit. Gleichheit sei aber wohl weder eine hinreichende noch eine notwendige Bedingung für Freiheit, konzediert der Theoretiker in relativistischer
Absicht und formuliert abgeschwächt:

„Die Gleichheit scheint also nur eine begünstigende Bedingung der Freiheit zu
sein“.[210]

In der modernen Demokratietheorie ist dies dann v. a. ein Argument, welches
den Vorrang der Freiheit vor der Gleichheit begründet: Die Unmöglichkeit
des Mißbrauchs von an Freiheitlichkeit gebundener Herrschaftsgewalt. Zwar
könne die Freiheit oft nur Wenigen nützen (Elitarismus), während Gleichheit
als die Macht der Vielen wirke. Aber:

„Es gibt einen entscheidenden Unterschied, nämlich daß mit den Instrumenten der
Freiheit weder die Wenigen noch die Vielen einander völlig unterdrücken können,
während im Namen und mit den Instrumenten der Gleichheit die Vielen wie die
Wenigen in Ketten geraten können. Der Unterschied ist also der: Während der Grundsatz der Freiheit – in seiner praktischen Durchführung – nicht in sein genaues Gegenteil verkehrt werden kann, ist das beim Gleichheitsgrundsatz möglich“.[211]

Dieses Argument gegen die Vorherrschaft der Gleichheit als konstitutivem
Prinzip der Demokratie schließt lückenlos an die Korrumpiertheit der Un-

---

208 Ebenda, S. 88. – Die Idee wird tendenziell mit Ideologie assoziiert und das Ringen um
     Ideale wird dargestellt als eine Hexenjagd auf Ideen (ebenda, S. 48 ff).
209 Vgl. als Durchgangsstationen die Werke von Karl Mannheim und von Franz Neumann:
     Die Idee der Freiheit (1908); und ders.: Die Herrschaft des Gesetzes – Eine Untersuchung
     zum Verhältnis von politischer Theorie und Rechtssystem in der Konkurrenzgesellschaft
     (The Governance of the Rule of Law – An Investigation into the Relationship between the
     Political Theories, the Legal System and the Social Background in the Competitive Society,
     London 1936), Frankfurt am Main 1980.
210 Giovanni Sartori: Demokratietheorie, S. 353.
211 Ebenda, S. 354.

gleichheit bei *Jean-Jacques Rousseau* und an die Prognose einer Gefahr des Egalitarismus bei *Alexis de Tocqueville* an.[212] Trotzdem gilt es zu bedenken: Ist die
Disqualifikation der Gleichheitsidee wirklich in dem Begriff selber angelegt,
oder ist es nicht vielmehr so, daß die Instrumente (Mittel) in der Verfolgung
der Ideale eine gewichtige Rolle spielen, und daß es allein auf die Koordination der beiden Ideen von Freiheit und Gleichheit ankommt?

Während die Figur der „Republik des gegenseitigen Interesses" bei *Lorenz
von Stein* als Garantie von Freiheit und Gleichheit zugleich letztlich den besonderen politischen Verhältnissen des deutschen Kontitutionalismus verhaftet bleibt und wenig Aktualität mehr hat,[213] ist die Brisanz der Aussagen von
Alexis de Tocqueville ungebrochen. Wie schon erwähnt, knüpft er an *Rousseau*
an, an dessen Gesetz der Korruption von Ungleichheit wie im natürlichen
(physischen) so im zivilisierten (kulturellen) Zustand der Menschheit: Aus
dem Zustand der Ungleichheit in denjenigen der Gleichheit auszugehen, gebe
es zwei Wege, denjenigen der Anarchie und denjenigen der Versklavung, lehrt
Tocqueville, deutlich im Anschluß an *Rousseau.*

„L'égalité produit, en effet, deux tendances: l'une mène directement les hommes à l'indépendance et peut les pousser tout à coup jusqu'à l'anarchie, l'autre les conduit par un
chemin plus long, plus secret, mais plus sûr, vers la servitude".[214]

Die egalitäre Idee der Nivellierung der Gesellschaft zu Gleichen zusammen
mit der Möglichkeit tyrannischer Herrschaft der Mehrheit[215] führe notwendig
zu einem demokratischen Despotismus im Namen der Gleichheit. Diesen
Despotismus charakterisiert *Tocqueville* wie folgt:

„Je vois une foule innombrable d'hommes semblables et égaux qui tournent sans repos
sur eux-mêmes pour se procurer de petits et vulgaires plaisirs, dont ils emplissent leur
âme. Chacun d'eux, retiré à l'écart, est comme étranger à la destinée de tous les autres:
ses enfants et ses amis particuliers forment pour lui toute l'espèce humaine; quant au
demeurant de ses concitoyens, il est à côté d'eux, mais il ne les voit pas; il les touche et
ne les sent point; il n'existe qu'en lui-même et pour lui seul, et, s'il lui reste encore une
famille, on peut dire du moins qu'il n'a plus de patrie. Au-dessus de ceux-là s'élève un
pouvoir immense et tutélaire qui se charge seul d'assurer leur jouissance et de veiller
sur leur sort. Il est absolu, détaillé, régulier, prévoyant et doux. Il ressemblerait à la

---

212 Dazu gleich nachfolgend.
213 Lorenz von Stein setzt die Beziehung von Freiheit und Gleichheit in ein Bewegungsgesetz
     der modernen Gesellschaft um: Freiheit erkennt er dem Individuum zu, Gleichheit aber sei
     das Attribut der beiden in der industriellen Gesellschaft „offenen" Klassen. – Vgl. dazu
     Christof Dipper: Artikel „Freiheit", in: Geschichtliche Grundbegriffe – Historisches Lexi-
     kon zur politisch-sozialen Sprache in Deutschland, hrsg. von Otto Brunner u. a., Stuttgart
     1979, Bd. 2, S. 537.
214 Alexis de Tocqueville: De la démocratie en Amérique (1835), in: Oeuvres, Papiers et Corre-
     spondances d'Alexis Tocqueville, hrsg. von J.-P. Mayer, Paris 1951, Bd. 2, S. 295.
215 Vgl. ebenda die Kapitel 7 und 8 zur Omnipotenz der Mehrheit und zu den Möglichkeiten,
     die Tyrannei der Mehrheit zu mildern, Bd. 1, S. 257 ff bzw. 273 ff.

puissance paternelle si, comme elle, il avait pour objet de préparer les hommes à l'âge viril; mais il ne cherche au contraire, qu'à les fixer irrévocablement dans l'enfance; il aime que les citoyens se réjouissent, pourvu à leur bonheur; mais il veut en être l'unique agent et le seul arbitre; il pourvoit à leur sécurité, prévoit et assure leurs besoins, facilite leurs plaisirs, conduit leurs principales affaires, dirige leur industrie, règle leurs successions, divise leurs héritages; que ne peut-il leur ôter entièrement le trouble de penser et la peine de vivre? C'est ainsi que tous les jours il rend moins utile et plus rare l'emploi du libre arbitre; qu'il renferme l'action de la volonté dans un plus petit espace, et dérobe peu à peu chaque citoyen jusqu'à l'usage de lui-même. L'égalité a préparé les hommes à toutes ces choses: elle les a disposés à les souffrir et souvent même à les regarder comme un bien fait".[216]

Die sich an Gleichheit ausrichtende tyrannische Demokratie führe zu kollektiver Unmündigkeit auf der Seite der Untertanen und zu einer paternalistischen Machtakkumulation auf der Seite der Herrscher, läßt sich die Konsequenz zusammenfassen. In diesem Zustand des demokratisch organisierten Gemeinwesens sind Freiheit und Gleichheit nun absolut unverträglich: Gleichheit führt über Unselbständigkeit notwendig zur Unfreiheit, Freiheit stirbt durch die Konsequenzen verwirklichter Gleichheit, postuliert *Tocqueville*. Dennoch optiert er nicht für die Wiederherstellung einer starken aristokratischen Regierung, sondern hält am Prinzip der Gleichheit fest unter Inkaufnahme der damit verbundenen Gefahren: *Tocqueville* ist eben doch eher Demokrat als konservativer Theoretiker.[217] Auf natürliche Art und Weise bringe die Gleichheit die Menschen auf den Geschmack freiheitlicher Institutionen, argumentiert er:

„Pour moi, loin de reprocher à l'égalité l'indocilité qu'elle inspire, c'est de cela principalement que je la oue. Je l'admire en lui voyant déposer au fond de l'esprit et du coeur de chaque homme cette notion obscure et ce penchant instinctif de l'indépendance politique, préparant ainsi le remède au mal qu'elle fait naître. C'est par ce côté que je m'attache à elle"[218]

Darüberhinaus trage die Gleichheitsidee in der Gestalt der Chancengleichheit die Aufrechterhaltung der guten Sitten in Amerika,[219] und zudem suggeriere die sie den Amerikanern die Idee der unbeschränkten Güte und mithin der unverzichtbaren Würde des Menschen,[220] begründet *Tocqueville* sein Bekenntnis für die Gleichheit weiter. Gleichheit allein vermag also wahre Demokratie

---

216 Ebenda, Bd. 2, S. 324.
217 Vgl. zu dieser schwierigen Einordnung André Jardin: Alexis de Tocqueville 1805–1859, Paris 1984 (in deutscher Übersetzung: Zürich 1991). – Vgl. auch die distanzierte Würdigung bei Jack Hayward: After the French Revolution – Six Critics of democracy and nationalism, New York-London 1991, S. 141 ff.
218 Alexis de Tocqueville: De la démocratie en Amérique, Bd. 2, S. 296.
219 Ebenda, Bd. 2, S. 212 ff.
220 Ebenda, Bd. 2, S. 39 ff.

zu begründen, aber ebendiese Gleichheit ist es auch, welche durch die Ermöglichung der Herrschaft einer tyrannischen Mehrheit dieselbe Demokratie in eine totalitäre verkommen lassen kann. Dies ist wohl ein unlösbarer Widerspruch jeder Gleichheitsvorstellung: In der Theorie von *Thomas Hobbes* vermag der *Leviathan* allein durch seine Übermacht den Frieden zu gewährleisten, und schon *Caesar* gelangte durch demokratische Wahl zur absoluten, unumschränkten Herrschaft.

Die Bewahrung der Freiheit geschieht in der Auffassung von *Tocqueville* vermittels zweier Mechanismen: des wohlverstandenen Interesses und des *due process of law*.[221] Letztere Garantie eines formgerechten Verfahrens ist bis heute eine unangetastete Freiheitsgarantie im anglo-amerikanischen Rechtskreis geblieben und übertrifft in ihrer Wirkung in vielen Fällen sogar die kontinentale Konzeption des materialen Rechtsstaates. Die Garantie, daß nur wohlverstandene Interessen schützenswerte Ausflüsse der Freiheit seien, ruht auf einer regel-utilitaristischen Grundannahme: Die Verfolgung der eigenen Präferenzen ist nur dann gestattet, wenn sie den allgemeinen Nutzen wohl versteht. Dies kommt aber einer Art Sozialverträglichkeit jedes Gebrauchs der Freiheit gleich und stellt eine bemerkenswerte Strategie dar, allgemeine Gleichheit in der Ausübung der individuellen Freiheit zu gewährleisten.[222] In der Tat ist es *Tocqueville*, der prominent und mit großem Aktualitätswert das Problem der Bewahrung von Freiheit unter den Bedingungen demokratischer Gleichheit thematisiert hat. Festzuhalten ist jedoch, daß für ihn Demokratie wie Gleichheit beschränkt war auf eine Gleichheit der Bedingungen („*égalité des conditions*") und tatsächliche Gleichheit nicht mitumfaßte. Nur so konnte er zu einer idealtypischen Verschmelzung von Freiheit und Gleichheit vordringen, wo alle Menschen vollkommen frei sind, weil sie alle völlig gleich sind, und wo alle vollkommen gleich sind, weil sie alle völlig frei sind. Weil aber der Freiheitsbegriff von *Tocqueville* aus der sozialen Struktur der bürgerlichen Gesellschaft fließt, ist er nicht mehr der klassisch-liberale, sondern ein mit der Idee der Gleichheit und damit mit modernen Demokratieauffassungen umso verträglicherer.[223] Recht besehen findet sich *Tocqueville* jedoch nicht vor der Alternative: Freiheit oder Gleichheit, sondern stellt in alteuropäischer Tradition aber unter modernen Voraussetzungen (freiheitliche, pluralistische) demokratische Herrschaft der despotischen oder tyrannischen gegenüber.

---

221 Vgl. Iring Fetscher und Herfried Münkler (Hrsg.): Pipers Handbuch der politischen Ideen, München-Zürich 1986, Bd. 4: Von der Französischen Revolution bis zum europäischen Nationalismus, S. 118 f.
222 Dazu unten, Ziff. 3d dieser Vorlesung.
223 Vgl. Iring Fetscher und Herfried Münkler (Hrsg.): Pipers Handbuch der politischen Ideen, München-Zürich 1986, Bd. 4: Von der Französischen Revolution bis zum europäischen Nationalismus, S. 345 ff, insbesondere S. 349.

„Oft wird behauptet, er habe einen ‚grundlegenden' Gegensatz zwischen Gleichheit und Freiheit nachgewiesen: Wo das eine wachse, müsse das andere sich notwendig vermindern. Das ist falsch. Die Alternative, zu der das moderne Zeitalter drängt, heißt für Tocqueville nicht Freiheit oder Gleichheit, sondern Freiheit oder Tyrannei."[224]

Die Alternative heißt demnach richtig: entweder Freiheit unter der Bedingung der für die Demokratie unabdingbaren Gleichheit, oder despotische, totalitäre Demokratie aufgrund einer von Freiheit entfesselten Gleichheit.

b) Friedrich August von Hayek: Freiheit und Ungleichheit aus Unwissen

Die Geschichte des Freiheitsbegriffs insgesamt, besonders aber die Tradition des deutschen Idealismus hat nach vernunftbegründeten Regeln und Maximen gesucht, die aus dem Prinzip der allgemeinen Freiheit aller fliessen sollen. Ein transzendentaler Freiheitsbegriff wurde zum Generator, damit aber auch zur Legitimationsquelle einer ganzen Reihe von Postulaten, die für die freiheitliche politische Gemeinschaft als unverzichtbar behauptet wurden. Diese an Wahrheit grenzende Sicherheit, welche das Ideal der Freiheit zu spenden versprach, wurde ein erstes Mal erschüttert durch die utilitaristische Theorie der Freiheit in *On Liberty* von *John Stuart Mill*, trat allerdings dort noch nicht definitiv heraus aus dem Kontext klassisch-liberaler Theoriebildung. Anders verhält sich dies nun mit dem 1960 in englischer Sprache erschienenen Hauptwerk von *Friedrich August von Hayek*, dem nach Amerika emigrierten Nationalökonomen: *The Constitution of Liberty*. (Der Titel ist zweideutig, ‚Constitution' bedeutet sowohl Verfassung im Sinne von Befindlichkeit, wie auch Verfasstheit, d. i. Verfassung im wirtschaftsverfassungsrechtlichen, technischen Sinn.) Hier wird Freiheit erstmals als ein heuristisches Prinzip verstanden, welches Kontingenz generiert. Die stärkste Begründung erfahre jede Stellungnahme für die Freiheit durch die Zugrundelegung von Nicht-Wissen in Angelegenheiten von geschichtsphilosophischer Tragweite, argumentiert *Hayek*:

„Das Argument für die individuelle Freiheit beruht hauptsächlich auf der Erkenntnis, daß sich jeder von uns in Unkenntnis eines sehr großen Teils der Faktoren befindet, von denen die Erreichung unserer Ziele und unserer Wohlfahrt abhängen. (…) Natürlich gehen alle politischen Theorien davon aus, daß die meisten Menschen sehr unwissend sind. Die Vertreter der Freiheit unterscheiden sich von den übrigen dadurch, daß sie zu den Unwissenden auch sich selbst und auch die Weisesten zählen. Gegenüber der Gesamtheit des Wissens, das in der Entwicklung einer dynamischen Zivilisation ständig verwendet wird, ist der Unterschied zwischen dem Wissen, das der Weiseste, und dem Wissen, das der Kenntnisloseste verwenden kann, verhältnismäßig bedeutungslos".[225]

---

224 Ebenda, Bd. 4, S. 122.
225 Friedrich August von Hayek: Die Verfassung der Freiheit (1960), Tübingen 1971, S. 37/38 und 39.

Freiheit ist bestimmt als Entdeckungsverfahren, als notwendige Voraussetzung für zivilisatorischen Fortschritt und damit für das Überleben schlechthin.[226] Der vorausgesetzte große Bedarf an Wissen in Verbindung mit dem prekären verfügbaren Wissen, postuliert *Hayek*, auferlege es auch den Wissenden, für die uneingeschränkte Freiheit aller einzutreten. Es wird behauptet, nur dieses Verständnis von Freiheit vermöge die zum erfolgreichen Bestehen der Menschheit erforderlichen schöpferischen Kräfte zu entfalten und die freie Entwicklung der menschlichen Zivilisation zu garantieren. Dieses Freiheitsverständnis ist nur insofern ein elitetheoretisches, als niemand zu einem förderlichen Gebrauch seiner Freiheit geführt werden soll.

Hayek begründet in seinen Ausführungen zum Verhältnis von Freiheit und Gleichheit eine entschiedene Stellungnahme gegen jeden Egalitarismus, und spricht sich für die Beschränkung der Gleichheitsidee auf das Postulat der Gleichheit vor dem Gesetz aus, für die Rechtsgleichheit unter der Herrschaft eines allgemeinen, d. h. auf alle gleichmäßig anwendbaren Gesetzes. Nur solche Gleichheit sei mit dem vorgetragenen Prinzip der Freiheit verträglich:

„Gleichheit der allgemeinen Gesetzes- und Verhaltensregeln ist jedoch die einzige die Freiheit fördernde Gleichheit, und die einzige Gleichheit, die ohne Gefährdung der Freiheit gesichert werden kann. Freiheit hat nicht nur mit anderen Arten von Gleichheit nichts zu tun, sondern sie bringt sogar unvermeidlich in vieler Hinsicht Ungleichheit hervor. Weder in der Annahme, daß die Menschen tatsächlich gleich sind, noch in der Absicht, sie gleich zu machen, verlangt das Argument für die Freiheit, daß der Staat seine Bürger gleich behandle. Das Argument für die Freiheit anerkennt nicht nur, daß die Individuen sehr verschieden sind, sondern es beruht auch in hohem Maß auf dieser Erkenntnis".[227]

Insbesondere wendet sich *Hayek* gegen jede weitergehende Forderung, die aus einem Prinzip der Gleichheit folgen könnte: gegen die Aufladung der Freiheitsidee mit moralischen Positionen und gegen jedwelche Art von materieller Gerechtigkeit. Im Namen der Gleichheit würden allzuoft nur Verteilungsstrukturen gefordert, die in keiner Weise einer freien Allokation der (wirtschaftlichen *und* politischen) Güter entsprächen. Die zwangsweise Herstellung solcher Wohlfahrtsverteilung verletze Freiheit und Rechtsgleichheit, weil Bedingung dafür eine Diskriminierung sei:

„Aus der Tatsache, daß die Menschen sehr verschieden sind, folgt, daß gleiche Behandlung zu einer Ungleichheit in ihren tatsächlichen Positionen führen muß und daß daher der einzige Weg, sie in gleiche Positionen zu bringen, wäre, sie ungleich zu behandeln. Gleichheit vor dem Gesetz und materielle Gleichheit sind daher nicht nur

---

226 In nationalökonomischer Hinsicht vgl. Friedrich August von Hayek: Der Wettbewerb als Entdeckungsverfahren, in: Kieler Vorträge, hrsg. von Erich Schneider, Neue Folge Heft 56, Kiel 1968.
227 Friedrich August von Hayek: Die Verfassung der Freiheit, S. 105.

zwei verschiedene Dinge, sondern sie schließen einander aus; und wir können nur entweder die eine oder die andere erreichen, aber nicht beide zugleich. Die Gleichheit vor dem Gesetz, die die Freiheit fordert, führt zu materieller Ungleichheit".[228]

Damit ist nun eine endgültige Trennung der Ideen von Freiheit und Gleichheit vollzogen, letztere der Verwirklichung der ersteren geopfert. Die verbleibende Gleichheit vor dem Gesetz fällt darum nicht ins Gewicht, weil sie unter dem Regime der Freiheit schrumpft auf eine bescheidene Forderung nach der minimalen Allgemeinheitsforderung, d. h. auf das Postulat, Einzelfallgesetze seien verfassungswidrig.

„Es muß zugegeben werden, daß trotz der vielen geistvollen Versuchen, das Problem zu lösen, kein völlig befriedigendes Kriterium gefunden worden ist, das uns immer sagen würde, welche Klassifikation mit der Gleichheit vor dem Gesetz vereinbar ist. (…) Das Ideal der Gleichheit der Gesetze zielt darauf hin, die Möglichkeiten von noch unbekannten Personen gleichermaßen zu verbessern, aber es ist unvereinbar mit vorhersehbarer Begünstigung oder Benachteiligung bekannter Personen. (…) Aber was seine Verinbarkeit mit einem Regime der Freiheit betrifft, haben wir für ein Gesetz, das sich darauf beschränkt, die Beziehungen zwischen verschiedenen Personen zu regeln und das in die rein privaten Angelegenheiten eines Einzelnen nicht eingreift, kein anderes Kriterium als seine Allgemeinheit und Gleichheit".[229]

Entgegen der hier dargestellten Argumentationsteile der *Verfassung der Freiheit* bringt *Hayek* in den vielfältigen Teilen der Schrift erstaunlich viele gute Gründe vor für seine Konzeption von Freiheit. Diese auf ihre Vertretbarkeit unter den heutigen Umständen zu überprüfen, muß aber jedem einzelnen überlassen bleiben. In unserem Zusammenhang ist es v. a. wichtig, zur Kenntnis genommen zu haben, daß ein Grundwerk der postmodernistischen liberalen Theorie die Errungenschaften des Kampfes um soziale Gleichheit, um Verteilungsgerechtigkeit aufgibt, um eine unumschränkte Herrschaft einer bestimmten Konzeption von Freiheit zu fordern. Freilich erscheint aus dieser Perspektive die ganze sozialanthropologische Problematik wie ausgeblendet, dies obwohl es sich nicht etwa um eine einseitig neoliberal-ökonomisch geprägte Theorie handelt.

c) Die Problematik von Chancengleichheit und Gleichberechtigung

Es fragt sich, warum der Begriff Chancengleichheit, welcher in der aktuellen Gleichheitsdiskussion eine große Rolle spielt, erst jetzt erörtert wird. Die Erklärung hiefür dürfte darin liegen, daß, rechts- und sozialgeschichtlich betrachtet, die Überwindung der ständischen Schranken des Spätmittelalters

---

228 Ebenda, S. 107.
229 Ebenda, S. 272 f.

und die Etablierung einer wenngleich unvollkommenen bürgerlichen Rechtsgleichheit nach der Französischen Revolution die Kräfte und Energien der
nach Gleichheit ringenden Theoretiker und sonstiger Protagonisten so beansprucht haben, daß für ausdifferenzierte Theoriebildung hinsichtlich des
Gleichheitsbegriffs weder Problembewußtsein noch Kraft für weitere Entwicklung vorhanden war.

Der Begriff der Chancengleichheit geht über das klassische Postulat der
Rechtsgleichheit insoweit hinaus, als die gleichmäßig zu gewährende Chance
sich nicht nur auf die Allgemeinheit des Gesetzes bezieht, sondern darüberhinaus weist auf den sozialen Kontext. Damit tritt der Staat in eine aktive Rolle, gilt es nun doch, gleiche Bedingungen zu schaffen, sodaß man in diesem
Zusammenhang etwa auch von Gleichberechtigungs- oder Gleichstellungs-
problematik spricht. Im Grunde genommen ändert jedoch diese Erweiterung
der Tragweite der Gleichheitsidee nicht viel am theoretisch zu verwendenden
Substrat des Konzepts: Immer noch geht es um die schwer zu akzeptierende
Tatsache, daß Gleichheit nur unter besonderen Aspekten vorstellbar ist und
damit zugleich Abstraktion von gegebenen und festgestellten Ungleichheiten
bedeutet. Damit aber ist in jeder Gleichbeurteilung immer auch begriffsnotwendig eine aktive Ungleichbehandlung miteinbegriffen. Was mit dem Erstarken von Gleichberechtigungs- und Gleichstellungspostulaten bewußtgemacht
wird, ist in dieser Sicht bloß das Ungenügen des abstrakten, formellen Postu-
lats der Gleichheit vor dem Gesetz: In sozialpolitischer Hinsicht steht eben die
Gleichheitsfrage im Schnittpunkt verschiedenster Forderungen und Postulate,
solche Gleichheit wird gefürchtet und als gefährlich empfunden. Die Frage
nach der Vereinbarkeit der Gleichheitsidee mit derjenigen der Freiheit stellt
sich so aber im Grunde genommen in jedem Anwendungsfall neu. Die theoretische Bewältigung dieses Aspekts des Konnexitätsproblems ist jüngst in Angriff genommen worden von den Kommunitaristen, die sich insbesondere gegen die ökonomisch geprägte, liberale Rechtfertigung des Minimalstaates angesichts eines aktivistischen Umverteilungsstaates wendet:

d) Exkurs zum anglo-amerikanischen Kommunitarismus

Im Kommunitarismus begegnet eine Bewegung, die sich gegen die Vertragstheorien von *Robert Nozick* und *James Buchanan*, aber auch gegen die
gemäßigte Theorie von *John Rawls* richtet, welche die Diskussion in der
modernen anglo-amerikanischen Politischen Philosophie zur Zeit beherrschen.[230] Die Haupteinwände der Kommunitaristen gegen die in individuali-
stischer Tradition stehenden politischen Liberalen gehen dahin, daß diese
Sicht des Individuums leer sei, daß sie Selbsteinschätzung verunmögliche, und

---

230 Dazu vgl. Roland Kley: Vertragstheorien der Gerechtigkeit – Eine philosophische Kritik der
      Theorien von John Rawls, Robert Nozick und James Buchanan, Bern-Stuttgart 1989.

daß sie die Einbettung des Einzelnen in gemeinschaftliche Praktiken ignorie-
re.[231] Die positive, den Kommunitarismus konstituierende These ist, daß die
gemeinschaftlichen Voraussetzungen für die effiziente Erfüllung der kollekti-
ven und individuellen Ziele in der Theoriebildung mitzuberücksichtigen
seien. Diesem Postulat würden nun aber etwa *Rawls* und *Gerald Dworkin*
unbedingt zustimmen, thematisieren doch auch sie soziale Pflichten, staatliche
Neutralität bei kollektivwirksamen Abwägungen und politische Legitimität.[232]
Der entscheidende Unterschied zwischen Kommunitaristen und liberal-demo-
kratischen Theoretikern ist der, daß letztere die Geltung von systemdurchwir-
kenden, einheitlichen Prinzipien, insbesondere demjenigen der Freiheit [!],
bejahen, während die ersteren behaupten, es gebe kein überdachendes Prinzip,
von welchem für alle Lebensbereiche Kriterien für Gerechtigkeit ableitbar
seien.

Die Ablehnung eines einheitlichen, für alle Situationen in gleicher Weise
Gerechtigkeit spendenden Prinzips geschieht nun gerade mit Verweis auf die
Gleichheit. Die Problematik der Verfolgung bestmöglicher Gerechtigkeit
erscheint den Kommunitaristen eine Frage der kommutativen Gerechtigkeit
zu sein: Sie nehmen die Perspektive der gerechten (Um-)Verteilung ein und
setzen diese um in Kriterien der Gleichheit. Der Protagonist der Theorierichtung, *Michael Walzer*, argumentiert nun entschieden gegen ein einheitliches
(einfaches) Prinzip der Gleichheit und plädiert stattdessen für komplexe
Gleichheit als Distributionskriterium, dafür also, daß jede einzelne Sphäre des
Verteilungskampfes ihre eigenen, nicht verallgemeinerbaren Kriterien für
Gleichheit und mithin für Gerechtigkeit erst generiere. Die Gleichheit als ein
komplexes, weil differenzierendes, vervielfachendes Prinzip steht so idealtypisch der Freiheit gegenüber als eines einfachen Prinzips, eines vereinheitlichenden, einenden Prinzips. In seinem in dieser Hinsicht einschlägigen Buch
von 1983, *Sphären der Gerechtigkeit,* nimmt *Walzer* hypothetisch den Fall
eines einfachen Gleichheitsprinzips an, um die Konsequenz einer allseitigen
Konvertierbarkeit der diesfalls benötigten Kriterien für Gleichheit zu demon-
strieren:

„Die hier gegebene Gleichheit wird im stattfindenden Umwandlungsprozeß solange
vervielfacht, bis sie das gesamte Spektrum der sozialen Güter umfaßt hat. Dabei läßt
sich das System der einfachen Gleichheit insofern nicht lange bewahren, als der Fort-
gang der Umwandlung in Gestalt des freien Tausches auf dem Markt mit Sicherheit
Ungleichheiten mit sich bringt. Um einfache Gleichheit über lange Zeit hinweg aufrechterhalten zu können, bedürfte es eines ‚Geldgesetzes'".[233]

---

231 Vgl. dazu Will Kymlicka: Contemporary Political Philosophy – An Introduction, Oxford
     1990, S. 199 ff, insbesondere 208 ff.
232 Vgl. ebenda, S. 216 ff.
233 Michael Walzer: Spheres of Justice – A Defense of Pluralism and Equality (Sphären der
     Gerechtigkeit – Ein Plädoyer für Pluralität und Gerechtigkeit), New York 1983 (Frankfurt
     am Main-New York 1992), S. 41.

Das spieltheoretische Argument geht also dahin, daß selbst unter der Voraussetzung einer allgemeinen Gleichheit im Ausgangsstadium, sich bei freier Konvertierung der Gleichheitskriterien allmählich ein Zustand der Ungleichheit einstellen müßte. Dem zu begegnen, sei ein zentraler, starker und aktivistischer Staat erforderlich. Faße man hingegen als Gegenmodell eine komplexe Gleichheitsidee ins Auge, bei der jede einzelne Sphäre gemeinschaftlichen Zusammenlebens ihre eigenen, unkonvertible und sachgesetzliche Gerechtigkeit (= Gleichheit) erzeuge, so erfolge keine Monopolbildung und somit auch nicht die Notwendigkeit eines chronisch überforderten Umverteilungsstaates:

„Die von uns ins Auge gefaßte Gesellschaft ist eine komplexe, egalitäre Gesellschaft. Wiewohl es zahllose kleine Ungleichheiten in ihr gibt, vervielfacht sich die Ungleichheit in toto im Umwandlungsprozeß jedoch nicht. Auch addiert sie sich quer über die verschiedenen Güter hinweg nicht zu einer Gesamtsumme auf, denn die Autonomie der Distributionsvorgänge führt dazu, daß eine Vielzahl von Lokalmonopolen entsteht, die sich im Besitz differenter Personengruppen befinden. Ich will damit nicht behaupten, daß komplexe Gleichheit per se stabiler sei als einfache Gleichheit, neige aber zu der Annahme, daß sie sowohl diffusere als auch spezifiziertere Formen des sozialen Konflikts zuläßt, wobei der Widerstand gegen die Konvertierbarkeit weitgehend von Normalbürgern geübt werden dürfte, und zwar innerhalb ihrer je eigenen Kompetenz- und Kontrollsphären und ohne ausgreifende staatliche Interventionen".[234]

Die Vermutung ist, daß die Betonung eines allgegenwärtigen, einheitlichen Prinzips der Freiheit durch den Liberalismus notwendig zu einer monopolistischen Struktur in der Verteilung von Gerechtigkeit führe, während dieser Entwicklung begegnet und Einhalt geboten werden könne, favorisiert man mit den Kommunitaristen ein differenziertes, komplexes Prinzip der Gerechtigkeit, eine Vielheit von relativ unabhängigen Argumenten der Gleichheit. Die Hoffnung der Kommunitaristen hierbei ist, daß sich die Auseinandersetzung der betroffenen Gruppen der Gemeinschaft in einer bestimmten Problematik näher an der Sachlage abspielt, wenn (komplexe) Gleichheit als Zentrum der Diskussion (und in der Folge auch der Theoriebildung) erwählt wird, als wie wenn der konkrete Verteilungskampf unter dem Diktat einer monistischen Freiheitsidee steht. Die Hauptthese des Kommunitarismus ist, daß dem demokratischen Pluralismus die Gleichheitsidee eher entspreche als diejenige der Freiheit.[235] Für die weiterführende Auseinandersetzung mit dem Kommunitarismus muß an dieser Stelle auf das zitierte Hauptwerk von *Walzer* verwiesen werden.

---

234 Ebenda, S. 46.
235 Vgl. ebenda, S. 26 ff.

3. Neue alte Freiheitsbegriffe

Nachfolgend ist nun noch die veranstaltete Diskussion ihre Fragestellungen und vorläufigen Ergebnisse in den größeren Kontext geschichtsphilosophischer Teleologie und ins Spannungsfeld von Politik und Ethik einzuführen. Endlich muß erneut an die Warnungen einer versäumten Vereinbarung von Freiheit und Gleichheit erinnert werden und es ist ein superprovisorischer Behelf vorzustellen, der sich an die Doktrin zum Eigentumsbegriff anlehnt: Die Sozialpflichtigkeit jedes Freiheitsgebrauchs. Das klingt nun aber wie die goldene Regel des Idealismus und stellt wie dieser die Freiheitsidee als Leitprinzip jeder möglichen Bestimmung von Gleichheit voran. Dies ist so unbeabsichtigt nicht.

a) Gedanken zum teleologischen Freiheitsbegriff

In der frühen Neuzeit ist jede Freiheitsvorstellung noch ganz deutlich verbunden mit einer teleologischen Komponente: Die *causa finalis* der menschlichen und gesellschaftlichen Autonomie ist klar die Vervollkommnung der Person wie des Gemeinwesens, d. h. auf die Vollkommenheit Gottes ausgerichtet.[236] In der Staatsphilosophie von *Wilhelm Leibniz* und *Christian Wolff* entspricht dieser Verpflichtung der Freiheit auf ein Ziel die Figur des Staatszwecks: Individuelle Freiheit wurde dadurch gesichert, daß die Staatstätigkeit limitiert wurde auf gemeinschaftsverpflichtete Entfaltung ebendieser persönlichen Entfaltung.[237] Nach und nach wurde die theologische Zweckvorstellung ersetzt durch eine Verpflichtung auf Vernünftigkeit, damit aber ein Wandel vollzogen, der das Ziel menschlichen Tuns erstmals als im Menschen selber angelegt und dieser sohin auf sich selbst und seine Vernunft verwiesen erblickte. Im selben Zug entfielen aber auch die Schranken staatlicher Souveränität und damit erschien die Freiheit von allen Pflichtkomponenten entfesselt.[238] Diese Entwicklung kann man mit einem Wandel von einem Fixpunkt- zu einem dynamischen Modell politischen Entscheidens recht zutreffend bezeichnen.[239] Damit stellte sich aber die Frage nach der Anleitung politischen Handelns unter vollständig gewandelten Umständen.

---

236 Vgl. die erste Vorlesung des dritten Teils dieses Bandes, Ziff. 3a der Neunten Vorlesung.
237 Vgl. Erwin Ruck: Die Leibniz'sche Staatsidee aus den Quellen dargestellt, Tübingen 1909, insbesondere S. 83 ff.
238 Vgl. Michael W. Hebeisen: Souveränität in Frage gestellt, Baden-Baden 1995, passim.
239 Günther Hesse: Staatsaufgaben – Zur Theorie der Legitimation und Identifikation staatlicher Aufgaben, Baden-Baden 1979.

b) Zum Verhältnis von Ethik und Politik

Noch die Aufklärung suchte eine Lösung der skizzierten Problematik in der staatsbürgerlichen Bildung des Einzelnen, zu politischer Mitentscheidung Berufenen. Die kollektive, demokratische Willensbildung sollte auf die Moralität verpflichtet werden, indem diese Moral in den Entscheidenden selbst angelegt und gefördert wurde. Die dies fordernden Stimmen verstummten allerdings noch im 19. Jahrhundert und eine neue Lösung trat auf den Plan: Wenigstens die Politiker, der Fürst, die Repräsentanten und v.a. die Regierungsmitglieder, sollten die Moral verkörpern und so die ethische Verpflichtung des Staatshandelns garantieren. Dieses Modell muß aber angesichts der moralischen Greueltaten im Dritten Reich als gescheitert angesehen werden. In letzter Zeit wurde ein Neuanfang in der Verpflichtung der Politik auf die Moral versucht und den entscheidenden Organen Ethikbeiräte zugeordnet. Diese Monopolisierung der Moralität bei Philosophen-Politikern wird aber zu Recht als undemokratisch gescholten. Und trotzdem bleibt die Notwendigkeit von Ethik als Anleitung der Politik bestehen.[240]

Diese schwache ethische Verpflichtung staatlichen Handelns führt in einer Zeit der Krise der Individualethik schlicht zu einer Furcht vor der Freiheit, vor derjenigen Freiheit, die mit der Französischen Revolution inszeniert wurde, nicht unbedingt aber vor derjenigen, die die Aufklärer meinten. Es geht v. a. um die Freiheit in Form der Unberechenbarkeit, der Unvernunft staatlicher Entscheidungen, in Form von staatlicher Ungerechtigkeit, von staatlichem Unrecht auch. Als psychologischer Befund resultiert daraus eine regelrechte Furcht vor Freiheit, wie sie *Erich Fromm* beschrieben hat.[241] Gerade die Kombination von Freiheit und dem Regulativ der Gleichheit als eines kommunitaristischen Gerechtigkeitsprinzips könnte nun aber in eine Erneuerung des Vertrauens in die Gemeinwohlverpflichtung des Staates münden:

c) Die Warnungen vor ungelöstem Bezug von Freiheit und Gleichheit

Es ist an dieser Stelle kurz zu erinnern an die Warnungen vor fehlender Konnexität der Ideen von Freiheit und Gleichheit: *Jean-Jacques Rousseau* ist angesichts der Korrumpiertheit natürlicher und zivilisatorischer Unfreiheit quasi kontrafaktisch trotz allem eingetreten für eine Inangriffnahme dieser als notwendig behaupteten Ungleichheit im Namen der Gleichheit und der Freiheit; und *Alexis de Tocqueville* hat die Gefahr einer auf dem Prinzip der Gleichheit beruhenden tyrannischen und despotischen Diktatur der Mehrheit klar bezeichnet, und ist trotzdem für die Gleichheit unter der Voraussetzung politi-

---

240 Philipp Schmitz: Wohin treibt die Politik? Über die Notwendigkeit von Ethik, Freiburg im Breisgau 1993.

241 Erich Fromm: Die Furcht vor der Freiheit, Frankfurt am Main 1966.

scher Freiheit, und das heißt nichts anderes als: für Demokratie eingetreten.
Tocqueville war es, der davon gesprochen hat,

„comment dans les temps d'égalité et de doute il importe de reculer l'objet des actions
humaines".[242]

Schließlich hat *Max Weber* darauf aufmerksam gemacht, wie sehr eine Koordination von ökonomischer Freiheit und sozialer Ungleichheit von religiöser
Einstellung abhängt; Ein Ausgleich scheint nur möglich mittels der protestan-
tischen (Individual-)Ethik. Dabei hatte Weber nur beabsichtigt,

„den Einschlag, welchen religiöse Motive in das Gewebe der Entwicklung unserer aus
zahllosen historischen Einzelmotiven gewachsenen modernen, spezifisch 'diesseitig'
gerichtete Kultur geliefert haben, etwas deutlicher zu machen".[243]

Nicht nur ethische und moralische, sondern darüberhinaus auch religiöse Bin-
dungen der Politik müßten demnach thematisiert werden. Im Anschluß an
Weber hatte dies noch *Rudolf Smend* deutlich gespürt.[244]

d) Sozialpflichtigkeit der Freiheitsausübung

Für das Eigentum ist eine Sozialpflichtigkeit lange schon verfassungsrechtlich
anerkannt und im Grundgesetz sogar positiviert. Eine solche Beschränkung
der Eigentumsfreiheit durch das Korrektiv sozialer Gleichheit könnte und
müßte nun aber ausgedehnt werden auf jede denkbare Wahrnehmung und
Ausübung von individueller Freiheit. Es resultierte daraus eine allgemeine
Sozial- oder Gemeinschaftsverpflichtung jeglichen Freiheitsgebrauchs, was
einer praktizierten Koordination von Freiheit und Gleichheit gleichkäme: Die
geforderte Sozialpflichtigkeit bedeutete im Grund genommen Sozialverträglichkeit, oder ausführlicher: Verträglichkeit mit der allgemeinen und gleichen
Ausübung derselben Freiheit. Darin klingt aber erkennbar die goldene Regel
an, die für den Freiheitsbegriff des deutschen Idealismus zentral war. Freiheit
als *Idee* schließt also solchverstandene Gleichheit notwendig mit ein.
   Diese Schlußfolgerung beruht auf der Annahme, allgemeinverträgliche
(ökonomische) Freiheit im herkömmlichen Rahmen sei zugleich auch ökolo-
gisch verträglich. Die weitergehende, konsequentere Folgerung angesichts der
Gefahren, die aus dieser Auffassung von Freiheit für die Umwelt des Menschen erwachsen sind, wäre: Die ökonomische Freiheit muß kontingentiert
werden, oder: Ungleichheit muß gewissermaßen künstlich, z. B. durch ein

---

242 Alexis de Tocqueville: De la démocratie en Amérique, Bd. 2, S. 155 ff.
243 Max Weber: Die Protestantische Ethik und der Geist des Kapitalismus, in: Archiv für
   Sozialwissenschaft und Socialpolitik, Bd. 20/21 (1905).
244 Rudolf Smend: Verfassung und Verfassungsrecht, Leipzig 1928, S. 25 ff. und 32 ff.

Losverfahren, erzeugt werden. Die Bändigung der umweltzerstörenden Kräfte vermittels einer neuen Umweltethik wird wohl innert kurzer Frist nicht zu erreichen sein; Eine Revitalisierung solcher geforderter Ethik setzt nämlich gerade wieder autoritäre Staatsgewalt voraus, welche nach den Erfahrungen des Autoritarismus des 20. Jahrhundert in westlich orientierten Staaten wenig Chancen haben dürfte. Die zu verzeichnende Internationalisierung der Thematik, die geforderte globale Betrachtung, macht solche Revitalisierung noch unwahrscheinlicher. Diese wird wohl nur unter dem Einfluß ökologischer oder großer politischer Katastrophen ermöglicht werden. Zwingend aus der Geschichte herauszulesen ist aber: Gefordert wäre eine ökologische Ethik, nicht etwa eine Religion ersetzende Moral im Sinne eines *Sacro Egoismo*. Freiheit darf angesichts dieser Herausforderungen an das Überleben der Menschheit nicht aufgefasst werden als schrankenlos ermöglichendes Prinzip, als eine Freiheit allen Machbaren, sondern gerade umgekehrt: Es gilt fortzuschreiten zu einem neuen Freiheitsverständnis des Unverzichtbaren, des Unantastbaren, des Unverbrüchlichen.[245]

---

245 Vgl. dazu weiterführend Arno Baruzzi: Die Zukunft der Freiheit, S. 354 ff und in Ergänzung zur postmodernen Theoriebildung S. 306 ff.

Vierzehnte Vorlesung: Zusammenfassung und Ausblick

1. Abwehrende Freiheit und Perspektiven eröffnende Gleichheit

Es ist nicht zu vergessen, daß die Ideen von Freiheit und Gleichheit je vor anderem sozialhistorischem Hintergrund begründet wurden und sich demnach gegen eine qualitativ andere Art von ungerechter Herrschaftspraxis wandten. In philosophischer Hinsicht wehrte die Freiheitsidee v. a. die Vorstellung des Determinismus ab, während in politisch-ökonomischer Hinsicht das Freiheitsargument eine staatsfreie Sphäre für privates Wirtschaften forderte. Die Stoßrichtung aller Freiheitskonzeptionen war demnach irgendwie abwehrend (negatorisch). Dies kann selbst von den politischen Freiheiten gesagt werden, die aktive Teilnahme an der staatlichen Willensbildung gewährleisteten, weil das allgemeine Wahlrecht nicht in erster Linie als Freiheit zum Staat, sondern als eine Befreiung aus einer diskriminierenden Praxis empfunden wurde.

Der Idee der Gleichheit ging es demgegenüber von Anbeginn an um die gleiche Teilhabe an denjenigen Gütern, die als allgemeine erklärt wurden. Das Argument für Gleichheit war zu jeder Zeit ein Perspektiven eröffnendes, ein auf gleiche Chancen abzielendes, wenn nicht gar auf die Herstellung einer gerechten Güterverteilung hin angelegtes. Diese letztere Komponente kennzeichnete die Gleichheitsidee als sozialrevolutionäre Idee und machte sie allen liberal Eingestellten suspekt und ließ sie allgemein gefährlich erscheinen. Alle Konzepte der Gleichheit versprachen neue Perspektiven politischer Gemeinschaft, dies gilt sogar von der Reduktion der immer auch soziale Aspekte mitbeinhaltenden Gleichheitsidee auf die formale Rechtsgleichheit, auf die Gleichheit vor dem Gesetz (Anwendung des Gesetzes ohne Ansehen der Person als Forderung).

Freiheit und Gleichheit wohnte also eine durchwegs unterschiedliche Stoßrichtung inne, was die Schwierigkeiten ihrer Koordination recht gut zu erklären vermag.

Geistesgeschichtlich kann dieser Hintergrund der Ideen von Freiheit und Gleichheit nicht einfach übergangen werden: Die Begrifflichkeit auch heutiger Theoriebildung ist in hohem Maße abhängig von traditioneller (tradierter, vielleicht überkommener?) Begriffe. Diese ideengeschichtliche Vorbestimmtheit der Begriffe kann nicht ohne die unermeßliche Gefahr überwunden werden, jegliche Verständnismöglichkeit zu gefährden. Also gilt es nicht etwa, die Ideen der Freiheit und Gleichheit in der Absicht auf eine erforderliche Vereinbarkeit und Koordination aufzugeben oder in ihren Begriffsinhalten anders zu bestimmen, sondern konstruktiv aus der Begriffsgeschichte Lehren zu ziehen unter den heutigen Umständen und für die heutigen und künftigen Problemstellungen. Die Grundlagen der Entwicklung okzidentalen Denkens müssen erhalten werden, zwar dürfen Begriffe mit Blick auf deren Vereinbarkeit ausgebaut werden, aber eine Neudefinition in bestimmter Absicht darf es nicht geben.

2. Konsequenzen der Favorisierung der Freiheit als Leitprinzip

Die Freiheit ist diejenige Idee, die überhaupt erst die Neuzeit hat anbrechen lassen: Freiheit hat das Bewußtsein gestärkt, daß der Mensch nicht deterministisch vorbestimmt ist, Freiheit hat das Bewußtsein von Autonomie generiert und damit die treibende Kraft der Aufklärung gespiesen. Allerdings darf im Zeitalter des demokratischen Pluralismus Autonomie nicht dahingehend mißverstanden werden, daß sie die Entscheidung der Belibigkeit anheimstellen würde, einen Dezisionismus Schmittscher Prägung nicht nur zulassen, sondern zugleich auch noch legitimieren würde. Freiheit darf nicht nur als heuristisches, sondern muß, ganz im Sinne des deutschen Idealismus übrigens, verstanden werden als Freiheit in Verantwortung. Freiheit ist nicht nur das zivilisatorischen Fortschritt allein ermöglichende Prinzip wie in der Theorie von *Friedrich August von Hayek*, sondern darüberhinaus ein ebenso verpflichtendes Prinzip: Es konstituiert nur Kontingenz und nicht Beliebigkeit, auch wenn es die Übermacht der einen Wahrheit bricht. Freiheit ist in ihrem Kern schon limitiert durch die gleichmäßige, allgemeine Betätigung der Freiheit, ist mithin begrenzt durch das Korrektiv der Allgemeinverträglichkeit, welches nicht nur alle Menschen, sondern auch deren Existenzgrundlage, die Umwelt mitumfassen muß.

Freiheit muß in Verbindung treten zur Gleichheitsidee, diese ist in der Freiheitsidee gleichsam immanent angelegt. Die Frage lautet nicht: Wie können wir uns von allen Fesseln befreien, sondern: Welche Betätigungen der Freiheit sind für die Gemeinschaft aller unschädlich oder sogar förderlich. Es geht um die Freiheit in Wahrnehmung von sozialer Verantwortung, um die Freiheit, ethisch gut, moralisch perfekt zu sein.[246]

Ginge es der Idee der Freiheit nur um die Ermöglichung von so viel wie irgend möglichem Wettbewerb von Lebensformen, Wahrheiten etc., so könnte es in der Tat dazu kommen, daß die Geschichte an einem Ende anlangt in dem Moment, wo sich ein Maximum von „Freiheit" stabilisiert. Der endgültige [?] Sieg des demoliberalistischen Kapitalismus über andere Formen von Politik und Wirtschaft hat diese Behauptung eines Endes der Geschichte gewissermaßen provoziert.[247] Solange nun aber die Auseinandersetzung um die Sozialverträglichkeit ebendieser Freiheit nicht zuendegeführt ist, solange die

---

246 Oder mit John W. Gardner: Excellence – Can we be Equal and Excellent too? New York-London 1984.

247 Francis Fukuyama: Das Ende der Geschichte – Wo stehen wir? (The End of History) München 1992 (New York 1992).

Gleichheit als Prinzip nicht gänzlich aufgegeben wird, ist ein solches Ende der Geschichte nicht erreicht. Es wird auch deshalb gar nie erreicht werden können, weil Freiheit immer neue Handlungs- und Vorstellungsmöglichkeiten eröffnet, weil die Sozial-, Geistes-, Ideen- und andere Geschichten nie stehenbleiben werden.

3. Konsequenzen der Favorisierung der Gleichheit als Leitprinzip

Wird entgegen der historischen Entwicklung, die zuerst den Freiheitsbegriff entfaltete die Gleichheitsidee als Leitprinzip einer Theoriebildung erwählt, so verstärkt dies entweder deren sozialutopischen oder sozialrevolutionären Einschlag. Die intensive Thematisierung des Korrektivs der Gleichheit hat aber zutagegefördert, daß das Gleichheitsprinzip in seiner Anwendung immer ein komplexes Argument, wogegen das Prinzip der Freiheit ein vereinheitlichendes, überspannendes und einfaches Argument darstellt. Besonders die Debatte um den kommunitaristischen Ansatz hat in den Vereinigten Staaten von Amerika zu Bewußtsein gebracht, daß Gleichheit immer nur in relativ abgeschlossenen sozialen Sphären vorstellbar ist. Es gibt wohl kein einfaches Prinzip der Gleichheit, welches für die konkrete Auseinandersetzung um Verteilungsgerechtigkeit zwingende Argumente begründet, vielmehr folgt die Gleichheitsidee in ihrer Anwendung je der Sachgerechtigkeit der betroffenen Sphäre sozialen Lebens. Dies ist eine Entdeckung, welche nicht genügen betont werden kann: Gleichheit schaffen heißt immer, von tatsächlicher Ungleichheit zu abstrahieren; Damit müssen aber die relevanten Kriterien festgestellt werden, die den Ausschlag geben sollen; Diese Kriterien sind nun für jede Sphäre sozialen Lebens gesondert und unabhängig zu bestimmen; Es gibt nur komplexe Gleichheit, Gleichheit ist nicht frei konvertierbar; Gleichheit in verschiedenen konkreten Ausprägungen ist nicht über die Grenzen sozialer Sphären vergleichbar und vertauschbar. Daraus ergibt sich fast zwingend die *Eignung* der Gleichheitsidee als eines Korrektivs, mehr noch: als eines *notwendigen* Ausgleichsprinzips der Freiheit.

4. Vernünftige und irrationale Verbindungen von Freiheit und Gleichheit

Freiheit und Gleichheit können eine rationale, vernunftvermittelte und eine eher irrationale Verbindung eingehen. Utopische Theorien neigen zur Schwergewichtsetzung auf dem Prinzip der Gleichheit oder thematisieren zumindest beide Prinzipien gleichrangig. Diese Auflösungen der Dialektik der zwei grundlegenden Prinzipien haben einen meist irrationalen Charakter. Erfolgversprechender erscheint die Versöhnung der in Entwicklung und Stoßrichtung unterschiedlichen Ideen von Freiheit und Gleichheit unter der Herrschaft des Vernunftprinzips: Rationalistische Koordination von Freiheit und

Gleichheit ist aber ideengeschichtlich immer verbunden gewesen mit der Gewährung des Vorrangs der Freiheit. Als einfaches Prinzip ist die Freiheit prädestiniert, als Leitidee aufzutreten, während die Gleichheit als Prinzip in der Konkretion zu bevorzugen ist. Das Verhältnis von Freiheit und Gleichheit kann demzufolge bezeichnet werden als dasjenige einer ideengeschichtlichen und nicht etwa einer erkenntnistheoretischen Antinomie: Nicht eine Synthese, sondern ein Zusammenwirken muß demnach als Konnexität beider Prinzipien erstrebt werden.

Auswahlbibliographie[248]

Klassiker

Edmund Burke: Betrachtungen über die Französische Revolution. In der deutschen Übertragung von Friedrich Gentz. Bearbeitet und mit einem Nachwort versehen von Lore Iser. Einleitung von Dieter Henrich. Frankfurt am Main: Suhrkamp, 1967 (1794).

Johann Gottlieb Fichte: Der geschlossene Handelsstaat – Ein philosophischer Entwurf als Anhang zur Rechtslehre und Probe einer künftig zu liefernden Politik. Tübingen 1800. (In: Gesamtausgabe, hrsg. von R. Lauth und H. Jacob, Band 6. Stuttgart 1981.)

– Reden an die deutsche Nation. Hrsg. von F. Medicus. Heidelberg, 5. Auflage 1978 (1808).

– Die Grundzüge des gegenwärtigen Zeitalters. Hrsg. von F. Medicus. Heidelberg, 4. Auflage 1978 (1806).

Friedrich August von Hayek: The Constitution of Liberty, Chicago-London: University of Chicago Press, Routledge & Kegan Paul, 1960. (Die Verfassung der Freiheit. Tübingen: J. C. B. Mohr, 1971.)

Georg Wilhelm Friedrich Hegel: Grundlinien der Philosophie des Rechts oder Naturrecht und Staatswissenschaft im Grundrisse. In: Sämtliche Werke, Jubiläumsausgabe, hrsg. von Hermann Glockner, Band 7. Stuttgart-Bad Cannstatt: Frommann & Holzboog, 4. Auflage 1964 (1821).

Thomas Hobbes: Leviathan or the Matter, Forme and Power of a Commonwealth Ecclesiaticall and Civil. London 1651. (Leviathan oder Stoff, Form und Gewalt eines kirchlichen und bürgerlichen Staates, hrsg. von Iring Fetscher. Frankfurt am Main: Suhrkamp, 4. Auflage 1991.)

Immanuel Kant: Kritik der praktischen Vernunft. In: Gesammelte Werke, hrsg. von der Königlich Preußischen Akademie der Wissenschaften, Band 5, Seite 1 ff. Berlin: Georg Reimer, 1913 (1788).

– Metaphysik der Sitten. Insbes. 1. Teil: Metaphysische Anfangsgründe der Rechtslehre. In: Gesammelte Werke, hrsg. von der Königlich Preußischen Akademie der Wissenschaften, Band 6, Seiten 23 ff. Berlin: Walter de Gruyter & Co., 1968 (1870).

John Locke: Two Treatises of Government. London 1690. (Zwei Abhandlungen über die Regierung, hrsg. von H. J. Hoffmann. Frankfurt am Main: Suhrkamp, 4. Auflage 1989.

Karl Marx: Das Kapital – Kritik der politischen Ökonomie. In: MEGA, Bände 5 bis 8. Berlin 1975 ff. (Heidelberg 1867).

– Kritik des Hegelschen Staatsrechts. Stuttgart 1973 (Wien und Berlin 1927).

---

248 Vgl. ergänzend die Bibliographie zum Abschnitt I. „Der lange Weg zur Gleichheit".

– Zur Kritik der Hegelschen Rechtsphilosophie – Einleitung. In: MEGA, Band 2 Berlin 1982 (Paris 1844).

John Stuart Mill: On Liberty. 1859.

Charles-Louis de Secondat, Baron de Montesquieu: De l'esprit des lois ou du rapport que les lois doivent avoir avec la constitution de chaque gouvernement, les moeurs, le climat, la religion, le commerce, etc. A quoi l'auteur a ajouté des recherches nouvelles sur les lois romaines touchant les successions, sur les lois françaises et sur les lois féodales. Genève: Barillot et fils, 1748. In: Oeuvres complètes, S. 527. Paris: Éditions du Seuil, 1964.

Adam H. Müller: Elemente der Staatskunst – Öffentliche Vorlesungen vor Sr. Durchlaucht dem Prinzen Bernhard von Sachsen-Weimar und einer Versammlung von Staatsmännern und Diplomaten im Winter von 1808 auf 1809, zu Dresden, gehalten. Hrsg. von Jakob Baxa. Wien und Leipzig: Wiener Literarische Anstalt, 1922 (Berlin: J. D. Sander, 1809).

Julius Platter: Freiheit und Gleichheit. Wien, 1887.

Carl von Rotteck: Artikel „Gleichheit". In: Staatslexikon, Encyklopädie der sämtlichen Staatswissenschaften für alle Stände. Bd. VI, S. 44 ff. Leipzig: Brockhaus, 1847.

Jean-Jacques Rousseau: Discours sur l'origine et les fondements de l'inégalité parmi les hommes. In: Oeuvres complètes, Band 2, Seiten 204 ff. Paris: Éditions du Seuil, 1971 (Amsterdam: Marc Michel Rey, 1755). (Abhandlung über den Ursprung und die Grundlagen der Ungleichheit unter den Menschen. In: Sozialphilosophische und Politische Schriften, Seiten 41 ff. München: Winkler, 1981.)

– Du Contrat Social; ou principes du droit politique. Amsterdam: Marc Michel Rey, 1762. In: Oeuvres complètes, Bd. 2, S. 392 ff. (Genfer Manuskript) und S. 518 ff. Paris: Éditions du Seuil, 1971. (Vom Gesellschaftsvertrag oder Grundsätze des Staatsrechts. In: In: Sozialphilosophische und Politische Schriften, Seiten 269 ff. München: Winkler, 1981.)

Friedrich Wilhelm Joseph von Schelling: Philosophische Untersuchungen über das Wesen der menschlichen Freiheit und die damit zusammenhängenden Gegenstände. Hrsg. von W. Schulz, Frankfurt am Main: Suhrkamp, 1975 (Landshut 1809).

Friedrich Schiller: Über die ästhetische Erziehung des Menschen, in einer Reihe von Briefen. Hrsg. von W. Düsing. München 1981 (1795).

Alexis de Tocqueville: De la démocratie en Amerique. Paris: Gallimard, 10. Auflage 1951 (185).

Friedrich Nathan Volkmar: Abhandlungen über ursprüngliche Menschenrechte, Freiheit und Gleichheit. Breslau: G. Korn, 1793.

Angeführte Literatur

Arno Baruzzi: Die Zukunft der Freiheit. Darmstadt: Wissenschaftliche Buchgesellschaft, 1993.

Rudolf Buchner (Hrsg.): Quellen zum politischen Denken der Deutschen im 19. und 20. Jahrhundert, Darmstadt 1976 (2. Auflage 1991).

Christof Dipper: Artikel „Freiheitsbegriff im 19. Jahrhundert", in: Geschichtliche Grundbegriffe – Historisches Lexikon der politisch-sozialen Sprache in Deutschland, hrsg. von Otto Brunner u. a., Stuttgart 1979, Bd. 2, S. 488 ff.

Iring Fetscher und *Herfried Münkler* (Hrsg.): Pipers Handbuch der politischen Ideen, München-Zürich 1985 ff.

Montserrat Galceran Huguet: Artikel „Freiheit", in: Europäische Enzyklopädie zu Philosophie und Wissenschaften, hrsg. von Hans Jörg Sandkühler, Hamburg 1990, Bd. 2, S. 157 ff.

Diethelm Klippel: Artikel „Der politische Freiheitsbegriff im modernen Naturrecht", in: Geschichtliche Grundbegriffe – Historisches Lexikon der politisch-sozialen Sprache in Deutschland, hrsg. von Otto Brunner u. a., Stuttgart 1979, Bd. 2, S. 469 ff.

Giovanni Sartori: Demokratietheorie (The Theory of Democracy revisited), Darmstadt 1992 (Chatham 1987).

Michael Walzer: Sphären der Gerechtigkeit – Ein Plädoyer für Pluralität und Gleichheit. Frankfurt am Main und New York: Campus, 1992. (Spheres of Justice – A Defense of Pluralism and Equality. New York: Basic Books, 1983.)

Weiterführende Literatur

Isaiah Berlin: Four Essays on Liberty. Oxford: Oxford University Press, 1969.

John Charvet: A Critique of Freedom and Equality. Cambridge: Cambridge University Press, 1981.

Otto Dann: Artikel „Gleichheit". In: Geschichtliche Grundbegriffe – Historisches Lexikon zur politisch-sozialen Sprache in Deutschland, hrsg. von Otto Brunner u. a., Band 2, Seiten 997 ff. Stuttgart: Klett-Cotta, 1979.

Christof Dipper: Artikel „Freiheit" – Der Freiheitsbegriff im 19. Jahrhundert. In: Geschichtliche Grundbegriffe – Historisches Lexikon zur politisch-sozialen Sprache in Deutschland, hrsg. von Otto Brunner u. a., Band 2, Seiten 488 ff. Stuttgart: Klett-Cotta, 1979.

Keith Dixon: Freedom and Equality – The Moral Basis of Democratic Socialism. London: Routledge & Kegan Paul, 1986.

Gray Dorsey (Hrsg.): Equality and Freedom – Papers of the World Congress on Philosophy of Law and Social Philosophy, St. Louis, 24.–29. August 1975. New York-Leiden: W. Sijthoff, 1977.

Günter Figal: Versuch über die Freiheit – Ontologische Überlegungen in praktischer Absicht, in: Für eine Philosophie von Freiheit und Streit – Politik,
Ästhetik, Metaphysik, Stuttgart/Weimar: J. B. Metzler, 1994, S. 20 ff.

Antony Flew: Equality in Liberty and Justice. London-New York: Routledge,
1989.

Edward G. Grabb: Social Inequality – Classical and Contemporary Theorists.
Toronto: Holt, Rinehart & Winston, 1984.

Philip Green: The Persuit of Inequality. Oxford: Martin Robertson, 1981.

Martin Greiffenhagen: Freiheit gegen Gerechtigkeit – Zur Problematik der
Freiheit und Gleichheit unter Zugrundelegung der Sozialphilosophie
Kants. 1975.

Amy Gutmann: Liberal Equality. Cambridge: Cambridge University Press,
1980.

Jean-Louis Haronel: Essai sur l'inégalité. Paris: Presses Universitaires de France,
1984.

Jack Hayward: After the French Revolution – Six Critics of Democracy and
Nationalism. New York-London: Harvester Wheatsheaf, 1991.

Dagmar Herwig: Gleichbehandlung und Egalisierung als konkurrierende
Modelle von Gerechtigkeit – Eine systematische Analyse. München: Will-
helm Fink, 1984.

Montserrat Galceran Huguet: Artikel „Freiheit" in: Europäische Enzyklopädie
zu Philosophie und Wissenschaften, hrsg. von Hans Jörg Sandkühler, Band
2, Seiten 157 ff. Hamburg: Felix Meiner, 1990.

Wolfgang Kersting: Wohlgeordnete Freiheit – Immanuel Kants Rechts- und
Staatsphilosophie. Frankfurt am Main: Suhrkamp, 1993.

Hermann Klenner: Artikel „Gerechtigkeit – III. Gerechtigkeitstheorien" in:
Europäische Enzyklopädie zu Philosophie und Wissenschaften, hrsg. von
Hans Jörg Sandkühler, Band 2, Seiten 279 ff. Hamburg: Felix Meiner, 1990.

Diethelm Klippel: Artikel „Freiheit" – Der politische Freiheitsbegriff im modernen Naturrecht (17./18. Jahrhundert). In: Geschichtliche Grundbegriffe –
Historisches Lexikon zur politisch-sozialen Sprache in Deutschland, hrsg.
von Otto Brunner u. a., Band 2, Seiten 469 ff. Stuttgart: Klett-Cotta, 1979.

– Politische Freiheit und Freiheitsrechte im deutschen Naturrecht des 18.
Jahrhunderts. Paderborn, 1976.

Lars Lambrecht: Artikel „Demokratie" in: Europäische Enzyklopädie zu Philosophie und Wissenschaften, hrsg. von Hans Jörg Sandkühler, Band 1, Seiten 483 ff. Hamburg: Felix Meiner, 1990.

Gerhard Luf: Freiheit und Gleichheit – Die Aktualität im politischen Denken
Kants. Wien-New York: Springer, 1978.

Barrington Moore: Authority and Inequality under Capitalism and Socialism.
Oxford: Clarendon Press, 1987.

Kai Nielsen: Equality and Liberty – A Defense of Radical Egalitarianism. Totowa: Rowman & Allanheld, 1985.

Richard Norman: Free and Equal – A Philosophical Examination of Political Values. Oxford: Oxford University Press, 1987.

John Plamenatz: Man and Society – Political and Social Theories from Machiavelli to Marx. Harlow: Longman, 2. Auflage 1992.

Ulrich Steinvorth: Freiheitstheorien in der Philosophie der Neuzeit. Darmstadt: Wissenschaftliche Buchgesellschaft, 1987.

Charles Tilly: Die Europäischen Revolutionen. München: C. H. Beck, 1993.

Michael Walzer: Sphären der Gerechtigkeit – Ein Plädoyer für Pluralität und Gleichheit. Frankfurt am Main und New York: Campus, 1992. (Spheres of Justice – A Defense of Pluralism and Equality. New York: Basic Books, 1983.)

Gerrard Winstanley: The Law od Freedom in a Platform, or: True Magistracy Restored (Das Gesetz der Freiheit als Entwurf, oder: die Wiedereinsetzung wahrer Obrigkeit). Leipzig: Reclam, 1983 (London 1652).

Waltraud Heindl, Marina Tichy (Hg.)

„Durch Erkenntnis zu Freiheit und Glück … "

Frauen an der Universität Wien (ab 1897)

Das Studium der Frauen an der Universität Wien ist, historisch gesehen, eine sehr junge Erscheinung: nicht einmal hundert Jahre alt. 1365 wurde die Alma Mater Rudolfina gegründet, 1897 zogen die ersten Pionierinnen ein, denen bald viele nachfolgten. Heute ist etwa die Hälfte der Studienanfänger weiblich. Das Frauenstudium, ein bisher vernachlässigtes Thema in der Bildungsgeschichte, wird hier zum ersten Mal in den Mittelpunkt der Betrachtungen gestellt und am Beispiel der Universität Wien in seinen mannigfaltigen Aspekten beleuchtet.

Die Herausgeberinnen: Waltraud Heindl, Dr. phil., Univ.-Doz. f. Neuere Geschichte an der Universität Wien; Marina Tichy, Dr. phil., Historikerin

2. Auflage 1993. 261 S., brosch.,
öS 240,– / DM 37,–
ISBN 3-85114-049-4

WUV-Universitätsverlag

H. Barta, W. Ernst, H. Moser (Hg.)

Wissenschaft und Verantwortlichkeit 1994

Der seit zehn Jahren bestehende Senatsarbeitskreis „Wissenschaft und Verantwortlichkeit" an der Universität Innsbruck versucht im Rahmen von Vorträgen, Diskussionen und Arbeitskreisen, an der Universität üblicherweise vernachlässigte Fragestellungen aufzugreifen und einer angemessenen Reflexion zuzuführen. Wissenschaftler/innen aus allen Disziplinen und Fakultäten leisten in dieser Veranstaltungsreihe Beiträge zu den schwierigen Fragen von Wissenschaft, Natur und Gesellschaft.

Der Sammelband enthält unter anderem Beiträge von: *A. Thurnher:* Medien und Macht; *E. Topitsch:* Naturrecht im Wandel des Jahrhunderts; *E. Kaufer:* J. M. Keynes – Porträt des letzten Moralisten in der Ökonomie; *B. Mitterauer:* Segen oder Fluch der Gentechnologie; *R. Margreiter:* Ethik und Philosophie; *A. Hapkemeyer, H. Gappmayr:* Konkrete und konzeptuelle Texte; *H. Barta:* Recht, Gesellschaft und Verantwortlichkeit am Ende der „Moderne"; *W. Ernst:* Der Beitrag disziplinärer Wissenschaft zur Zerstörung der Welt; *O. Uhl:* Gegen-Sätze gegen eine Bevormundung durch Architektur? Mit einem Geleitwort von Rektor *Hans Moser.*

1994. 384 Seiten, (Wissenschaft und Verantwortlichkeit, Bd 1), brosch., öS 268,– / DM 39,– / sFr 39,–
ISBN 3-85114-149-0

WUV-Universitätsverlag

Heinz Barta, Elisabeth Grabner-Niel (Hg.)

Wissenschaft und Verantwortlichkeit 1996

Die Wissenschaft – eine Gefahr für die Welt?

Eineinhalb Jahre nach Erscheinen des ersten Sammelbandes der Reihe „Wissenschaft und Verantwortlichkeit" im Oktober 1994 liegt nun der zweite vor.

Der Sammelband enthält unter anderem Beiträge von: *D. Fleck:* Die ignorierte Katastrophe: Plädoyer für eine Öko-Diktatur? *K. P. Liessmann:* Die Technik als Subjekt der Geschichte; *C. Klinger:* Der Diskurs der modernen Wissenschaften und die gesellschaftliche Ungleichheit der Geschlechter, *Z. Bauman:* The Risks of the Risikogesellschaft; *V. Bennholdt-Thomsen:* Kulturelle Differenz – Geschlechterdifferenz; *P. H. Büchele SJ:* Für eine Weltordnungspolitik – Institutionen einer universalen Republik; *R. H. Noack:* Über die Verantwortung der Gesundheitswissenschaften; *St. Toulmin:* Science and Society in the Age of Postmodernity; *E. Fischer-Homberger:* Zum klassisch-neuzeitlichen Umgang mit dem Schmerz; Mit einer Einführung von *H. Barta:* Bemerkungen zu einem postmodernen „Lesebuch".

1996. ca. 350 Seiten, (Wissenschaft und Verantwortlichkeit, Bd 2), brosch., ca. öS 268,– / DM 39,– / sFr 39,–
ISBN 3-85114-213-6
Erscheint im Frühjahr 1996

WUV-Universitätsverlag